Jeju International Financial Center:
Challenges and Issues

제주국제금융센터

-도전과 과제-

편집대표 고동원 · 김신효

박영사

머리말

　제주국제금융센터(Jeju International Financial Center: JIFC)는 필요한 것인가? 그리고 성공할 수 있는가? 이 책의 저자들은 이에 대한 답을 제시하고 있다. 이 책은 사단법인 국제자유도시센터와 제주한라대학교 국제자유도시센터가 공동으로 발간하고 있는 학술지 「국제자유도시연구」에 게재되었던 논문들을 중심으로 하여 발간한 것이다.

　제주특별자치도에 비거주자를 대상으로 하는 '역외금융'(cross-border finance or offshore finance)에 특화된 제주국제금융센터를 설립하자는 논의는 1980년대로 거슬러 올라간다. 이러한 논의는 2006년 「제주특별자치도 설치 및 국제자유도시 조성을 위한 특별법」("제주특별자치도법")이 제정되면서 탄력을 받는다. 제주국제금융센터의 추진이 국제자유도시의 조성 목표에 부합하기 때문이었다. 연구용역보고서와 연구논문들이 발표되었고, 국내 및 국제 학술대회가 개최되는 등 다양한 논의가 있었다. 특히 2010년 국제 컨설팅 그룹인 PWC가 제주국제금융센터의 성공 가능성을 제시한 국제 연구용역보고서를 발표하면서 제주국제금융센터의 실현 가능성이 상당히 높아진 바 있었다. 그러나 2009년 제주특별자치도가 금융당국인 금융위원회로부터 '금융중심지' 지정을 받지 못하면서 중앙정부의 전폭적인 지원을 받지 못하게 되었고, 제주도지사가 바뀌면서 정책이 변화하여 제주국제금융센터 설립 추진이 사실상 중단된 바 있다.

　그러나 이후 10여 년 동안 국내 및 국제 금융 환경이 많이 변화하였다. 홍콩이 아시아 지역에서 국제금융중심지로서 위상을 잃어가면서 이를 대체할 수 있는 새로운 국제금융센터 설립의 필요성이 제기되고, 제조업 분야에서 '탈중국화' 현상이 나타남에 따라 동아시아 지역에서 새로운 금융서비스 공급망 재편이 필요하다는 주장도 제기되고 있어, 아시아 지역에 새로운 국제금융센터가 필요하다는 공감대가 형성되고 있다.

이렇게 변화하는 국제금융의 환경에 비추어 볼 때 제주국제금융센터의 추진을 다시 시도할 필요가 있다. 제주특별자치도는 천혜의 자연 환경을 가진 섬 관광 지역이고, 좋은 지리적 여건도 갖고 있으며, 제주특별자치도법이 있어 그만큼 법제 정비도 용이한 점을 갖고 있다. 대부분의 국제금융센터가 갖고 있는 이점을 갖고 있는 것이다. 제주국제금융센터의 성공 가능성이 높은 이유 중의 하나이다.

이 책이 제주국제금융센터의 추진과 관련해서 많은 도움이 되면 좋을 것 같다. 바쁘신 가운데에서도 좋은 논문을 작성해주신 여러 공저자들에게 감사드린다. 특히 이 책의 발간을 위해서 물심양면으로 전폭적인 지원을 해주신 제주한라대학교 김성훈 총장님께 깊은 감사의 말씀을 드리며, 공동 편집자로서 이 책의 발간을 위해서 수고해주신 제주한라대학교 관광경영학과 김신효 교수님에게도 감사드린다.

끝으로 출판 시장이 어려움에도 불구하고 기꺼이 출판을 맡아준 박영사 안종만 회장님과 안상만 대표님에게 감사의 말씀을 드리며, 출판 기획을 맡아준 정연환 과장과 편집 일을 맡아 수고해준 김민조 대리에게도 감사드린다.

2023년 9월
공저자를 대표하여
고동원 씀

목차

제1장 제주국제금융센터(JIFC)의 추진 전략

제2장 법제 기반 구축 방안

제3장 자가전속보험(Captive Insurance)회사의 제주 유치 방안

부록

제1장

제주국제금융센터(JIFC)의
추진 전략

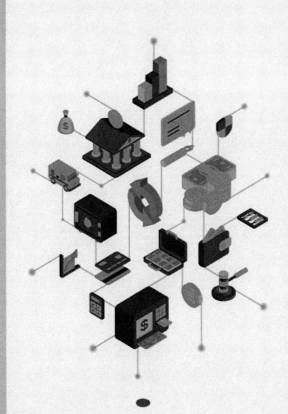

제1절

동아시아 금융서비스 공급망 재편에 따른 제주국제금융센터 설립의 필요성*

김성훈** · 고동원 ***

Ⅰ. 머리말

제주특별자치도(이하 "제주도"라 한다)에 비거주자를 대상으로 하는 '역외금융업'(cross−border finance or offshore finance)에 특화된 제주국제금융센터(Jeju International Financial Center: JIFC)를 설립하자는 논의는 1980년대로 거슬러 올라간다.[1] 이러한 논의는 2006년 「제주특별자치도 설치 및 국제자유도시 조성을 위한 특별법」(이하 "제주특별자치도법"이라 한다)이 제정되면서 국제자유도시 조성 차원에서 더욱더 탄력성을 받게 되었다. 제주도가 연구 용역을 발주한 연구보고서인 「제주국제금융센터 추진 방안에 관한 연구」(제주발전연구원·한국채권연구원 공동 연구보고서)가 2006년 10월 발표되었고, 이에 관한 국내 및 국제 세미나도 개최되는[2] 등 활발한 논의가 있었다. 2010년에 들어와서는 제주도가 제주국제금융센터의 설립 추진을 '5단계 제도 개선 전략 과제'로 설정하는 등[3] 상당한 진전이 있었고, 제주국제금융센터 설립의 필요성

---

  * 「국제자유도시연구」 제14권 제1호(2023. 6. 30)에 실린 글이다.
** 제주한라대학교 총장, 경영학박사.
*** 성균관대학교 법학전문대학원 교수, 법학박사.
 1) 1980년대 이후 제주국제금융센터 설립 논의에 대한 문헌 소개는 고동원(2010), 2면 각주 1).
 2) 각종 세미나에 대한 소개는 고동원(2010), 3면 각주 2).
 3) 제주일보 2010. 1. 6. 기사. 제주국제금융센터 설립 추진 과제는 2단계 제도 개선 과제에도

과 타당성을 모색하기 위한 국제 연구 용역 보고서[4]가 발표되기도 하였다. 그래서 제주국제금융센터의 설립 추진이 거의 완성 단계에 있었다고 할 수 있다. 그러나 2009년 제주도가 금융당국인 금융위원회부터 '금융중심지'로 지정받지 못하면서[5] 중앙정부의 적극적인 지원을 받지 못하게 되었고, 더욱이 제주도지사가 바뀌면서 정책이 변경되어 제주국제금융센터의 설립 추진은 사실상 중단된 바 있다.

그럼에도 불구하고 그 이후에도 제주국제금융센터 추진에 관한 연구 논문들이 계속 발표되면서[6] 관심은 지속되어 왔다. 특히 2020년대에 들어서면서 국제 금융 환경이 많이 바뀌면서 다시 제주국제금융센터 추진이 관심을 끌고 있다. 아시아의 주요 국제금융중심지인 홍콩이 중국으로부터 영향을 많이 받게 되어 국제 금융기관들이 이탈하는 현상이 불가피할 것으로 예상되면서 국제금융중심지로서 위상이 흔들리고 있는데, 이에 따라 아시아 지역에 새로운 국제금융센터의 설립 필요성이 제기되고 있다. 특히 '탈세계화(de-globalization)' 움직임에 따른 제조업 분야에서 '탈중국화'(de-China) 현상이 나타나면서 이를 대체할 새로운 지역으로서 인도, 베트남, 인도네시아 등 인도-태평양 아시아 지역이 부상하고 있는데, 이러한 제조업 공급망 재편을 지원할 동아시아 금융서비스 공급망 재편도 요구되고 있다.

이렇게 변화하는 금융 환경 아래에서 제주국제금융센터의 설립 추진을 다시 모색할 필요성이 있다. 그래서 이 글은 역외금융에 특화한 제주국제금융센터의 설립 필요성과 그 성공 가능성을 탐지해보고자 한다. 이 글의 구성은 다음과 같다. II.에서는 우선 역외금융센터의 개념과 현황 등에 대해서 개관해보며, III.에서는 역외금융센터가 갖추어야 할 요건에 대해서 살펴보며, IV.에서는 제주국제금융센터의 설립 필요성과 성공 가능성에 대해서 알아본다. V.에서는 이상의 논의를 정리한다.

포함되어 있었던 사항이다(제주특별자치도(2006), 32-33면).

4) PWC(Price Waterhouse Coopers), "Project Report - Development of JIFC," 11 October, 2010. 제주도와 제주국제자유도시개발센터(JDC)는 2009년 11월 "G-20 체제에 부응하는 제주특별자치도 금융센터 개발계획 연구용역"을 입찰 공고해 2009년 12월 30일 영국계 회사인 PWC와 삼일회계법인 컨소시엄을 연구용역 시행 업체로 선정한 바 있다(제주일보 2010. 1. 6. 기사).

5) 전승철(2022), 65면.

6) 대표적으로 고동원(2010), 고동원(2011), 김준호(2012), 고동원(2013), 고동원(2018), 전승철(2022), 윤석헌(2022) 등의 논문이 있다.

II. 역외금융센터의 개관

여기서는 금융센터의 개념과 그 분류를 살펴보고, 역외금융센터의 개념에 대해서 논의하기로 한다. 특히 역외금융센터로서 통상 많이 사용하고 있는 "Offshore Financial Center"(OFC)라는 용어 대신에 "Cross-border Financial Center"(XFC)라는 용어가 새롭게 제시되고 있어 이에 관한 내용도 살펴본다.

1. 금융센터의 개념과 분류

'금융센터'(financial center)는 통상 금융서비스의 제공을 중개하는 금융기관이 집중되어 있는 지역(일반적으로 도시나 특정 지역)을 말한다.[7] 이러한 금융센터는 금융서비스를 제공하는 상대방이 거주자인지 아니면 비거주자인지에 따라 '국내금융센터'(domestic financial center: DFC)와 '국제금융센터'(international financial center: IFC)로 분류된다.[8]

국내금융센터는 금융기관이 국내 거주자에게 금융을 제공하는 것을 말하며, 국제금융센터는 금융기관이 거주자와 비거주자 사이 또는 비거주자와 비거주자 사이의 금융을 중개하는 것을 말한다.[9] 국제금융센터에서는 금융기관이 외국의 자본을 국내에 제공하기도 하고, 국내 자본을 외국에 제공하며, 외국의 자본을 외국에 제공하기도 하는 등의 금융 중개 역할을 한다.[10] 물론 이러한 구분은 명확한 것은 아니다. 국제금융센터가 국내금융센터의 역할을 하기도 하고, 국내금융센터가 비거주자에게 자금을 제공하는 국제금융센터의 역할을 하기도 한다.[11] 국제금융센터 중 국내 금융거래보다 대외 금융거래 비중이 큰 지역을 OFC라고 하므로[12] 국제금융센터가 보다 넓은 개념이라고 할 수 있다.

---

7) Pogliani & Wooldridge (2022a), p. 2.
8) Pogliani & Wooldridge (2022a), p. 2.
9) Pogliani & Wooldridge (2022a), p. 2.
10) Pogliani & Wooldridge (2022a), p. 3.
11) Pogliani & Wooldridge (2022a), p. 3.
12) Pogliani & Wooldridge (2022a), pp. 2-3.

2. 역외금융센터의 개념과 현황

(1) 역외금융센터의 개념

일반적으로 역외금융센터는 OFC로 많이 알려져 있는데, 국제결제은행(Bank for International Settlements: BIS)의 자료(2022)에 의하면, OFC와 다소 구분되는 새로운 용어로서 XFC라는 개념을 제시하고 있다. 즉 XFC를 "주로 비거주자에게 금융을 제공하는 센터로서 국내 경제 규모에 비추어 대외 자산 및 부채의 규모가 상당히 큰 지역"이라고 하고 있다.[13] 비거주자 사이의 금융거래를 주로 중개하는 지역이라고 할 수 있다. 그러한 자금 공급력을 갖고 있는 경우로서는 중앙은행이 보유하고 있는 외환보유고를 운영하고 있는 경우, 자산 규모가 큰 다국적 기업이 해외에서 외화를 운용하는 경우, 금융기관이 해외에서 자금을 운용하는 경우 등이 있을 수 있다. 즉 역외금융센터는 이러한 자금 공급자의 자금 중개 역할을 한다는 점에서 의의가 있다.

전통적으로 OFC는 다음과 같이 정의된다. 즉 국제통화기금(IMF) 자료(2000)에 따르면, "① 주로 비거주자를 상대로 금융업을 영위하는 금융기관이 상대적으로 많은 지역이면서, ② 국내 금융 규모보다 대외 자산 및 부채 거래 규모의 비중이 상대적으로 큰 금융체제를 갖고 있고, ③ 낮거나 거의 없는 조세 부과 체계를 갖고 있으며, 금융규제가 약하고, 은행 거래 고객의 비밀이 유지되거나 익명성이 보장되는 금융제도를 가진 지역"을 말한다.[14]

따라서 OFC도 XFC와 거의 비슷하다고 할 수 있다. 다만 OFC가 조세 회피 지역이나 은행 고객 비밀 보호 등 다소 부정적인 의미를 갖는다는 점에서 그렇지 않은 XFC와 다르다고 할 수 있다. XFC는 한 국가의 자금이 다른 국가로 이동하는 중개 역할을 하는데, 주로 장부기장(book offices), 특별목적기구(special purpose entities)

---

13) Pogliani & Wooldridge (2022a), p. 2. 6 ("A cross−border financial centre that caters predominantly to nonresidents is a country or jurisdiction whose external assets and liabilities are exceptionally large compared to the size of its domestic economy.").

14) IMF (2000), p. 2 ("(a) jurisdictions that have relatively large numbers of financial institutions engaged primarily in business with nonresidents; (b) financial systems with external assets and liabilities out of proportion to domestic financial intermediation designed to finance domestic economies; and (c) centres which provide some or all of the following services: low or zero taxation; moderate or light financial regulation; banking secrecy and anonymity.").

나 명목상의 회사(shell companies)를 이용해서 이루어진다는 특징이 있다.[15] XFC의 대표적인 국가의 예로서 룩셈부르크가 꼽힌다.[16]

국제금융기구의 하나인 국제결제은행이 XFC라는 새로운 개념을 제시하고 있다는 점에서 과거 부정적인 의미를 갖고 있었던 OFC와 차별화하려는 시도가 있음을 알 수 있다. 그만큼 국제금융기구도 XFC의 필요성을 인정하고 있다고 할 수 있다.

(2) 역외금융센터의 현황

아래 표들은 주요 OFC와 XFC를 나타낸 것이다. 아래의 표에서 2000년 IMF에 의해 인식되었던 다수의 OFC가 2022년 BIS가 인식한 XFC와 중첩되는 것을 알 수 있다.

Cross-Border Playgrounds and Cross-Border Players (1)

---

15) Pogliani et. al. (2022), p. 3.
16) Pogliani et. al. (2022), p. 3.

Cross-Border Playgrounds and Cross-Border Players (2)

(2) Cross-Border Centers (BIS, 2022)

Universe of cross-border financial and banking centres — Table 5

		Cross-border financial centres (XFCs)			Not in core or broad set of XFCs
		Core set in 2020 (7)	Core set in 1995–2020 (12)	Broad set in 1995–2020 (26)	
Cross-border banking centres (XBCs)	Core set in 2020 (8)	British Virgin Isl. (VG) Cayman Islands (KY) Guernsey (GG) Jersey (JE) Luxembourg (LU)	Bahamas (BS)	Barbados (BB)	Macao SAR (MO)
	Core set in 1995–2020 (16)	Bermuda (BM) Marshall Islands (MH)	Curaçao (CW) Gibraltar (GI) Liberia (LR)	Bahrain (BH) Isle of Man (IM) Nauru (NR) Singapore (SG) Vanuatu (VU)	St. Helena (SH)
	Broad set in 1995–2020 (32)			Cyprus (CY) Hong Kong SAR (HK) Ireland (IE) Malta (MT) Panama (PA)	Belgium (BE) Iceland (IS) Kiribati (KI) Liechtenstein (LI) St. Vincent (VC) Switzerland (CH) Tuvalu (TV) United Kingdom (GB)
	Not in core or broad set of XBCs		Mauritius (MU)	Netherlands (NL) Samoa (WS) San Marino (SM)	

○ **CB Players**
- **Major Global Financial Institutions**
- **Internalize the CB market through their own corporate network, connecting market participants such as supplies and demands of funds.**

XFC의 성장세는 지속되고 있다. 아래 표에서 보는 것처럼, XFC의 역외금융 총자산(claims)이 전 세계 총 국내총생산액(GDP)에서 차지하는 비율이 1993년 24.8%에서 2022년 36.4%로 증가했다는 점에서 세계 총 국내총생산액보다 빠른 XFC의 성장세를 알 수 있다. 또한 XFC가 보유하고 있는 대외 자산과 부채의 합계 금액이 전 세계 총 자산과 부채의 합계 금액에서 차지하는 비중을 보면, 1980년대에는 15% 정도에 머물렀으나 2010년대 말에는 30% 정도에 달했다는 점[17]을 보더라도 성장세가 지속되고 있음을 알 수 있다.

---

17) Pogliani & Wooldridge (2022b), p. 1.

Growth in Cross-Border Financial Markets (1993-2022)

○ Year 1993: 12,268.9 bn$ (claims 6,403.2 bn$, liabilities 5,865.7 bn$)
　Year 2022: 69,918.4 bn$ (claims 36,517.4 bn$, liabilities 33,401.0 bn$)

　ref. World aggregate GDP: 25.83 tn$ in 1993 (World Bank)
　　　　　　　　　　　　100.22 tn$ in 2022 (IMF World Economic Outlook, April 2023)

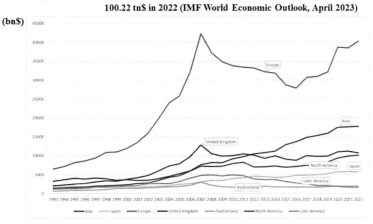

Ⅲ. 역외금융센터의 요건

역외금융센터(XFC)가 성공하기 위해서는 어떤 요건을 갖추어야 하는가? 이하에서
는 그 답에 대한 논의를 한다.

1. 제도적인 요건

(1) 안정적이고 투명한 법적 환경 구비

XFC가 되기 위한 전제 요건의 하나로서 안정적이고 투명한 법적 환경을 갖고 있
어야 한다.[18] 즉 이러한 법적 환경이 갖추어져야 계약 조건 이행의 예측에 있어서
확신을 가질 수 있고 분쟁도 효율적으로 해결할 수 있기 때문이다.[19] 아랍에미레이

---

18) Pogliani et. al. (2022), p. 7.

트(UAE)의 두바이(Dubai)가 대표적인 사례이다. XFC로 급격하게 성장하고 있는 두바이는 별도의 독자적인 특별 행정구역의 위치를 차지하고 있는 국제금융센터를 설립했으며, 자체적인 법원을 갖고 있으며, 영미법에 기반한 상사법 및 민사법 체계를 구축하고 있다.[20] 법적 환경이 XFC의 성공에 크게 영향을 미친다는 점을 알 수 있다. 반면에 레바논(Lebanon)의 경우 지속적인 내전의 발생과 국내 금융기관의 경쟁력 약화로 베이루트(Beirut)는 XFC로서 위상을 잃어가고 있다.[21]

(2) 제한 없는 외화 사용

또 하나 필요한 제도적인 요건은 XFC에서는 외화를 사용하는 데 제한이 없어야 한다.[22] 이 요건은 내국 통화의 거래 규모가 작고 경제 규모가 크지 않은 XFC의 경우 특히 중요한 요건이 된다.[23] 그래서 XFC에서는 주로 미국 달러와 다른 준비통화(reserve currency)로 거래를 한다.[24] 예를 들어, XFC에서 이루어지는 역외 대출금의 상당 부분은 미국 달러, 일본 엔 또는 스위스 프랑 통화로 이루어지고 있다.[25]

(3) 개방적인 금융 환경

XFC에서는 외국 금융기관과 금융 전문 인력에 개방적이어야 한다.[26] 외국 금융기관은 소규모 경제 국가의 금융기관이 가질 수 없는 성숙된 전문성, 기술, 연결망(networks) 및 평판을 갖고 있으며, 풍부한 자금 및 유동성을 갖고 있어서 XFC가 큰 규모로 운영하는 데 도움을 주기 때문에 개방적인 금융 환경을 갖추어야 한다.[27]

2. 지리적인 요건

XFC가 성공하기 위해서는 지리적인 접근성도 좋아야 한다. 즉 XFC는 주요 자금

---

19) Pogliani et. al. (2022), p. 7.
20) Pogliani et. al. (2022), p. 7.
21) Pogliani et. al. (2022), pp. 7-8.
22) Pogliani et. al. (2022), p. 8.
23) Pogliani et. al. (2022), p. 8.
24) Pogliani et. al. (2022), p. 8.
25) Pogliani et. al. (2022), p. 8.
26) Pogliani et. al. (2022), p. 8.
27) Pogliani et. al. (2022), p. 8.

공급자와 수요자가 속해 있는 국가와 지리적으로 근접해야 하며 같은 시간대에 있는 것이 바람직하다.[28] 대부분의 XFC는 인근 지역(region)에 속해 있는 국가의 고객들을 대상으로 영업을 한다.[29] 물론 예외는 있다. 예를 들어, 브리티쉬 버진 아일랜드(British Virgin Islands)의 경우 주요 고객은 아시아 국가에 소재하고 있고, 케이만 아일랜드(Cayman Islands)의 경우도 주요 고객이 일본 및 아시아 등 인근 지역을 벗어난 국가에 있다.[30]

3. 세제 및 규제 요건

세제 혜택 부여 및 규제 완화도 XFC의 성공 요소에 영향을 미칠 수 있다. 그동안 XFC가 발전을 해 온 이유 중의 하나도 거주자와 거래를 할 때에 비해 낮은 세율을 부과하는 등 여러 세제 혜택과 완화된 규제를 적용해서 세제 및 규제 차익을 누려온 것에 있다고 할 수 있다. 예를 들어, XFC에서 회사나 영업소를 설립하려는 경우 설립 절차 간소화 등의 조치를 통해서 쉽게 회사나 영업소를 설립할 수 있도록 하고 있다.[31] 또한 XFC에 소재하는 은행이 차입하는 외화 차입금에 대한 금리 규제의 차별적 적용 등은 대표적인 규제 차익의 하나라고 볼 수 있다.[32] 최근 암호자산(crypto asset) 등장에 따라 암호자산 시장이 새로운 투자처로 각광을 받고 있는데, 대부분의 국가가 암호자산 거래에 대하여 강한 규제를 하는 반면에 XFC는 규제 완화를 통하여 암호자산 발행자나 암호자산사업자를 유치하는 등의 성과를 보이고 있다.[33]

다만 1980년대 이후 각국의 규제 강화 움직임으로 인하여 은행 부문에 대한 규제 차익은 많이 해소되었으나, 여전히 비은행금융 부문에서 규제 차익은 존재하고 있다.[34] 그래서 전속보험(captive insurance) 상품의 경우 여전히 완화된 자기자본비율 규제가 적용되고 있어 규제 혜택을 누리고 있다.[35] 또한 법인세도 아주 낮거나 거의

---

28) Pogliani et. al. (2022), p. 9.
29) Pogliani et. al. (2022), p. 9.
30) Pogliani et. al. (2022), p. 9.
31) Pogliani et. al. (2022), p. 10.
32) Pogliani et. al. (2022), p. 10.
33) Pogliani et. al. (2022), p. 10.
34) Pogliani et. al. (2022), p. 10.
35) Pogliani et. al. (2022), p. 10.

영(zero)인 세율을 적용해서 세제 혜택을 부여하는 경우도 있다.[36]

그러나 최근 자금세탁 방지의 필요성과 조세 차별의 해소 등 규제 차익을 해소해야 한다는 국제적인 움직임이 나타나면서 XFC도 규제 차익을 축소하는 방향으로 가고 있어 지켜보아야 한다. 예를 들어, 주요 XFC는 국제적인 조세 및 규제 기준을 적용하려는 경향을 보이고 있다. 그래서 조세 회피 방지 협정에 참가하는 등의 노력을 기울이고 있다. 예를 들어, 2021년 XFC를 비롯한 137개국은 최저 법인세율을 15%로 유지하기로 합의한 바 있다.[37] 자금세탁 방지와 관련해서도 국제자금세탁방지기구(Financial Action Task Force: FATF)가 규정한 국제적인 자금세탁 방지 기준에 부합하기 위한 규제 체제를 설정하기도 했다.[38]

이런 점에서 보면, XFC가 과거에 누렸던 조세 혜택이나 규제 혜택은 이제는 점차 사라지고 있다고 할 수 있으나, 여전히 일부 XFC는 경쟁력을 유지하기 위해 조세나 규제 면에서 여러 혜택을 부여하고 있는 상태이어서, XFC마다 그 정책이 다르다고 할 수 있다.

4. 특화된 영업

XFC가 어떤 특화된 영업을 하는지도 성공을 좌우하는 한 요소이다. 대부분의 XFC는 조세 혜택 부여나 규제 완화 등의 비슷한 체계를 갖고 있어서 경쟁력에 한계가 있다.[39] 그래서 결국 어떤 특화된 영업을 하느냐에 따라 XFC의 경쟁력에 영향을 미치게 된다.[40] 1990년대 중반까지는 대부분의 XFC는 계열회사 사이의 자금 중개 역할을 하는 은행업에 중점을 두었으나, 이제는 오히려 비은행업, 즉 펀드자산운용업(fund management)이나 보험업의 비중이 커지는 추세에 있다.[41] 예를 들어, 케이만 아일랜드, 아일랜드나 룩셈부르크 등의 XFC는 전체 대외 자산 중에서 투자펀드(investment fund) 설정이 상당한 비중을 차지하고 있으며, 브리티쉬 버진 아일랜드,

---

36) Pogliani et. al. (2022), p. 10.
37) Pogliani et. al. (2022), p. 11.
38) Pogliani et. al. (2022), p. 11.
39) Pogliani et. al. (2022), p. 12.
40) Pogliani et. al. (2022), p. 12.
41) Pogliani et. al. (2022), p. 12.

케이만 아일랜드나 네덜란드의 XFC는 다국적 기업의 금융자회사를 유치하여 이를 통하여 국제 투자자들에게 채권(bond)을 발행하는 업무 비중이 상당히 크다.[42] 이처럼 XFC마다 특화된 업무를 영위하고 있다는 점에서 향후 제주도에 국제금융센터를 설치한다고 할 때에는 어떤 업무에 특화할지에 대한 검토도 필요하다.

IV. 제주국제금융센터의 설립 필요성과 성공 가능성

1. 동아시아 금융서비스 공급망의 재편

오늘날 지정학적 환경에서 가장 중요한 변화로서 탐지할 수 있는 것은 제조업 분야의 세계적 공급망(supply chain)에서 일어나는 '탈중국화'(de-China) 현상이다. 이러한 공급망의 변화에 의해서 상대적으로 인도, 베트남, 인도네시아 등 인도-태평양 아시아 지역 국가들의 제조업 공급망이 더욱 중요해지고 있다. 그러나 아직 이러한 지역의 제조업 산업 기반은 약한 편이다. 따라서 이 지역의 제조업 산업의 튼튼한 기반 구축을 위해서는 상당한 자금의 공급이 이루어질 필요가 있다. 동아시아 지역에서 탈중국화에 따른 금융서비스 공급망의 재편이 요구되는 이유이다. 이러한 새로운 금융 공급망을 뒷받침하기 위한 자금 공급이 이루어질 필요가 있다는 점에서 아시아 지역에 새로운 국제금융센터를 설립할 필요성이 제기되고 있다. 특히 그동안 중요한 국제금융중심지 역할을 해왔던 홍콩의 위상이 변화하고 있어 그 역할을 대신할 새로운 국제금융센터가 필요하다는 점에서도 더욱더 그 필요성을 인정할 수 있다. 바로 이러한 새로운 국제금융센터 역할을 제대로 할 수 있는 국가가 바로 한국이고, 그중에서 제주도가 국제금융센터로서 충분한 입지 요건을 갖고 있다.

한국이 새로운 국제금융센터의 유치 국가가 될 수 있는 이유는 다음과 같다. 첫째, 한국은 아시아 국가 중에서 선진 시장경제 체제를 구축하고 있는 국가 중의 하나이다. 역외자금의 공급자들이 신뢰할 수 있는 선진 시장경제 체제를 갖고 있는 국가를 선호하는 것은 당연하다. 둘째, 한국의 중앙은행인 한국은행은 역외에서 운용

---

42) Pogliani et. al. (2022), p. 12.

가능한 외환보유액을 많이 갖고 있어서 주요 역외자금 공급원 중의 하나가 될 수 있다. 셋째, 한국은 삼성전자나 현대자동차 등 다수의 다국적기업들을 갖고 있어 이러한 다국적기업들이 해외에서 운용할 수 있는 가용 외화가 많아 주요 역외자금 공급원이 될 수 있다. 넷째, 국내 은행이나 증권회사 등 주요 금융기관의 자산 규모가 커지면서 해외투자 등 해외에서 운용할 수 있는 자금이 많아 역외자금 공급원으로 충분하다.[43] 다섯째, 한국의 금융산업도 점차 선진국의 단계로 진입하고 있으며, 경쟁력 있는 고급 인적 자원들이 국내 금융기관에 종사하고 있어 성장 잠재력이 높은 금융산업 기반을 갖고 있다는 점이다.

2. 제주국제금융센터의 설립 필요성

한국이 새로운 국제금융센터 유치 국가로서 적합하다면 왜 제주도에 국제금융센터를 설립할 필요성이 있는가? 그 답은 다음과 같다.

첫째, 제주도 산업의 다각화가 필요하다. 주지하다시피 제주도는 관광산업의 주요 산업이다. 그러나 어느 한 산업에만 의존하는 것은 지역 경제 발전에 있어서 약점으로 작용한다. 관광산업이 부진하면 어떻게 되는가? 자연히 지역 경제의 침체를 가져와 지역 주민의 삶의 질이 떨어지게 된다. 산업 다각화 차원에서 금융산업의 육성이 필요한 이유이고 그래서 국제금융센터 유치가 필요하다.

둘째, 동북아 금융 환경이 많이 변하고 있기 때문이다. 아시아 지역에서 주요 국제금융중심지의 위치를 차지하고 있는 홍콩이 점차 중국화 되면서 홍콩의 금융기관들이 떠나가고 있고 자금이 빠져나오고 있다. 이를 흡수할 새로운 아시아 금융중심지가 필요하다.[44] 앞서 언급한 것처럼 동아시아 지역에 금융서비스 공급망의 재편이 요구되고 있다. 제주도가 그 대안이 될 수 있다.[45] 따라서 이러한 새로운 금융 환경

---

43) 참고로 국가통계포털(KOSIS) 자료에 따르면, 2022년 말 기준 한국 정부 및 민간 부문이 보유한 대외금융자산은 2조 1,687억 달러에 이르고 있다.
44) 관련하여 박상수(2008)는 국제유동자금의 유치가 필요하다는 점에서 제주역외금융센터의 필요성을 주장하고 있다(60–63면).
45) 제주국제금융센터의 영업 모형으로서 "한·중·일 등 3개국으로부터 자금을 조달하여 동남아 신흥국 경제발전 지원을 위해 연결하는 것을 기본모형으로 삼아 역외금융방식으로 추진한다"는 설명(윤석헌(2022), 23면)도 결국 금융서비스 공급망의 변화를 반영한 것이라고 할 수 있다.

에 대응해서 제주도가 국제금융센터의 설립을 모색할 수 있는 기회가 온 것이다.

셋째, 대부분의 국제금융센터가 섬 지역이면서 관광 지역이라는 점에서 제주도도 국제금융센터를 유치할 충분한 조건을 갖추었기 때문에 제주도가 나설 필요가 있다. 더욱이 제주도는 특별자치도로서 제주특별자치도법이 적용되기 때문에 필요한 법제 마련이 그만큼 용이하여 국제금융센터를 추진할 최적의 법제 환경을 갖고 있다는 특징도 있다. 따라서 제주국제금융센터에 적합한 규제 환경을 조성할 충분한 법적 기반이 마련되어 있는 것이다.

3. 제주국제금융센터의 성공 가능성

제주국제금융센터는 성공할 수 있을 것인가? 그것은 제주도가 앞서 살펴본 국제금융센터의 요건에 부합한지를 따져보면 알 수 있다.

첫째, 국제금융센터는 독자적인 법 체제를 가질 수 있어야 한다. 제주도는 섬 지역이라 제주도에만 적용할 수 있는 독자적인 법 체제를 구축할 수 있다. 더욱이 제주도는 특별자치도이고 이에 따른 제주특별자치도법을 갖고 있다. 따라서 이를 활용하면 국제금융센터에 필요한 법규를 보다 용이하게 마련할 수 있는 아주 좋은 여건을 갖고 있다.

둘째, 지리적인 접근성 면에서 제주도는 좋은 여건을 갖고 있다. 제주도는 지리적으로 중국과 가까운 지역에 위치해 있다. 중국의 거대 자본을 유치할 수 있는 좋은 지리적인 여건을 갖고 있어 국제금융센터로서 성공할 충분한 요건을 갖추고 있다.

셋째, 제주도는 외국인이 자유롭게 입출국을 할 수 있는 국내 유일의 무비자(사증 면제) 지역이다. 외국인이 자유로이 왕래할 수 있는 최적의 조건을 갖추고 있는 것이다. 비거주자를 대상으로 영업을 하는 국제금융센터의 성격상 외국인의 자유로운 입출국은 필수적인 요소인 것이다.

넷째, 제주도는 '영어교육도시'를 조성하여 외국인 학교를 유치하고 있어 국제적인 교육환경 조성에도 적합하다. 국제금융센터에는 고급 금융 전문 인력이 상주하게 된다. 자연스럽게 자녀 교육에 대한 관심이 크다. 제주도는 이를 흡수할 수 있는 충분한 교육 환경 여건을 갖추고 있는 것이다.

다섯째, 제주도는 청정 자연 환경을 갖고 있는 국내 유일의 섬 지역이다. 환경 여건도 충분하다. 특히 제주도는 관광지역이라 다른 국제금융센터에서 볼 수 있는 것처럼 국제금융센터 설립의 좋은 입지 여건을 갖고 있다.

이러한 여러 가지 여건을 고려할 때 제주도가 국제금융센터 설립 지역으로서 가장 유망하다고 할 수 있으며, 그 성공 가능성은 크다고 할 수 있다. 따라서 변화하는 국내외적인 환경에서 제주도를 국제금융센터로 육성하기 위한 법제 마련 구축 등 필요한 조치를 취해 나가야 할 것이다.[46]

V. 맺음말

제주도에 국제금융센터를 설립하면 성공할 수 있을까? 이에 대해서는 회의적인 시각도 있겠지만 제주도는 국제금융센터의 좋은 입지 여건을 갖고 있기 때문에 충분히 성공 가능성이 있다. 지리적인 여건에 있어서도 중국의 거대 자본을 유치할 수 있는 좋은 위치에 있으며, 천혜의 자연 환경과 좋은 국제 교육 환경을 갖고 있고, 관광 산업이 주요 산업이어서, 다른 대부분의 국제금융센터가 갖추고 있는 여건을 충분히 갖추고 있다. 특히 법제 면에서도 제주특별자치도법이 있어서 관련 법제 마련이 보다 수월하다는 장점이 있다.

특히 홍콩이 국제금융중심지로서 위상이 변화하고 있어 이를 대체할 새로운 국제금융센터 설립에 대한 수요가 있고, 제조업 분야에서 일어나고 있는 '탈중국화' 현상에 따라 동아시아 지역의 금융서비스 공급망 재편 필요성도 제기되고 있어, 아시아 지역에 새로운 국제금융센터가 필요한 상황이다. 이런 점을 고려할 때 제주도가 국제금융센터의 설립을 추진한다고 하면 성공 가능성이 충분히 있다. 따라서 도민 공감대 형성 및 관련 법제 마련 등 필요한 절차를 차근히 밟아 나가야 할 것이다.

---

46) 제주국제금융센터에 별도의 금융감독기구 신설을 통한 감독체계 마련이 필요하고, 선박등록 업무의 확대 등 단계적으로 역외금융업을 확대해나가야 한다는 주장은 강철준(2008), 98−99면; 말레이시아 라부안의 사례를 들면서 제주도를 지역 친화적인 국제금융센터로 개발해야 한다는 주장은 전승철(2022), 56−61면.

강철준, "제주국제금융센터의 최적 모형 설계 방향," 「역외금융연구」 제1권, 사단법인 제주금융 포럼, 2008. 12.

고동원, "제주국제금융센터 설립을 위한 법적 기반 구축 방안," 「국제자유도시연구」 제1권 제1 호, 사단법인 국제자유도시센터·제주한라대학교 국제자유도시센터, 2010. 6.

_____, "케이만 아일랜드(Cayman Islands) 금융감독기구 체제와 제주국제금융센터(JIFC) 금융감독기구 설립에 대한 시사점," 「국제자유도시연구」 제2권 제2호, 사단법인 국 제자유도시센터·제주한라대학교 국제자유도시센터, 2011. 6.

_____, "자가전속보험(Captive Insurance)회사의 제주 유치를 위한 법제 구축 방안," 「국 제자유도시연구」 제4권 제1호, 사단법인 국제자유도시센터·제주한라대학교 국제자 유도시센터, 2013. 6.

_____, "제주특별자치도의 금융중심지 추진 전략," 「국제자유도시연구」 제9권 제2호, 사단 법인 국제자유도시센터·제주한라대학교 국제자유도시센터, 2018. 12.

제주특별자치도, "제주특별자치도 제2단계 제도 개선 추진 계획," 보도자료, 2006. 11.

김준호, "자가전속보험(Captive Insurance)을 통한 제주도 경제적 기대 효과," 「역외금융연 구」 제4권, 사단법인 제주금융포럼, 2012. 12.

박상수, "제주역외금융센터의 필요성과 추진전략," 「역외금융연구」 제1권, 사단법인 제주금 융포럼, 2008. 12.

제주발전연구원·한국채권연구원, 「제주국제금융센터 추진 방안에 관한 연구」, 제주특별자 치도 연구용역보고서, 2006. 10.

윤석헌, "제주국제금융센터: 비전과 과제," 「국제자유도시연구」 제13권 제1호, 사단법인 국 제자유도시센터·제주한라대학교 국제자유도시센터, 2022. 6.

전승철, "제주국제금융센터 추진전략 재검토," 「국제자유도시연구」 제13권 제2호, 사단법인 국제자유도시센터·제주한라대학교 국제자유도시센터, 2022. 12.

IMF, "Offshore financial centers: IMF background paper," 23 June 2000. <https://www.imf.org/external/np/mae/oshore/2000/eng/back.htm>.

Pogliani, Pamela and Philip Wooldridge (2022a), "Cross−border financial centres," BIS Working Papers No. 1035, July 2022.

_____(2022b), "The rise of cross−border financial centres," SUERF Policy Brief No 416, Sep. 2022. <www.suerf.org/policynotes>.

Pogliani, Pamela, Goetz von Peter and Philip Wooldridge, "The outsize role of cross−border financial centres," BIS Quarterly Review, June 2022.

제2절

제주국제금융센터: 비전과 과제*

윤석헌**

Ⅰ. 서론

1997년 외환위기 이후 25년 가까운 동안 한국 경제가 국민소득 3만불을 넘어 선진국에 진입하면서 한국 금융은 괄목할 만한 성장을 이룩했다. 그러나 이는 대체로 양적 성장이었고, 질적 성숙을 위해서는 아직도 개선할 과제가 많다. 최근에는 코로나 팬데믹(pandemic)으로 인한 자영업자와 소상공인 대출 부실화 처리부터 부동산 가격과 맞물린 가계부채 연착륙까지 현안과제가 급박하고, 부실기업 구조조정도 중요하며, 4차 산업혁명 시대를 맞아 디지털 전환도 숨가쁘다. 선진국 문턱에서 중소기업 지원과 지역경제 활성화 등을 위한 금융권의 다양한 역할까지 요구되면서 국내 금융의 경쟁력 강화가 중요한 과제로 부각되고 있다.

이런 과제들은 단기간에 해결하기도 어렵지만 정부 뜻대로 끌고 갈 수 있는 것도 아니다. 민간의 끈질긴 노력과 자발적이고 창의적인 참여가 반드시 필요한데, 민간의 참여를 유도하는 데 정부의 역할이 중요한 실정이다. 민간 금융회사들은 늘 규제완화를 원하지만, 무조건적 규제완화보다 스스로의 행동에 책임지는 책임혁신체계 정착이 우선이고, 감독 강화는 이를 위한 첫걸음이 된다. 한국 금융의 길지 않은 역

「국제자유도시연구」 제13권 제1호(2022. 6. 30)에 실린 글이다.
** 전 금융감독원장, 경영학박사.

사 동안 우리는 부실한 감독시스템에도 불구하고 규제 완화를 서두른 것이 막대한 소비자 피해를 초래한 경우를 여러 차례 경험했다. 따라서 규제완화에 앞서 감독시스템을 강화하여 금융회사가 혁신을 추구하되 시스템리스크와 소비자보호 등에 스스로 책임지는 책임혁신체제가 정착되도록 하는 것이 금융발전의 올바른 순서일 것이다.

규제완화가 금융발전의 필요조건이라면 국제화는 그 충분조건이 될 것이다. 국내 금융보다 전문성이 높은 해외금융으로부터 노하우와 인력을 유치하는 것은 그 자체 국내금융의 경쟁력 제고를 의미하기 때문이다. 1997년 말 외환위기 직후 자본시장을 대폭 개방한 정부는 2003년 금융허브정책을 추진하기 시작했고, 2007년 12월 21일 「금융중심지의 조성과 발전에 관한 법률」(이하 '금융중심지법')을 제정했으며, 2008년 2월 22일 시행했다. 2009년초 서울 여의도와 부산의 문현지구를 금융중심지로 지정했으나, 그 후 현재까지 내세울 만한 성과가 보이지 않는다. 지난 수년간 한국 금융사들의 해외진출은 동남아권을 중심으로 빠르게 증가했으나 외국 금융회사의 국내 진입은 부진함을 벗어나지 못하고 있다.

한편 최근 들어 경제성장에 힘입어 국내의 금융중심지 열망은 높아지는 것으로 평가된다. 정부의 금융중심지 전략이 특별한 가닥을 잡지 못하는 가운데, 민간부문의 관심은 계속 고조되고 있다. 특히 윤석열 대통령이 대선후보 당시 제시한 한국산업은행의 부산 이전이 이러한 관심을 부추기는데, 서울과 부산 외에도 전주가 금융중심지에 대한 지속적인 관심을 드러내고 있고, 특히 제주특별자치도에서는 역외금융센터(Offshore Financial Center: OFC) 설립 논의가 다시 시작되고 있다.[1] 따라서 차제에 중앙정부 중심의 금융중심지 추진을 지방정부 및 민간이 추진하는 금융거점지 전략으로 바꾸고 거점지들의 경쟁력 제고를 통해 금융중심지 전체 경쟁력 강화를 추진하는 전략이 설득력을 지닌다. 중앙정부는 금융중심지 전체 전략의 기본방향 제시, 인프라 제공, 지역 간 이해상충 조율·해소 등을 담당하되 지방정부와 민간에게 주도권을 부여하여 거점지 특성을 살려나가도록 하는 방식이다. 이는 현재 진행 중인 디지털 전환과 맞물려 분권형 경제로의 이행 추세에도 부합할 것으로 기대된다.

OFC란 해외에서 자금을 조달하여 이를 해외로 운용하는 금융시스템을 갖춘 지역

---

1) 제주한라대학교가 2022년 4월 8일 주최한 제주국제자유도시 문화관광학술심포지움에서 논의가 있었다.

이다. 국내 금융시장과 직접적 연계를 갖지 않음에도 정부가 세금이나 거주환경 등 여러 혜택을 부여할 수 있다. '제주국제금융센터'(Jeju International Financial Center: JIFC) 설립은 제주특별자치도에 여러 가지 경제적 혜택을 가져올 것으로 기대되지만, 향후 국내금융에서 단기간에 기대하기 어려운 규제완화를 제주특별자치도에 도입해 본다는 점에서 국내금융 전체의 발전에 시사하는 바 또한 매우 크다고 할 수 있다. 즉 국내금융의 취약점일 수 있는 '증권업겸영은행 제도'(universal banking system)의 불허 규제, 즉 상업은행의 예대업무와 증권회사의 증권업무의 겸업을 불허하는 규제 를 제주특별자치도를 대상으로 한시적으로 완화하는 규제 샌드박스(regulatory sandbox)를 도입하는 것이다. 제주특별자치도가 섬으로 국내금융과 분리되어 있으면 서 동북아와 동남아를 잇는 피봇(pivot)에 위치한다는 지리적 이점을 활용하여 이를 국내금융 규제완화의 테스트베드(test-bed)로 활용하는 방안이다. 추진 성과에 따라 이를 육지로 확대함으로써 국내금융에 겸업은행 제도 도입 가능성과 방안을 검토한 다는 부수적 의미도 지닌다.

일각에서 금융중심지 노력을 서울로 집중하는 게 효율성 면에서 유리하다는 주장 이 있다. 그러나 그 동안의 금융중심지 정책의 미미한 성과에 비추어 설득력이 높지 않다. 디지털 전환과 코로나 팬데믹 등으로 재택근무가 일상화되어 가는 상황에서 지리적 위치의 중요성을 강조하는 것만으로는 설득력이 제한적이다. 오히려 지금은 그간 기울어진 운동장으로 남아 있던 지역균형발전 이슈를 더 늦기 전에 정책 아젠 다(agenda)로 재검토할 필요가 절실하다.

한국은 국토가 크지 않은 상황에서 전국을 하나의 중심지로 보고 다수 거점지에 다양한 금융분야를 특화하고 상호협력함으로써 시너지를 창출하는 방안을 시도해볼 수 있다. 서울을 허브(hub)로 제주, 부산 등 여러 지역을 스포크(spoke)로 하는 '허 브앤스포크(hub and spoke)' 전략 또는 스포크들을 먼저 키우고 이들의 힘을 모아 서울을 허브로 만드는 '스포크앤허브(spoke and hub)' 방식도 가능할 것이다. 다양한 방안을 신축적으로 검토하여 합리적 대안을 도출하려는 노력이 절실하다.

경제의 디지털 전환기에 JIFC의 성공적 출범을 위해서는 중앙정부의 인프라 투자 지원과 제주도민의 적극적인 성원이 두 가지 핵심요소다. 국내외 기업과 전문가 유 치도 필요한데, 지역사회가 협력하여 최상의 주거환경과 조세특례 등의 제공에 앞장 서야 할 것이다. 어차피 JIFC 성공의 혜택은 제주도와 제주도민들이 가장 크게 누리게 될 것이므로 이들의 의지와 노력이 그만큼 요구되는 것이다.

이 절은 다음과 같이 구성된다. Ⅱ.에서는 제주국제금융센터 추진을 둘러싼 학계와 연구원의 논의 내용 및 정부의 관련 정책 추진내용을 살펴본다. Ⅲ.에서는 JIFC의 금융업 모형으로 겸업은행을 제시한다. 겸업은행 방식으로 한중일 3국의 풍부한 자금을 빠른 성장세를 보이고 있는 신흥국의 자금수요로 연결하는 금융업 모형을 핵심모형으로 제시한다. Ⅳ.에서는 글로벌 시장에서 경쟁력을 잃어가는 OFC 모형을 제주에 재활하는 방안과 더불어 JIFC의 비전과 추진방안 및 기대효과를 논의한다. Ⅴ.에서 글을 마무리한다.

Ⅱ. 연혁과 문헌연구

1. 제주의 역외금융 추진

실제로 제주특별자치도 또는 국내 어느 곳에서도 역외금융이 영위된 적은 아직 없다. 다만 지방자치단체, 연구소, 금융회사와 금융당국 및 학자들이 이 문제에 지속적인 관심을 보여왔다. 1984년 장기신용은행[2]이 발간한 「지역경제발전의 패턴과 제주도 산업개발 전망」이 공식자료로는 처음으로 제주도에 제주국제금융센터(JIFC) 설립을 제안한 것으로 알려지고 있다.[3] JIFC에 대한 기본내용은 강철준(2001)을 참고할 수 있으며, 2006년 10월 제주발전연구원과 한국채권연구원의 공동 연구보고서 「'제주국제금융센터' 추진 방안에 관한 연구」 역시 실제적인 이슈들을 충실히 다룬 것으로 평가받는다. 그 후 2008년 10월에는 학술지 『역외금융연구』가 창간되었고,

---

2) 1967년 4월 한국경제인연합회가 외국금융기관 등과 합작해서 국내 최초의 민간 금융개발기구인 한국개발금융(주)을 세웠고, 1971년 한국투자금융과 1975년 한국개발리스를 각각 세웠으며, 1979년 12월 장기신용은행법이 제정되어 장기신용은행으로 통합 전환했다. 그 후 사세를 확장하면서 주로 기업금융 위주로 운영했으나 대기업 여신이 많지 않은 데다 특수은행에 가깝다 보니 1997년 외환위기 여파 속에 어려움을 겪었다. 이에 ㈜장은증권 퇴출, ㈜장은선물 청산 등으로 구조조정하면서 버텼지만, 결국 1999년 1월 국민은행으로 흡수합병되어 역사 속으로 사라졌다(나무위키, 2022.6.25.).
3) 이 글에서는 JOFC(제주역외금융센터) 대신 JIFC(제주국제금융센터)라는 명칭을 사용한다.

2010년에는 제주도가 JIFC 설립추진을 위한 "5단계 제도개선 전략과제"를 설정하고 국제연구용역을 발주한 바 있다. 한편 고동원(2010a, 2010b)은 JIFC의 법적기반 구축에 대한 이슈들을 알기 쉽게 정리하였고,[4] PWC(2010)는 JIFC의 잠재적 영업 가능성에 대해 상세한 분석을 담고 있다.

2. 정부의 금융중심지 정책

JIFC의 성공을 위해 중앙정부의 지원과 참여가 필수요건임은 두말할 필요가 없다. 이를 위해 무엇보다 국내 금융규제와 일관성 내지 상호 보완성이 중요하고, 중앙정부의 참여 및 지원을 토대로 신뢰성 제고 또한 빼놓을 수 없다. 따라서 중앙정부의 참여와 지원을 이끌어 내기 위한 노력이 필요한데, 이를 위해서 후술하는 금융업 모형과 도민들의 성공의지와 적극적인 노력 등이 물론 필요하지만, 중앙정부가 JIFC라는 거대한 국가 프로젝트를 통해 얻을 수 있는 혜택을 명확히 제시하는 것도 매우 중요한 것으로 평가된다. 결국 제주특별자치도와 제주도민들의 적극적 논의 참가와 의견개진이 중요할 것이다.

JIFC의 성공적 조성과 발전을 통해 중앙정부가 얻을 수 있는 이득은 여러 가지가 있겠으나, 여기서는 국내금융에게 줄곧 요구되는 소위 금융규제 완화를 국내시장에 직접적인 부담 없이 시도할 수 있는 가능성을 제시한다. 구체적으로 JIFC 추진을 통해 국내금융에 적용되는 전업주의 규제의 완화를 역외금융 방식으로 제주도라는 특정지역에 테스트베드 방식으로 한시적으로 허용함으로써 국내금융 발전을 위한 중요한 참고자료로 사용할 수 있는 것이다. 다만 이러한 규제완화는 당연히 감독강화와 더불어 국제적으로 거래의 투명성 확보를 수반해야 한다. 최근 미국은 역외금융센터를 중심으로 벌어지는 조세포탈과 자금세탁 우려를 계기로 스위스 금융업계에 비밀주의 영업전략의 포기를 종용했고, 이와 관련한 국제소송에서 승소한 바 있다. 이는 한동안 진행되던 역외금융 활성화에 찬물을 끼얹은 격인데, 이러한 상황이 제

---

4) 내용을 정리하면 다음과 같다. 1) 도의회의 조례만으로 법적근거를 둘 수도 있지만 법률 제·개정이 바람직하다. 법률에 근거를 두고 조례에 포괄위임하는 방안을 고려할 수 있다. 2) 법과 조례에 담길 내용으로 (1) JIFC 설립과 운영을 담당할 기구 및 금융감독기구 설치 (2) JIFC 내 허용가능한 금융업의 종류 (3) 조세 혜택 등을 제시하였다. 다만 (3)에 대해서는 구체적인 내용을 제시하지 않았다.

주특별자치도의 역외금융센터 추진에 부정적인 영향을 미칠 것이 우려된다. 따라서 정부와 제주특별자치도는 엄정한 조세금융감독 체계를 구축하여 이러한 이슈들을 조기 차단하고 공정함과 투명성을 미래 역외금융업의 양대 축으로 활용해 나가야 할 것이다.

▌ **표 1 정부의 금융중심지 추진정책**

• 개요 　- 2005.10. 노무현 정부: 금융허브추진위원회 및 6개 분과위원회, 동북아금융허브 추진 정책 　- 2007.11. 이명박 대선후보가 제주도 역외금융센터 설립 공약 　- 2008.4. 이명박 정부: 금융중심지추진위원회 구성, 지원센터 설립 　- 2009.1. 이명박 정부: 서울과 부산을 금융중심지로 지정 • "금융중심지의 조성과 지원에 관한 법률" 제정 (2007.12.21) 　- (제2조의1) 금융중심지란 국내금융거래와 국제금융거래의 중심지 　- (제5조의7) 해외 금융시장의 특성과 여건을 활용하여 특정분야의 금융업무를 전문으로 수행하는 특화금융의 개발·지원 • 최근까지 수차례에 걸친 금융중심지추진위원회 회의 개최, 다만 성과는 미흡 　- 최근 금융위원회의 금융중심지 지원 방향 (2022.3. 금융위원회) 　　* 금융산업 비교우위 분야 중점지원: 핀테크 혁신, 자산운용, 공적기금 해외투자 내실화 　　* 금융 인프라 국제화: 데이터 활용, 자금세탁 방지, 외환제도 개선, 금융규제 국제 적합성 　　* 금융중심지 지원 내실화: 금융중심지 성공적 조성, 지역별 전략 등

　이러한 이슈들을 효과적으로 다루기 위해서는 제주특별자치도가 조세금융감독기구를 설립하되, 다만 중앙정부 차원에서 동 기구 설립을 위한 기금 출연에 참여하는 등 유인공유 및 업무협조 체제를 구축하여 JIFC의 신뢰도 제고에 앞장서야 할 것이다. <표 1>에서 정부의 금융중심지 추진정책의 주요과제의 하나가 금융 인프라의 국제화 지원인데, 그중 하나로 (가칭)제주조세금융감독원 설립 지원을 고려할 수 있다.

3. 정부의 금융정책

(1) 정부의 규제 샌드박스 제도 시행

정부는 2019년 4월 처음으로 금융분야 규제 샌드박스 제도를 시행하였다. 소비자 편익이 크고 안전성이 검증된 금융권 사업을 대상으로 금융사가 규제개선작업 추진 의사를 표명하는 경우 일정한 심사 절차를 거쳐 '혁신금융서비스'로 지정하는 방식이다. 일단 지정이 되면 그로부터 2년간은 규제에 저촉되지 않고 영업을 영위할 수 있다. 이 제도의 당초 목적은 이런 방식을 통해 금융규제의 실효성을 확인하려는 것이었으며, 만약 시행기간 중 건전성 이슈와 소비자보호에 문제가 발생하지 않으면 2년간 재계약을 허용하고 궁극적으로 관련 규제의 완화를 고려하는 방식이다.

2022년 3월 30일 금융위원회는 혁신금융서비스 1건을 추가 지정함으로써 시행 후 총 211건을 지정하는 성과를 올렸다. 다만 그간에 신청된 혁신금융서비스들의 내용을 살펴보면 금융사 및 소비자 편의성 증대가 일부 인정됨에도 불구하고 규제완화 자체가 프로젝트 신청의 주 원인으로 작용한 경우가 많아 당초 정부의 혁신금융 추진 목적이 충분히 실현되었는가엔 의문이 제기되기도 한다.[5)]

(2) 제주특별자치도를 지역특화 규제 샌드박스로 지정

이런 상황에서 JIFC를 규제특구 샌드박스로 지정하는 방식은 JIFC에 역외금융의 기회를 부여하는 의미도 있지만, 특정지역을 대상으로 테스트베드 개념을 적용하여 국내금융이 희망하는 겸업은행이라는 규제완화의 첫 단추를 끼우는 부수적인 역할을 기대할 수 있는 것이다.

이는 기본적으로 JIFC에 한국은행법, 은행법, 예금자보호법, 외국환거래법 등 국

---

5) 지난 2년간 금융위원회는 규제 샌드박스 제도를 도입하여 혁신성이 있는 것으로 평가되는 금융상품을 중심으로 2~4년간 한시적으로 규제완화를 허가했다. 그 결과 2022.3.30. 현재 211건의 혁신금융서비스가 지정되어 절반 이상이 시장에서 테스트 중이며, 1,426명의 전담 인력 증가와 핀테크 기업의 성장 등 일자리 창출에 기여하고 있다. 이는 최소한 양적으로는 국제적으로 내세울만한 수준인데, 다만 그 내용에는 다소 문제가 있다는 지적도 받는다. 혁신금융서비스 예로 ① 안면인식 기술로 실명확인 ② 대출상품의 금리와 한도 일괄비교로 대출이자 절감효과 ③ 드라이브쓰루 은행창구 ④ 해외주식 소수점투자 등이 있다. 한편 금융분야 혁신사업 중 지역 자체를 규제완화 대상으로 삼은 경우는 아직 없다. (https://sandbox.fintech.or.kr)

내금융 관련 전통적인 법령의 적용을 배제하고, 그 대신 역외금융 방식으로 상업은행업과 증권업을 겸업할 수 있는 겸업은행의 설립을 허용하는 방식이다. 이를 위해 별도의 특별법을 제정하거나 또는 「제주특별자치도 설치 및 국제자유도시 조성을 위한 특별법」(이하 '제주특별법')에 필요조항을 추가하는 방식을 고려할 수도 있다.6)

이에 따라 국내금융은 기존처럼 일반금융을 계속 영위하고, JIFC에는 대면과 비대면 방식을 혼합하여 상업은행업과 증권업을 겸업할 수 있도록 증권업겸영은행(universal bank) 설립을 허용한다. 제주특별자치도 내에 겸업은행 설립 인가의 기본 조건과 관련해서는 해외 금융회사와 국내 금융회사 간 차별을 두지 않도록 하는데, 특히 국내 금융회사가 JIFC에 역외금융업 영위를 위한 겸업은행 설립 인가 신청을 하는 경우도 JIFC 관련 법률에 따라 인가를 받을 수 있도록 허용한다. 이러한 겸업은행 제도 허용은 은행에게 기업금융 업무 수행에 필요한 수단을 충분히 부여하려는 취지다.7)

(3) 허브앤스포크 방식 또는 스포크앤허브 방식

2009년 1월 정부는 서울의 여의도와 부산의 문현지구를 금융중심지로 지정하고 금융중심지 조성과 육성 정책을 펼쳤다.8) 그러나 그 후 일부 금융공기업의 부산이전 외는 별다른 진전을 이루지 못하였다. <표 2>에서 Z/Yen 그룹의 평가에 따르면, 서울은 2015년 7위에서 계속 하락하여 2019년 36위를 기록한 후 다시 상승하여 2022년에는 12위를 기록하였다. 한편 부산은 2015년 24위에서 2017년 50위로 하락하였고 2020년 51위까지 하락한 후 2022년에 30위로 상승하였다. 이 기간중 서울은 금융중심지 추진이 지역균형발전에 위배된다는 논리가 역작용한 반면, 부산은 서울이 부진한데 부산까지 추진함은 무리라는 비판과 적절한 금융모형 찾기가 쉽지 않다는 약점 등이 부담으로 작용하여 전반적으로 성과가 기대에 미치지 못한 것으로 판

---

6) 고동원(2010a, 2010b) 참조.
7) 이 모형은 기본적으로 은행이 기업의 창업에서 요람까지를 지원할 수 있도록 짜여진 독일의 겸업은행이나 과거 국내금융시장에 존재했던 종합금융업을 참고할 수 있다. 다만 과거 외환위기의 단초를 제공했던 종합금융회사 사례를 교훈 삼아 증권업겸영은행의 건전성 감독에 필요한 장치마련이 필요할 것이다.
8) 2008년 하반기 정부의 금융중심지 지정 응모 요청에 서울(여의도)과 부산(문현지구) 외에 제주(서귀포), 인천(송도) 그리고 일산이 각각 지정을 신청하였으나 세 곳은 실패하였다. 이 중 제주는 역외금융업을 금융중심지 사업으로 신청했다.

단된다. 다만 최근 서울과 부산 모두 금융중심지 경쟁력이 글로벌 12위와 30위를 기록하는 등 그간의 하락세를 반전시키면서 순위 상승을 보인 점은 주목할 만하다. 이는 물론 두 지방자치단체 차원의 노력에도 힘입은 바 컸겠으나, 국내 금융업계 전반적으로 금융중심지 조성에 대한 열망이 큰 것과 더불어 한국의 높은 핀테크 경쟁력도 역할을 한 것으로 평가된다.

▌ 표 2 서울과 부산 금융중심지 경쟁력 순위

연도	2015	2016	2017	2018	2019	2020	2021	2022
서울	7	12	24	27	36	33	16	12
부산	24	38	50	46	46	51	36	30

자료: Z/Yen 그룹 (2022)

▌ 표 3 거주 및 근무 바람직한 도시

순위	1	2	3	4	5	6	7	8	9	13	14	18
점수	290	141	129	113	104	104	100	72	69	53	50	42
도시	뉴욕	런던	홍콩	상가	아부	북경	부산	보스	암스	도쿄	서울	상해

자료: Z/Yen 그룹 (2022)

한편 Z/Yen 그룹이 별도로 제시한 글로벌 도시 중 일하면서 거주하고 싶은 선호 도시 순위에서 부산은 7위를 차지하는 기염을 토하였다. <표 3>에서 부산은 평점 100점으로 14위로 평가된 서울의 2배에 달하는 평점을 기록했다. 이는 그간 모든 것을 서울 중심으로 바라보았던 금융중심지 정책에 변화의 가능성을 시사한다.

그간 금융위원회의 금융중심지 전략 추진이 별다른 성과를 내지 못하는 가운데 요즘 '거점지'들을 중심으로 금융중심지 추진 수요가 증가하고 있어 주목된다. 2009년에 지정받은 부산이 가장 적극적인데, <표 3>에서 보듯이 괄목할 만한 평가순위 상승을 이끌어내고 있다. 한편 전주도 지난 수년간 국민연금공단 유치를 계기로 금융중심지 조성에 공을 들이고 있고, 제주 역시 오랜 숙원인 제주특별자치도 지정을 계기로 JIFC 조성의 꿈을 다시 키우고 있다. 이에 따라 중앙정부 입장에서도 이러한 사안들을 종합적으로 반영하여 금융중심지 전략의 전반적인 재검토에 나설 필요가 있는 것으로 판단된다.[9]

이런 시각에서 스포크앤허브 (또는 허브앤스포크) 전략을 고려할 수 있다. 스포크앤허브 전략은 지역 거점지들이 각자의 특성을 토대로 금융경쟁력 강화를 추진하되 이들의 상호협력을 통해 서울 여의도 금융중심지의 경쟁력 강화를 도모하고 궁극적으로 국가전체의 금융경쟁력 강화를 추진하는 전략이다. 한편 허브앤스포크 전략은 반대방향인데, 서울 여의도의 자산운용 역량 강화를 우선 추진하고 지역 거점지 금융경쟁력 강화로 퍼져나가게 함으로써 국가 전체적 금융경쟁력 강화를 추진하는 전략이다. 양자의 구분이 쉽지 않아 여기서는 동의어로 사용하는데, 이런 전략을 통해 지역균형발전과 국가 금융경쟁력의 동시적 강화를 이루려는 취지다. 두 전략은 허브와 스포크 간 상생이 필수로 이러한 전략이 성공하면 지역균형발전의 모범사례가 될 수 있을 것이다.

아래에서 OFC 모형의 발전과정에 대해 살펴보고 향후 JIFC가 영위할 핵심 금융업에 대해 논의한다.

Ⅲ. 금융업 모형의 선택

1. 금융환경변화와 OFC

(1) OFC의 정의와 유형

OFC란 비거주자에게 금융서비스를 제공하는 지역 또는 국가를 말한다. 주요 특성으로는 센터 소재국 이외 통화 표시 금융자산의 거래, 다수 금융기관들이 비거주자들과 주로 거래 및 자국 금융시스템 대비 해외 자산과 부채 비중이 크다는 점 등이 있다. 전통적으로 OFC는 조세나 금융규제상 특혜를 제공했는데, 이것이 은행업의 비밀주의와 엮이면서 나쁜 평판을 지니게 되었다. 그러다가 근래 미국과 OECD 등의 요구를 받아들여 차별적 과세를 철폐하고, 업무 투명성을 제고함으로써 경쟁력

---

9) 2022.3. Z/Yen 그룹에 따르면, 중국은 상하이(4), 베이징(8), 선전(10), 광저우(24), 청두(37), 칭다오(38) 등을 포함하여 다수의 금융중심지를 추진하는 것으로 드러나고 있다. 이는 10대 규제특구 샌드박스를 운영해온 중국정부의 금융중심지 분산화 정책의 결과로 보인다.

을 회복해가는 추세이다.

OFC는 다음 세 가지 유형으로 구분된다.[10] 첫째, 국제형 금융센터(IFC: international financial center)는 대규모이고 다양한 기능을 구비한 가장 발달한 형태의 금융중심지다. 대형, 선진 지급결제시스템을 갖춘 종합(full) 금융서비스 센터로 대규모의 자국경제를 지원하며, 다양한 금융수단을 사용한다. 게다가 적절한 규제감독장치를 갖추고 있고 비거주자로부터 단기차입하여 비거주자에게 장기대여한다. 대표적으로 전통적 금융중심지인 런던, 뉴욕, 동경을 꼽을 수 있다. 둘째는 지역형 금융센터(RFC: regional financial center)이다. 도시 자체는 규모가 작은 편이나 국제금융시장에서 차지하는 비중은 결코 작지 않다. 무엇보다 역내외 경제활동이 매우 활발하다는 특성을 지니는데, 홍콩과 싱가포르, 룩셈부르크, 아일랜드의 더블린시 등이 대표적이다. 마지막으로 소형 금융센터(SFC: small financial center)가 있다. 대형 금융기관에게 필요한 전문적이거나 기술적인 서비스를 제공하고, 상대적으로 규제가 약하며, 조세회피 목적이 크고 제한적인 금융중개기능을 수행한다. 실체가 없거나 매우 작은 경우도 있는데, 소득과 고용 창출이 주목적이라 할 수 있다. 비근한 예가 케이만 아일랜드, 샤넬제도, 말레이시아의 라부안 등이다.[11][12]

(2) OFC의 평판과 규제

최근 국제금융시장에서 OFC들은 스스로에 대한 세금과 정보교환 요구를 수용하고 새로운 비즈모델 모색에 적극 나서고 있는데, 이는 그간 비밀주의와 조세회피 등 불건전 영업관행의 불명예를 벗고 평판을 되살리겠다는 의도로 읽힌다. 이러한 추세 속에 한국도 2014년 아래 국제 금융정보교환시스템에 가입한 바 있다.[13]

---

10) 이 구분은 IMF(2000) 및 Wikipedia(2022.1.27.)의 'OFC' 내용 참조.

11) Zorome(2007)은 OFC와 Non-OFC를 구분하기 위한 새로운 방법론을 제시하면서 아울러 데이터를 사용한 분석결과를 제시하고 있는데, 그 결과가 소형 OFC 중심의 전통적 역외금융센터에 대한 인식과 대체로 일치한다.

12) 이 글에서 다루는 제주특별자치도에 설치하는 역외금융센터는 제주특별자치도를 중심으로 진행되어온 기존의 논의를 존중하여 제주국제금융센터(JIFC)라고 부른다. 다만 이는 그간의 연구들과 명칭의 일관성을 유지하기 위한 것이며, 실제로 제주특별자치도에 조성하는 OFC는 당분간 역외금융을 주업무로 추진하는 '소형 금융센터'로 예상된다.

13) 기획재정부 국제조세협력과, 「조세조약 이행 규정」(2016.1.1. 시행) 참고.

① 2010년 제정된 미국「해외금융계좌납세협력법(FATCA)」은 해외 금융사에게 미국시민권자의 금융정보의 보고를 의무화

② 2014년 OECD 국가 간에 '다자간금융정보자동교환협정(MCAA)' 체결

한편 OECD 유해과세경쟁원칙은 자국민이 OFC에서 벌어들인 소득에 대한 과세 여부를 국가의 고유 권한으로 인정한다. 다만 거주자와 비거주자 간 차별금지가 필요하고, 아울러 "내외국민 간 차별금지가 OECD의 조세주권인정 기준"을 충족시키기 위해서는 소득과 조세정보 제공이 필요하다.

(3) 미래형 OFC 전망

글로벌 금융시장에서 미래형 OFC는 어떤 모습으로 바뀔까? 본 논문의 범위를 넘어서는 어려운 문제이나, 다만 최근 금융의 변화 양상을 토대로 제주특별자치도가 추진할 OFC의 기본 틀 고민에 참조하기 위해 몇 가지를 살펴본다.

1) 투명성 제고 및 규제 강화

향후 금융은 데이터업의 발전에 힘입어 거래의 투명성과 책임소재를 기본 인프라로 삼을 가능성이 높다. 이에 따라 금융시장의 투명성 제고 및 규제 강화가 예상되는데, 향후 OFC들은 과거 스위스나 말레이시아 라부안 등에서 사용했던 은닉성과 불투명성을 버리고 조세피난처라는 오명을 피하려는 적극적 노력을 전개할 것으로 예상된다.[14] 관련해서 OFC들은 조세금융감독기구 설립을 통해 탈세 및 자금세탁 기지라는 국내외 정책당국의 의구심을 해소하고 국제금융시장의 신뢰 확보 노력을 강화해 나갈 것으로 전망된다(박상수, 2008; 고동원, 2010a; 고동원, 2010b).[15]

---

14) 부패차단과 자금세탁 방지 관련하여 국제금융계에서 과거 스위스의 비밀주의처럼 익명성을 주장하고 부자 계좌의 불법거래를 지원하는 금융방식은 점차 입자가 좁아지고 있다(박상수, 2008). 오히려 비밀주의를 엄격히 차단하고 위법을 단죄함으로써 비리를 사전 예방하도록 추진할 필요가 있는데, 이는 그간 비밀주의를 경쟁력의 핵심으로 삼았던 역외금융과는 궤를 달리하는 새로운 금융시스템에 어울리는 방식이다.

15) 2013~14년경 OFC들은 글로벌 재산의 8~10%를 조세중립적 구조에 담아놓고 있었다. 특히 '이중 아이리쉬(Double Irish)' 같은 '기반삭제 및 이윤전가(base erosion and profit shifting: BEPS)' 방식으로, 법인세 회피를 추구하는 미국의 다국적 투자자들을 위해 허브 역할을 수행한 것으로 알려진다. 2017의 어느 연구는 OFC를 24개의 종착지(Sink) OFC

2) 디지털 전환

경제의 디지털 전환이 진행되면서 특정지역에 금융회사의 실체적 존재가 필요는 하나 그 중요성은 낮아질 것이다. 이에 따라 OFC의 성격도 실제적 활동의 중심지로서보다 금융활동 중심지로서의 법적 성격이 중요해질 것으로 전망된다. 이러한 변화는 JIFC 추진에 두 가지 상반된 시사점을 던진다. 첫째, 설혹 향후 JIFC가 크게 번성한다 해도 이것이 관광 등 제주도의 실물경제에 던지는 파급효과는 기대에 못 미칠 수 있다는 점이다. 다만 이런 현상은 모든 글로벌 OFC에 적용될 것이므로 청정 이미지 등 제주의 부수적 이점을 잘 활용한다면 경쟁에서 상대적으로 불리할 이유는 없을 것이다. 둘째, JIFC가 주목하는 틈새시장(niche market)에서 경쟁력의 결정요인은 무엇보다 금융 인프라일 것이다. 이 점에서도 후발주자로서 제주특별자치도의 경쟁력 열위 극복은 한국의 ITC 등 하드웨어 인프라 강점에 도움을 받을 것으로 기대된다.[16]

3) 블록체인과 탈중앙화

블록체인(blockchain)과 탈중앙화금융(Decentralized Finance: DeFi) 추세는 향후 금융이 그간 전통적으로 중시되었던 지리적 장소 중심의 집중화보다 ITC 기술 중심의 집중화로 전환하면서 탈중앙화 형태의 서비스 활성화를 예고한다. 이러한 추세를 반영하여 미래의 OFC 역시 특정한 지역 중심의 집적현상보다 ITC 투자가 새롭게 일어나 비즈니스의 구심점이 될 수 있는 다수의 지역거점지가 연계되어 조성될 가능성이 높아질 것으로 보인다. 이런 추세 하에 글로벌 경제에서도 이전보다 많은 수의 금융중심지가 생겨나고 있는데, 실제로 홍콩사태 이후 중국이 다수의 금융거점지 육성에 노력하고 있고, 유럽에서도 브렉시트 이후 파리와 프랑크푸르트 그리고 다시

(대부분의 부가가치 금액이 빠져들어가는 전통적 세금회피처)와 5개의 통로(Conduit) OFC(대부분의 부가가치 금액이 Sink OFC로 빠져나가는 통로인 현대적 법인세회피처)로 구분했다. 2018.6.의 또 다른 연구는 OFC들이 법인세 회피 목적의 BEPS 방식을 주도하는 지역으로 자리매김하면서 미국에 연간 2000억 미달러의 세수 손실을 끼쳤다고 보고하였다. 2018.6. IMF 공동연구에 따르면 OFC들로부터 고세율국가로 흘러간 해외직접투자(FDI)의 상당부분이 고세율국가로부터 나온 것이었다(Wikipedia의 OFC 참조).

16) 금융 인프라는 ITC 등 하드웨어와 금융전문인력, 노하우 및 금융규제 등을 포함하는 소프트웨어로 구성된다. 실제로 한국은 Global Innovation Index가 발표하는 글로벌혁신지수에서 2021년 기준 5위를 차지했다(GII 2021 Results).

런던에 이르는 다수의 금융거점지 또는 중심지 후보들이 모습을 드러내고 있다. 한국에서도 서울뿐만 아니라 부산, 전주, 제주특별자치도 등 다수 지역거점지에 다양한 특색을 지닌 금융중심지 또는 금융거점지가 생성 발전할 것으로 기대된다. 이는 개별 금융중심지 또는 금융거점지의 특성과 스포크앤허브 전체 네트워크에서의 역할이 경쟁력 결정의 주요 요소로 작용할 가능성을 시사한다.

2. JIFC의 SWOT 분석

<표 4>는 제주특별자치도에 역외금융센터 설치를 둘러싼 SWOT 분석 결과를 제시한다. 우선 강점으로는 청정 제주의 관광자원과 금융업 간 잠재적 시너지 효과를 꼽을 수 있다. 특히 앞으로 한국과 일본 그리고 중국까지 인구 고령화가 빠르게 진행되면서 고령화 금융을 추진하려는 제주의 청정 이미지의 가치 상승이 기대된다. 제주가 북동아시아 남단에 위치함으로써 한국, 중국 및 일본의 자본시장을 배경으로 자금조달에 유리하고 이를 동남아 지역 신흥국 자금수요로 연결하는 가교역할 수행에 최적의 지리적 위치에 있다는 점도 강점이다. 물론 디지털 전환 시대에 이러한 지리적 특성의 강점이 반감할 가능성도 있으나 자금조달과 운용시장의 정보 접근성 등에서 상대적인 강점을 부인하기 어렵다. 한편 육지로부터 분리되어 있어 국내금융과 차별화된 규제 적용이 용이하다는 점도 강점이다.

한편 제주지역은 최신금융기법에 적합한 인프라 투자가 아직 부족한 실정이어서 그만큼 신규투자가 필요하다는 점은 약점이다. 다만 후발주자라는 사실은 그 자체로 경쟁력이 낮다는 약점에 불구 기존설비 처분비용이 소요되지 않아 신규투자가 그만큼 용이하다는 강점이 있다. 원화 국제화 미흡은 늘 지적되는 중요한 약점이다.

▌ **표 4** JIFC의 SWOT 분석

강점	− 청정 제주의 관광자원과 금융업간 잠재적 시너지효과 → 관광, 고령화 금융 − 북동아시아 남단에 위치 (한중일에서 자금조달, 동남아 자금수요로 연결) − 육지로부터 분리되어 국내금융과 차별화된 규제적용 용이 − 국내외 금융전문인력 유치, 활용, 양성(제주영어교육도시 연계) 가능성 − 한국은 IT 강국으로 탈중앙화금융(DeFi) 등 새로운 금융모형 개발 인프라 우위 − 후발주자로서 규제완화 환경에서 새로운 금융모형 채택 용이

약점	– 제주지역은 최신금융기법에 적합한 인프라 투자 부족 – OFC 후발주자로 낮은 경쟁력 – 원화 국제화 미흡
기회	– 홍콩의 금융허브 입지 약화 – 동남아 신흥국 자금수요 (특히 코로나 팬데믹 완화 이후) 크게 확대 기대 – 디지털 전환 경제에서 첨단 인프라, 정보접근성 등은 새로운 기회 – 제주특별자치도 규제 샌드박스 도입 결과를 국내금융에 도입
위협	– OFC 시장의 경쟁심화 – 글로벌 탈중앙화금융(DeFi) 확산이 OFC 경쟁심화를 부추길 가능성 – OFC 시장 교란요인, 불투명성 등이 규제강화로 이어질 가능성

기회의 측면을 보면, 근래 홍콩사태 여파로 홍콩 금융허브로부터 유출되는 해외 금융기관들을 제주로 유인한다면 JIFC의 글로벌 경쟁력 제고에 큰 도움이 될 수 있다. 최근 한·중·일 3국의 경제 성장이 낮아지면서 코로나 팬데믹 위기 극복에 사용된 과잉 유동성을 동남아 신흥국 투자로 연결하는 교량 역할은 중요한 기회 요인이 될 수 있다. 이를 위해 제주특별자치도를 규제 샌드박스로 삼아 겸업은행의 영업 가능성을 테스트하고 그 결과를 육지금융으로 도입하는 것은 한국금융 발전을 위해 중요한 기회가 될 것이다. 제주특별자치도가 성공하면 육지금융도 성공 가능성이 높아질 것이고 실패하면 차제에 겸업은행 관련 규제완화 요구를 잠재울 수 있다.

마지막으로, 위협 측면에서 OFC 시장에 새롭게 진출하는 JIFC는 경쟁력에 상당한 위협이 예상된다. 게다가 향후 탈중앙화금융(DeFi)의 확산이 초래할 수 있는 글로벌 시장에서 예상되는 불특정 다수의 중심지와 거점지 후보들로부터의 경쟁심화 가능성 역시 도외시하기 어렵다. 무엇보다 OFC가 그간 자금세탁 및 탈세 등과 관련된 부정한 자금거래 평판을 떨치고 새로운 금융모델로 일어설 수 있을지에 대한 불확실성 자체가 상당한 위협요인이다.

3. 핵심 금융업 모형

JIFC의 성공에서 무엇보다 중요한 사항은 비즈니스 모형을 정하는 것이다. 이를 위해 우선 JIFC의 비전을 구체화하고 아울러 SWOT분석에서 살펴본 JIFC의 특성들을 고려하여 비즈니스 모형을 선택하는 게 필요하다.

JIFC의 비전은 제주특별자치도에 한·중·일의 자금을 끌어다 동남아 신흥국 벤처와 창업기업 그리고 취약차주들을 지원하는 금융 서비스를 활성화하기 위한 역외금융센터를 조성하는 것이다. 이는 지역경제 발전을 진흥한다는 제주특별자치도의 비전과도 일치하는 것이므로 그간 제주특별자치도 자체의 발전전략과 연계하여 시너지효과가 기대된다. 게다가 서울, 부산, 전주 등과 협력하여 스포크앤허브 방식으로 국내금융의 발전 내지 경쟁력 강화에도 도움이 될 수 있을 것이다.

JIFC에 신설되는 은행은 역외금융방식으로 온라인과 오프라인 방식(동남아 현장 접촉 등)의 혼용을 허가하고, 영업본부를 제주특별자치도에 두도록 한다. 무엇보다 은행의 특화업종 선택이 핵심인데, 규제완화 취지를 살리기 위해 국내금융에서 허용되지 않는 상업은행과 금융투자업 간 겸업을 허용하고 아울러 기업금융업과 소매금융업 취급도 모두 허용한다. 이런 방식으로 한국식 증권업겸영은행 제도를 도입하는 것이다. 이를 통해 JIFC 기반 금융회사들이 동북아의 풍부한 자금 및 한국의 개발금융 노하우를 적극 활용하여 향후 당분간 높은 성장률이 예상되는 동남아 신흥국 기업들의 기업금융 및 소매금융을 지원하는 데 영업의 주 목표로 삼는다.

JIFC가 참고할 수 있는 사례 은행 모형으로 첫째, 인도의 소형금융은행(small finance bank: SFB)과 둘째, 미국의 실리콘밸리은행(Silicon Valley bank: SVB)이 있다. SFB는 2014년 10월 인도 중앙은행(RBI)이 은행서비스를 이용하지 못하는 지역에 저축수단을 제공하고 소기업, 농부, 소상공인을 대상으로 자금을 공급하는 등 포용금융 활성화를 위해 인가한 은행으로, 예금과 대출업무 모두 가능하다.[17] 미국의 SVB는 와인주조장 등의 창업 지원에 특화하는 혁신기술 상업은행(high-tech commercial bank)으로 혁신금융 활성화를 목표로 예금과 대출 및 증권업무까지 가능한 겸업은행 방식으로 허가한다. 이들 두 가지 사례은행 모형은 전문성 측면에서 차별화되고 업무간 이해상충 소지도 가능하여 양자의 겸업 허용은 별도 인허가 절차를 거치도록 한다.[18]

---

17) 같은 시기에 인도의 RBI는 SFB 외에 지급은행(Payment Bank)이라는 인가단위를 신설하여 이주노동자, 저소득층, 소기업 등 금융소외계층을 대상으로 소액저축계좌, 송금, 결제서비스 등의 서비스 제공을 허가했다. 지급은행은 대출업무는 할 수 없고 예금, 지급결제·송금, ATM·직불카드, 뮤추얼펀드, 보험 등 무위험 금융상품 판매 등의 업무만 허용되었다. 최소자본금은 기존은행의 1/5 수준이며 대출이 없으므로 건전성 규제도 없다. 취약계층의 지급결제 편의성 제고라는 취지가 주목할 만하다(Wikipedia; 금감원, 2020).

18) 고동원(2010a)은 JIFC 내 금융사 업무범위로 인터넷종합금융업(IMFB), 특수관계자 대상 전속은행업, 특수관계자 대상 전속보험업, 역외자산운용업, 펀드등록업, 그리고 초기에 역외회

최근 영국, EU, 스위스 등 유럽국가들을 중심으로 핀테크 기업의 은행업 진입을 위해 '스몰뱅킹 라이센스' 도입이 적극적으로 추진되고 있는 추세인데, 업무범위는 제한하되 최소자본금 규제를 완화하여 진입장벽을 낮추는 새로운 형태의 인가단위이다. 국가별로 명칭은 다르나 공통적으로 핀테크 기업의 은행업 진입규제를 완화하는 데 초점을 맞추고 있다.[19]

　　부수적으로 JIFC 입주 금융회사에게 다양한 혜택을 제공함으로써 센터의 홍보와 평판을 우선적으로 제고해야 하는데, 다음 사항들을 고려할 수 있다.

사 등을 제안하였다. 이중 IMFB는 영업소를 설치하지 않고 인터넷을 통하여 은행업, 증권업, 보험업을 종합적으로 영위한다는 점에서 본고의 핵심모형과 유사하나 업무영역이 종합금융으로 포괄적이라는 점이 다르다. 단 여기서 특수관계자 대상 전속은행업 등은 제한된 범위의 고객을 대상으로 제한된 범위의 은행업을 영위하는 것으로 국내 은행업과 차이를 드러내는 방안이다. 추가적인 설명은 제주발전연구원·한국채권연구원(2006, p.160)을 참조할 수 있다.

19) '스몰뱅킹 라이센스'에 관한 각국 사례를 금감원(2020)을 인용하여 소개한다. ① (영국) 2013.3. 영국의 건전성감독기구(PRA)와 금융행위감독청(FCA)은 정규 은행업 인가 전단계로 소형전문은행(Small Specialist Bank: SSB) 제도를 신설하였다. SSB는 은행업 인가를 받은 상태지만 제한된 업무만 수행할 수 있으며 업무기간은 12개월까지만 허용된다. 업무 범위는 당좌예금 및 저축성 예금, 중소기업 대출, 거주자 모기지 등의 업무 가운데 최소한 1개를 포함해야 하고 유치할 수 있는 예금액은 5만 파운드로 제한된다. 최소자본금은 100만 유로다. ② (ECB) 2017.9. ECB는 핀테크 은행업 인가(FinTech Credit Institution License)를 신설하고 EU 단일감독메커니즘(SSM)을 핀테크 은행에도 동일하게 적용하도록 하였다. 영위가능 업무는 기존 은행과 크게 다르지 않으나 투자서비스, 청산, 연기금 관리, 증권 중개, 투자자문 등은 제외된다. 최소자본금은 100만 유로다. ③ (호주) 2018.5. 호주의 건전성감독청(APRA)은 제한적 은행업 인가(Restricted ADI License) 제도를 신설하고 업무기간을 최대 2년간 허용하되, 최소자본금은 200만 AUD로 정하였다, 업무는 자산규모 1억 AUD 이내에서 위험성 낮은 업무를 중심으로 허용하는데, 복잡한 상품이나 시장위험 노출이 큰 사업, 부동산 개발사업 등 위험한 업무는 기본적으로 배제된다. 총 예금규모 200만 AUD로 제한한다. ④ (미국) 2018.7. 미국의 은행감독청(OCC)은 특수목적은행(Special Purpose National Bank)의 한 가지 형태로 신탁은행(Trust Bank), 현금관리은행(Cash Management Bank), 신용카드은행(Credit Card Bank) 등에 핀테크은행(Fin-tech Bank)를 추가하는 방식으로 '핀테크은행업'(Fin-Tech Charters) 인가계획을 발표했다. 업무는 예금을 제외한 대출, 전자지급결제를 포함한 수표 지급업무만을 허용하였다. 참고로, OCC의 은행업 규정은 예금, 수표지급, 대출 등 세 가지를 핵심기능으로 포함하는데, 핀테크 기업은 이 중 적어도 한 가지 업무를 수행하도록 규정하였다. ⑤ (스위스) 2019.1. 스위스 금융시장감독청(FINMA)은 은행법 개정을 통해 간이은행업 인가(Light Banking License)를 도입하였다. 기존 은행에 비해 완화된 규제를 적용받지만 동시에 차별적 요소도 존재한다. 즉 은행 명칭을 사용할 수 없고, 유치한 예금은 예금자 보호 대상에서 제외되며, 이를 금융소비자에게 공지할 의무를 지닌다.

① 중앙정부와 지방자치단체는 입주기업의 역외금융소득에 대해 국내외 법령이 허용하는 범위 내에서 비과세/저율과세를 적용한다.

② 제주특별자치도 자체적으로 입주 금융회사와 기업의 임직원 거주를 돕기 위해 제반 편의시설 제공을 지원한다.

③ 조세금융감독기구를 제주특별자치도 산하 공적 민간기구로 설립하여 탈세와 자금세탁, 금융범죄 상시감시, 건전성 감독, 소비자보호 업무를 수행토록 함으로써 JIFC의 신뢰 형성에 기여한다.

④ 제주특별자치도 및 도민이 참가하는 기금을 마련하되, 사모펀드(private equity fund: PEF)의 참가를 허용하여 정부출연을 위한 마중물 역할을 하도록 한다.

IV. 추진방안과 기대효과

1. 규제 샌드박스와 역외금융 방식

그간 정부가 추진해온 규제 샌드박스 정책의 규제완화 아이디어를 제주특별자치도에 적용하는 방안은 나름 의미를 지니는 것으로 판단된다. 우선 금융권의 경우 경쟁력 제고를 위해 규제완화가 필요하다는 주장에 쉽게 동의하기 어려운데, 이는 규제완화 시 발생하는 시장의 시스템리스크와 소비자피해 우려 때문이다. 다만 여기서 국내 금융시장 전체를 대상으로 규제완화를 추진하기보다 일부 지역을 대상으로 추진한다면 그에 따른 위험은 크게 작아질 것이다. 실제로 중국에서 이런 방식의 규제 샌드박스 방식을 사용하고 있는데,[20] 국내금융에서도 제주특별자치도에 금융규제를 대상으로 자유특구 형식의 규제 샌드박스를 한시적으로 도입하는 방법을 고려해볼 만하다.

이러한 방안은 얼핏 조세회피처나 경제자유지역과 같은 개념으로 볼 여지도 있으

---

[20] 2019년 7월 개최된 제4회 글로벌 핀테크 정상회의에서 중국 인민은행 과학기술국장 리웨이는 핀테크 발전을 위해 베이징, 상하이 등 10개 시범지구에서 중국판 규제 샌드박스를 도입하겠다고 발언했다. 그 후 인민은행 관계자 등의 발언을 종합하면, 규제특구(시범지역) 지정방식으로 도입될 가능성이 높은 것으로 평가된다(금융감독원, 2020.12, p.118).

나, 한시적 허용이라는 점 그리고 특히 제주특별자치도의 경우는 역외금융만을 대상으로 한다는 점에서 차별성을 지닌다. 역외금융 방식은 실제로 두 가지 장점을 지니는데, 첫째, 거점지의 거래 참가자를 비거주자로 제한함으로써 국내금융에 시스템리스크를 끼치거나 국내 소비자에게 직접적인 피해를 끼치지 않으면서 그 효과를 가늠해 볼 수 있다. 둘째, 성과가 만족스러울 경우 동 제도를 국내금융 전반으로 확대하여 국내금융 전체의 발전을 도모할 수 있다.

2. 금융공기업의 지역 이전

제주특별자치도를 중심으로 하는 역외금융센터 전략은 그간 금융위원회가 추진해온 서울과 부산 중심의 금융중심지 정책과 구조적인 차이를 지닌다. 국가의 금융자원을 서울과 부산에 집중하여 이들의 글로벌 경쟁력, 정확히 말해서 경쟁력 순위를 높이는 방식은 과거지향적일 뿐이다. 금융중심지가 지역산업 활성화의 지원 내지 국가의 특정한 정책목적 달성 과정에서 경쟁력을 쌓은 결과로 내생적으로 형성되기보다 외부의 평가기준인 양적성장 지표 충족을 목적으로 국내외 금융회사를 끌어들임으로써 외생적으로 형성되었기 때문이다. 따라서 이러한 경쟁력이 과연 지속가능할 것인가에 회의가 들게 된다. 이러한 발상은 그 자체가 공허할뿐더러 요즘 디지털 전환 경제에 부합하기도 어려워 보인다.[21]

그간 국내에는 금융중심지 정책 추진과 관련해서 두 가지 잘못된 사고가 존재하고 있다. 첫째는 규제완화가 만병통치라는 사고다. 디지털 전환이 빠르게 일어나는 향후의 금융업에서 금융규제는 크게 두 가지 이유 때문에 중요한데, 하나는 시스템리스크 대응이고 또 하나는 금융소비자 보호다. 따라서 금융의 건전한 발전 및 이를 토대로 금융중심지가 올바르게 조성되고 지속가능하기 위해서는 감독의 강화가 필요조건으로 부각되는 것이다. 다소 아이러니하지만, 엄격한 사후 감독장치는 사전규제의 필요성을 낮추고 이는 다시 민간의 자율과 창의를 이끌어 내는 선순환 구조 정

---

21) 그간 국내금융은 실속은 없이 규모만 키워 대마불사 위험을 기르는 원인을 제공한 바 있다. 정작 아름다움에 대한 자신의 평가는 제쳐놓고 남의 시선만 의식해서 따라가는 케인즈 미인대회 성격을 지니는 것이다. 제주특별자치도의 역외금융은 외형적 성장보다 실질적 중개 역할 개발에 주력하여 지속가능성을 높여가는 방식으로 추진되어야 할 것이다.

착에 도움이 되는 것이다.[22] 이런 점에서 잘 짜여진 감독제도와 장치는 금융중심지 성공의 첫걸음이 될 수 있다. 국제결제은행(BIS)이 국제 금융감독기구로서 성공적으로 자리 잡은 것은 BIS가 운영하는 정교한 감독시스템 때문이라는 점 기억할 필요가 있다.

둘째는 한국산업은행 등 정책금융기관과 금융공기업 등을 지역으로 유치하는 게 금융중심지 경쟁력 제고의 충분조건이라는 착각이다. 실제로 이들은 금융중심지 경쟁력 강화의 필요조건도 충분조건도 되기 어려운 것으로 평가된다. 금융공기업의 유치가 금융중심지 조성의 마중물이 될 수는 있겠으나 그 자체 금융중심지 발전을 이끌어 내기는 어려울 것이다. 즉 충분조건이 아닌 것이다. 글로벌 사례를 살펴보아도 금융공기업을 토대로 금융의 경쟁력이 강화된 사례는 독일 정도인데, 비록 독일의 금융제도가 높이 평가받는다 해도 독일의 어느 도시(예, 함브르크)가 훌륭한 금융중심지라는 말을 들어 보지 못했다. 그러면 금융공기업이 금융중심지의 필요조건이 되는가? 금융발전의 초기라면 정책금융이나 공공금융이 민간금융의 마중물 역할을 할 것이고 보완재 역할도 할 것이나 금융이 성장 발전하는 과정에서 민간금융에 대한 구축효과가 불가피하게 발생할 것이다. 결국 정책금융이나 공공금융은 금융중심지 조성의 초기에 다소의 도움을 줄 수 있을 뿐 금융중심지 성공에 오히려 해가 될 요인을 지니고 있는 것이다. 이는 금융중심지 조성의 목적이 민간 금융 활성화에 있기 때문이다. 결국, 정책금융기관과 금융공기업의 지역유치는 일정한 지역의 어려운 경제상황 활성화에 도움을 주고 또 금융중심지 조성을 위한 마중물이 될 수는 있으나 이것만으로 금융중심지로 성장이 가능하기 어렵고 기회비용도 있으며 부작용도 발생할 수 있음을 인식할 필요가 있다.

일각에서 정책금융기관이나 금융공기업을 지역으로 분산 배치하는 것이 마치 금융경쟁력 저하의 원인인 것처럼 주장한다. 특정 금융중심지를 중심으로 그간 쌓아온 집적효과가 무너지는 것과 네트워크 상실 효과 등을 내세운다. 물론 이들을 무시하기 어렵지만, 디지털 전환시대에 금융사들이 일정 장소에 집적하거나 또는 제한된 네트워크를 형성하는 것으로 경쟁력 우위가 확보될지는 분명하지 않다. 코로나 팬데믹이 계속되면서 인터넷과 모바일 등 비대면 소통이 활발해졌고 비트코인 등 가상자

---

22) 사후감독이 허술해지면 시스템리스크와 소비자보호 등을 위해서 사전규제의 강화가 불가피해지는데, 이는 결국 금융사 자율을 제한하는 결과로 이어진다.

산(virtual asset)을 기반으로 탈중앙화금융(DeFi)이 확산되는 가운데 집적과 네트워크가 금융 경쟁력의 충분조건이 되기는 점차 어려워 보이기 때문이다.

이에 덧붙여 국가의 또 다른 주요 정책인 지역균형발전도 시간이 갈수록 점차 교정이 어려운 국면으로 진입함으로써 개선비용이 커지고 있다. 더 이상 늦기 전에 교정하지 않으면 결과를 감당하기 어려운 국면으로 진입할 수 있을 것이다.

3. 지역균형발전과 스포크앤허브 전략

금융중심지의 지속성장에서 핵심적으로 중요한 것은 개별 금융거점지의 특화전략이다. 그리고 금융거점지 조성을 희망하는 복수의 거점지들을 종합적으로 연계하여 시너지 창출을 이끌어내는 중앙정부의 총체적 추진방안도 성공의 중요한 열쇠가 될 것이다. 이는 지역균형발전 이슈로 이어지게 된다.

새 정부의 금융중심지 조성 논의는 한국산업은행의 부산 이전에 편중된 모습이다. 게다가 관련 이슈 이해관계자들이 궁금할 만한 질문에 대한 답변도 충분하지 못한 실정이다. 한국산업은행을 부산으로 이전함으로써 얻는 기대효과가 무엇인지? 그간 부산이 추구해온 특성화 방안에 한국산업은행 이전이 어떻게 부합하는지? 또 어떻게 도움이 될 것인지? 서울이 한국산업은행을 잃게 되면 발생하는 기회비용은 적절히 고려되었는지? 그리고 다른 지역을 제쳐두고 부산으로의 이전을 고려하는 것이 다분히 정치적으로 보이는 상황에서, 향후 타 지역에서 유사한 문제가 발생할 경우 어떻게 대응할 것인지 등에 대한 객관적이고 설득력 있는 논거 제시가 필요할 것이다.

실제로 그간 한국경제가 제조업 중심의 성장을 자랑해온 상황에서 업종 다변화를 위해 금융분야 진출을 시도하는 지역경제가 늘어나고 있다. 특히 경제의 디지털 전환이 이러한 변화를 부추기고 있다. 결과적으로 한국산업은행의 부산 이전 자체가 부산지역 금융경쟁력 강화와 직접 연관성을 찾기 어렵다 해도 한국산업은행 자체의 존재감 및 마중물 효과 등을 무시하기가 어렵고 특히 지역들 간 상호 경쟁심리가 작동하는 상황에서 이전이 공정하다고 말하기는 어려워 보인다. 금융공기업 유치를 위한 전면전이 우려되는 바람직하지 않은 상황으로 치달을 수도 있다. 따라서 이 문제 극복을 위해 '금융중심지추진위원회'가 청사진을 마련하는 게 필요해 보인다. 만약 중앙정부가 이에 직접 간여하기 어려워 세부사항을 지자체에 맡긴다면 원칙과 가이

드라인의 제시가 꼭 필요할 것이다. 관련해서 지역별 특화정책을 설정하고 이를 토대로 국가 전체의 금융중심지 정책을 완성하는 스포크앤허브 전략 마련이 바람직해 보인다.

4. 비전과 추진전략

(1) 비전

제주특별자치도에 관광과 고령화금융을 겨냥한 역외금융센터 정착을 비전으로 제시할 수 있다. 이를 위해 전술한 핵심 금융업, 즉 한·중·일 등 3개국으로부터 자금을 조달하여 동남아 신흥국 경제발전 지원을 위해 연결하는 것을 기본모형으로 삼아 역외금융 방식으로 추진한다. 이를 위해 제주가 청정지역임을 활용하고 동북아 3국, 특히 한국과 일본의 고령화에 따른 잉여자금과 투자수요를 적극 활용하되 포용금융(inclusive finance)과 혁신금융(innovative finance)을 활성화하도록 증권업겸영은행업을 허용한다. 향후 이 모형이 성공할 경우 이를 국내금융으로 도입하여 국내 겸업은행제도 개선의 틀로 이용하고 중장기적으로 한국금융의 발전에 기여하도록 추진한다.

(2) 3단계 추진전략

1) 1단계

출발단계에서 우선 금융중심지 지정 노력부터 강화한다. 정부로부터 금융중심지 지정을 받는 것이 중요한데, 이를 위해 추진 주체를 예컨대 제주국제자유도시개발센터(JDC)로 특정하고 재량권과 책임을 부여해야 한다. 추진 주체의 가장 중요한 업무는 추진계획서를 잘 만드는 것이다. 아울러 금융중심지 지정 가능성을 높이기 위해 다방면으로 제주도와 도민들의 적극적인 성원과 참여를 이끌어 내야 할 것이다. 일단 금융중심지 지정이 이루어지면 제주특별자치도 산하에 추진위원회 및 추진센터를 마련하여 업무를 주도적으로 담당하게 한다. 그리고 제주특별자치도 전역을 '한글/영어 공용지역'으로 선포하고 제주영어교육도시 개념을 확대 적용한다. JIFC 출범에 필요한 법체계 마련이 필요한데, 이와 관련 고동원(2010a)은 조례 제정보다 역외금융 특별법 제정 또는 제주특별자치도법 개정 방식을 선호하고 있다. 그러나 조

기 추진을 위해 조례 제정과 국회를 통한 입법 추진 노력을 병행하는 방안도 고려할
수 있을 것이다.

2) 2단계

탈세, 자금세탁, 보이스피싱 등 금융범죄를 차단하고 JIFC의 위상 정립에 주력한
다. 이를 위해 다음 세 가지가 필요하다. 첫째, 제주특별자치도를 조세금융범죄 청정
지역으로 선포하고, 조세회피, 자금세탁 및 기타 금융범죄 금지원칙을 공표한다. 둘
째, 조세금융감독기구를 제주특별자치도 산하 공적 민간기구로 설립하고 지원한
다.[23][24] 셋째, 제주특별자치도와 지역사회가 공동기금을 마련하여 JIFC 추진 의지를
드러내도록 한다. 아울러 국내외 인력유치를 위해 거주 및 기타 생활환경 지원을 위
한 방안을 마련하여 공개하고 도민들의 협력과 지지 의사를 이끌어 낸다.[25] 위상 정
립과 더불어 JIFC 발전에 필요한 바람직한 법 체계를 완성한다.

3) 3단계

2030년까지 JIFC를 정착시켜 비전을 달성한다.

---

23) 고동원(2010b)은 중앙정부 산하의 공적 민간기구로 '제주금융감독원' 설립을 제안하였는데,
    본고와 두 가지 면에서 차이를 보인다. 첫째, JIFC의 성공적인 출범을 위해서 그간 글로벌
    역외금융에 뒤따랐던 탈세와 부정한 자금거래 의혹을 반드시 탈피해야 한다. 따라서 새로
    설립하는 감독기구는 금융감독뿐만 아니라 조세 관련 업무 조사권도 보유해야 할 것이다.
    둘째, 신설하는 감독기구는 정치적 독립성이 무엇보다 절실하다. 아시아권을 무대로 중립적
    인 입장에서 금융지원을 추진할 수 있어야 하기 때문이다. 따라서 제주특별자치도 산하의
    공적 민간기구로 설립하여 운영의 독립성을 확보하는 게 필요해 보인다. 다만 강력한 권한
    을 행사하는 감독기구를 지방자치단체 산하에 공적 민간조직으로 만드는 데 이견이 있을
    수 있으나, 제도적 장치를 잘 만들면 충분히 극복할 수 있는 것으로 판단된다. 이에 관해
    윤석헌 외(2013)의 국내 금융감독체계 개편 논의를 참고할 수 있다.
24) 라부안의 역외금융감독원(Labuan Financial Services Authority)을 참조할 수 있다.
25) 1987년 OFC를 설립하면서 향후 3년간 임금상승률을 사전합의 했던 더블린의 사회적 파트
    너십(Social Partnership) 사례를 참조할 수 있다(박상수, 2008).

1단계	JIFC 추진위원회 및 추진센터 출범, JIFC 청사진 마련, 조례와 역외금융법 제정 또는 '제주특별법' 개정 등 동시 추진
2단계	국내외 금융기관, 기업 및 유관기관 유치, 조세금융감독기구 출범, 인프라 투자, 인재 확보 및 교육, 법 체계 완성
3단계 (~2030)	JIFC 정착, 비전달성

자료: PWC(2010), 고동원(2010b), 한국은행 제주본부(2006.6)

5. 대응방안 및 기대효과

(1) 우려사항과 대응방안

JIFC 추진에 관한 다양한 우려사항과 대응방안을 <표 6>에 제시하였다. 가장 큰 우려사항은 탈중앙화를 기반으로 하는 디지털전환 경제와 전통적인 금융중심지 개념의 상호 모순에서 발생한다. 즉 최근의 탈중앙화 움직임은 기본적으로 분산화된 접근방식인 반면, 금융중심지는 정도의 차이가 있겠으나 일정한 지역을 중심으로 금융업을 집중시켜 활성화한다는 사고다. 따라서 양자를 어떻게 조화할 것인가가 문제인데, 제주특별자치도를 법적 근거지로 하는 금융회사들을 중심으로 국내외의 분산화된 금융회사들 간 네트워크를 만들어 가는 방안이 필요해 보인다. 이를 위해 향후 경쟁의 중심추가 사무실의 실질적 위치보다 온라인 상의 경쟁력에 맞춰질 가능성이 높아지고, 따라서 ITC 관련 인프라 투자와 금융업 모형의 중요성이 커질 것으로 예상된다. 관련하여 청정지역 개념을 활용하여 관광과 인구고령화에 부응하는 금융서비스 제공 등에 대한 적극적인 검토가 필요하고 자금운용의 대상이 될 동남아 지역의 경제현황과 성장전망에 대한 폭넓은 조사와 연구도 필요할 것이다.

▌ 표 6 우려사항과 대응방안

• 기장형 역외금융센터에 그칠 우려
  – 실질적 금융활동 대신 단순기장업무만
    이루어지면 지역경제 영향은 제한적
• DeFi 추세와 경쟁심화가 OFC 수요 억제
	• DeFi 추세는 경제의 디지털전환 추세하에
	  서 경쟁의 도구와 상대방을 동시에 확대
	  – 24시간 작동 등 유용한 활용방안 모색

• OFC는 자본유출, 돈세탁, 세금탈루 등 국제금융시장 교란요인 계속 작용 우려 – 기재부의 조세피난처에 대한 부정적 입장	• (가칭)제주조세금융감독원을 설립하여 국제적 탈세, 자금세탁, 피싱 등 억제를 위한 감독을 강화

• 대부분 역외센터는 아래 이유로 글로벌 금융시스템 안정의 잠재적 위협요인
    – 기본통계의 부족, 취약한 감독체계, 역내 감독당국과의 정보공유 제한 등
	• 최근 역외금융센터들의 국제기준 준수 움직임 가속화가 시스템 안정화에 기여
	    – (가칭)제주조세금융감독원 중심의 엄격한 관리감독 시행
	    – 조세감독기구 중심으로 시스템 안정을 도모하고, 통계와 감독 측면에서 중앙정부와 공조체계 확립

• 실질적 경쟁력이나 적극적 추진의사도 없이 중앙정부의 투자와 지원을 끌어내려는 의도는 아닌지라는 의구심	• 정부출연의 마중물 역할을 할 수 있는 민간기금 및 지방정부 출연금 마련 • 정부 산하 JIFC 추진기획단 설치하여 구체적 추진계획 마련

(2) 기대 효과

JIFC의 기대 효과는 기본적으로 세 가지를 포함한다. 첫째는 제주특별자치도 경제의 활성화, 둘째는 국내금융 도약의 계기 마련, 그리고 셋째는 지역균형발전 등이다. 우선 제주특별자치도의 경제활성화는 관광산업 일변도인 제주도의 경제를 보완하는 것으로 관광업을 고령화금융업 등과 연계하여 미래관광업의 변화를 모색할 수 있다. 이 과정에서 고령자들에 대한 금융서비스 제공이 구심점 역할을 할 수 있을 것으로 기대된다. 아울러 제주도를 영어공용지역으로 선포하면 기존의 영어교육 인프라를 활용할 수 있고 이를 토대로 국제금융전문인력 양성에도 기여할 수 있다.[26] 다음으로 JIFC의 성공은 그 자체가 국내금융 규제체계 재설계를 위한 밑거름으로 작용하여 국내금융의 체질 개선과 책임혁신체제를 구축하고 도약의 가능성을 높일 것이다. 그 결과 JIFC를 통한 국내금융의 국제화를 기대할 수 있다. 마지막으로 JIFC의 성공은 지역균형발전의 중요한 물꼬를 틀 수 있다. 무엇보다 탈중앙화 방식은 그간의 특정 지역 중심의 금융회사 집적 대신 다양한 지역을 대상으로 하는 분산화방식에 부합함으로써 지역균형 발전의 기틀 마련에 도움이 될 것으로 기대된다.

---

26) 그간 제주특별자치도는 영어전문교육에 특화하여 소기의 성과를 거두고 있다. 이를 금융교육 활성화의 교두보로 삼아 국제금융인력 양성을 추진할 수 있다.

V. 결론

본고에서는 국내금융의 국제화 촉진을 위한 하나의 방편으로 제주특별자치도의 금융중심지 지정 및 발전 가능성을 살펴보았다. 제주는 청정 제주의 자연조건을 기반으로 한중일 등 동북아 선진경제권에서 조달한 풍부한 자금을 동남아 신흥지역 경제개발로 이어주는 교량 역할을 담당할 수 있는 최적의 자리에 위치한다. 동아시아권의 중간 위치에서 그것도 한반도 남단이라는 지리적 이점을 살려 디지털 전환 시대에 새로운 역외금융 활성화 도모에 적격이다. 여기서 중요한 것은 제주특별자치도를 국내금융과 차별화하는 것인데, 국내금융의 전통적 전업주의 은행 모형을 넘어 인도의 SFB모형과 미국의 실리콘밸리은행 등 상업은행과 증권업을 혼합하는 증권업 겸영은행 제도의 모형을 고려한다. 이로부터 한편으로는 향후 국내금융의 규제완화 가능성에 대한 테스트 역할 수행과 또 한편으로는 아시아권의 선진국과 신흥국 경제를 연결하는 피봇 역할 수행을 기대할 수 있다.

이러한 모형의 추진은 국내금융 발전에 다양한 시사점을 제공한다. 우선 JIFC는 육지금융과 달리 거점지역 대상의 규제 샌드박스 개념을 도입하여 전통적 은행업에 적용하던 전업주의 규제의 완화를 테스트할 수 있다. 따라서 한시적 성격을 띠지만 제주특별자치도 내에서 성공적으로 추진될 경우 유사한 겸업은행 모형을 국내금융 전체로 확대 적용하여 국내금융 발전으로 이어갈 수 있을 것이다. 한편 최근 국내 다수의 금융거점지들이 금융중심지 조성 내지 발전을 추구하는 상황에서 희망 지역들을 묶어 허브앤스포크나 스포크앤허브 방식으로 통합형 상생전략을 추구함으로써 금융발전은 물론 지역균형 발전의 실마리를 찾을 수 있을 것이다. 이런 의미에서 JIFC의 성공은 한국금융의 선진화는 물론 경제의 선진화를 위해서도 의미 있는 기여가 기대된다.

JIFC는 국제적으로도 역외금융의 새로운 모델을 제공할 수 있다. 미국과 스위스 간 금융의 은폐성 내지 익명계좌를 둘러싼 갈등이 미국의 승리로 막을 내리면서 향후 역외금융의 성장 가능성에 제동이 걸린 상황이다. 이런 상황에서 JIFC의 성공적 출범은 증권업겸영은행업 모형을 글로벌 역외금융에 적용하여 국제간 증권업겸영은행업 가능성을 확인할 수 있는 귀중한 자료를 제공할 것이다.

참고문헌

강철준, "제주국제금융센터의 최적 모형 설계 방향,"『역외금융연구』제1권 창간호(사단법인 제주금융포럼), 2008.12.

고동원, "제주국제금융센터 설립을 위한 법적 기반 구축 방안,"『국제자유도시연구』, 2010.6.(2010a), 1-27.

_____, "제주국제금융센터(JOFC)의 설립과 운영을 위한 입법 추진 방안,"『역외금융연구』제3권, 2010.12.(2010b), 3-33.

금융감독원, 「글로벌 핀테크 트렌드 및 감독정책」, 2020.12.

금융위원회, 「금융중심지의 조성과 발전에 관한 법률」, 2007.12.

기획재정부 국제조세협력과, 「정기 금융정보 교환을 위한 조세조약 이행규정」, 2016.1.

김한수, "더블린의 사례에서 본 금융허브 구축에 대한 시사점,"『OPINION』2008-33호, 2008.8. 12~18.

류지민, "제주 금융허브 육성을 위한 세제전략 - 홍콩 및 상해에 대응한 경쟁력 제고 전략 -,"『조세학술논문집』제28집 제1호, 2012, 63-96.

박상수, "제주역외금융센터의 필요성과 추진전략,"『역외금융연구』제1권 창간호, 사단법인 제주금융포럼, 2008.12.

윤석헌, "한국금융의 현황과 과제," 제주한라대학교 제주문화관광심포지엄 기조연설 발표자료, 2022.4.8.

윤석헌, 고동원, 빈기범, 양채열, 원승연, 전성인, "금융감독체계 개편: 어떻게 할 것인가?"『금융연구』제27권 제3호, 2013.9.

제주발전연구원·한국채권연구원, 「제주국제금융센터' 추진 방안에 관한 연구」, 제주특별자치도 연구용역보고서, 2006.10.

제주특별자치도, "제주특별자치도 제2단계 제도 개선 추진 계획," 2006.11.

한국은행 제주지역본부, 「보고서」, 2006.6.

BBC Inc., Top 4 Countries With Best Offshore Bank Accounts For 2022, 2022.

Global Innovation Index, GII 2021 Results, 2022.

IMF, "Offshore Financial Centers," IMF Background Paper, June 23. 2000.

PWC, 「Project Report-Development of JIFC」, October 11, 2010.

Zorome, Ahmed, "Concept of Offshore Financial Centers: In Search of an Operational Definition," IMF WP/07/87, April 2007.

Z/Yen Group, Ltd., The Global Financial Centres Index, March 2022.

제3절

제주국제금융센터 추진 전략 재검토[*]

전승철[**]

Ⅰ. 서론

　제주도는 한때 대선 후보의 선거 공약을 통해서도 국제금융센터의 유력한 후보지로 검토되었고, 제주도의 국제자유도시 종합계획에도 역외금융센터 육성을 위한 기반 조성 계획이 포함되는 등 제주국제금융센터(JIFC)로의 발전에 큰 관심이 모아졌었다. 그러나 2009년 중앙정부 차원의 '금융중심지' 선정에서 제외되고 제주도 내에서도 열악한 금융 인프라 극복의 어려움과 그동안 추진된 국제자유도시 개발계획의 여러 문제점에 대한 비판적 여론의 확대와 함께 국제금융센터로의 발전 정책이 급격히 추진 동력을 잃게 되었고, 도민들의 관심 밖으로 멀어지는 모습을 보이게 되었다.

　그러나 국제금융센터는 친환경 고부가가치 산업을 중심으로 한 제주도의 미래 발전 청사진에 비추어보아도 여전히 매력적인 발전 전략의 하나라고 할 수 있다. 제주국제금융센터 구축을 위한 정책 추진 동력을 다시 얻기 위해서는 국제자유도시 내지는 국제금융센터로의 발전에 대한 지역 주민들의 부정적인 여론을 긍정적으로 전환하고 이를 바탕으로 강한 정치적 리더십이 발휘될 필요가 있다. 이 논문에서는 그동안의 제주국제금융센터 추진 경과를 돌아보고, 현재의 추진 여건과 해외의 성공 사

---

[*] 「국제자유도시연구」 제13권 제2호(2022. 12. 31)에 실린 글을 수정·보완한 것이다.
[**] 전 한국은행 부총재보, 경제학박사.

례를 면밀히 검토한 다음, 보다 현실적인 제주국제금융센터 재추진 추진 전략을 제시해본다.

II. 제주국제금융센터 추진 경과

1. 국가 차원의 국제금융센터 추진

제주국제금융센터의 추진 경과를 제대로 이해하기 위해서는 국가 차원에서의 국제금융센터 추진 경과를 먼저 살펴봐야 할 필요가 있다. 우리나라에서 국제금융센터에 대한 관심이 본격화된 것은 2003년 1월 서울파이낸셜포럼에서 "아시아 국제금융중심지로서의 한국: 비전과 전략" 보고서가 발표되면서부터라고 할 수 있다. 동 보고서에서는 서울을 전제로 하여 우리나라의 금융산업 발전 전략으로서 궁극적으로 런던형의 종합 금융중심지를 지향하되 중간 단계로 홍콩이나 싱가포르와 같은 지역 금융중심지를 추진할 것을 제안하였다. 대선 기간 중 공약으로 동북아경제중심지 추진을 내 걸었던 노무현 정부가 2003년 12월 「동북아 금융허브 로드맵」을 수립하면서 국제금융센터 추진은 범정부적인 정책 아젠다로 등장하였다. 동북아 금융허브 로드맵에서는 우리나라를 일차적으로 자산운용업 중심의 특화금융중심지로 육성하고 장기적으로는 종합금융중심지를 지향하는 전략을 채택하였다. 이후 중앙정부 차원에서 로드맵 1단계 전략인 금융허브 기반 구축 정책을 추진하였는데 2005년 7월 한국투자공사(KIC) 설립, 2007년 8월 「자본시장과 금융투자업에 관한 법률」(자본시장법) 제정, 2007년 12월 「금융중심지의 조성과 발전에 관한 법률」 제정 등이 그것이었다. 동북아금융허브 추진전략의 주무부처인 금융위원회는 2008년 4월 금융중심지 관련 주요 정책 심의를 위한 「금융중심지추진위원회」를 구성·출범시켰고 이를 통해 2008년부터 3년 단위의 「금융중심지 기본계획」을 수립·시행하였다. 금융위원회의 「금융중심지 기본계획」은 현재 제5차(2020년~2022년) 기본계획이 수립되어 시행 중이다.

2. 제주국제금융센터 추진

제주국제금융센터에 대한 아이디어는 1960년대 제주도개발계획이 처음 입안되던 때부터 논의되었으나(박상수·강철준, 2008), 1998년 9월 김대중 대통령의 제주 순시 시 제주국제자유도시 추진 방침을 발표하면서 현실적인 정책대안으로서 본격적인 관심의 대상이 되었다고 할 수 있다. 김대중 대통령은 제주의 특성과 잠재력을 살려 제주도를 관광·첨단지식산업·물류·금융 등의 복합기능이 어우러진 지역으로 특색 있게 개발하겠다는 의지를 표명하였는데, 이는 2001년 9월 「제주국제자유도시 추진 위원회」 설치(위원장 국무총리), 같은 해 12월 「제주국제자유도시특별법」 공포로 제도적인 결실을 맺게 되었다. 이후 제주국제금융센터 설립 움직임은 제주도가 수립하는 10년 단위의 「제주국제자유도시종합계획」을 통해 구체적인 정책으로 추진되었는데, 계획 기간 중간에 당초 계획의 문제점을 개선하기 위한 수정 또는 보완 계획이 수립되는 등의 과정을 거치면서 큰 폭의 변화를 겪게 되었다.

2003년 2월 확정·공표된 「(1차) 제주국제자유도시 종합계획(2002년~2011)」에서는 제주도를 환경친화적인 관광·휴양도시 및 비즈니스·첨단지식산업·물류·금융 등 복합기능의 국제자유도시로 발전시켜 나간다는 목표를 설정하였다. 금융의 경우 장기적으로 역외금융센터로 도약하기 위한 기반 조성에 중점을 두고 금융기관의 대형화, 전문가 양성, 리스크관리 강화, 제주 국제금융시장지역 지정 등을 주요 사업으로 선정하였다. 제1차 제주국제자유도시 종합계획 시행 초기인 2002년 10월 제주도 지사를 포함한 대규모 방문단이 벤치마크 대상인 말레이시아 라부안 역외금융센터를 방문하는 등 이 시기에는 제주 금융산업의 미래 지향점으로서 역외금융센터에 대한 관심이 크게 높아져 있었다. 2006년 2월 「제주특별자치도 설치 및 국제자유도시 조성을 위한 특별법」이 제정되고 동 법을 근거로 동년 7월 입법 및 조세체계 등의 신축성을 부여받은 제주특별자치도가 출범하면서 역외금융센터를 목표로 하는 제주 국제금융센터 추진 여건이 더욱 개선되기도 하였다.

한편 2006년 10월 제주특별자치도의 의뢰에 따라 제주발전연구원과 한국채권연구원이 작성한 학술연구용역 보고서(제주발전연구원·한국채권연구원, 2006)에서는 한층 구체적인 제주국제금융센터 추진방안이 발표되었다. 동 보고서에서는 4가지 추진 기본방향을 제시하였는데 첫째, 제주국제금융센터는 서울금융시장을 보완하는 역외금융센터로 추진하고, 둘째, 시너지 효과 및 감독의 효율성을 위해 독립된 금융업무 단지로 건설(더블린, 라부안 모델)하며, 셋째, 국제적 기준에 의한 통제와 감독이 가능하도록 독자적 금융감독기구를 설립하며, 넷째, 제주국제금융센터의 독자적 강점을 청정 자연환경, 신축적인 입법 서비스 외에 차별적 금융제도와 상품 개발에 둔다 등이었다. 이러한 기본방향은 지금도 여전히 유효한 추진전략이라 하겠다. 동 보고서에 따라 제주특별자치도는 2007년 중 정부와 공동으로 추진조직을 구성해 기본계획을 세우고 2009년에 시행에 들어갈 방침을 천 명하기도 하였다. 뒤이어 2007년 11월에는 이명박 대통령 후보가 제주도 4대 공약 중의 하나로 제주 역외금융센터 추진을 발표하면서 제주국제금융센터 추진에 대한 기대는 한층 증폭되었다.

3. 제주국제금융센터 추진전략의 좌절

2000년대 들어 활발해진 제주국제금융센터 추진 움직임은 그러나 2000년대 후반부터 약화되는 모습을 나타냈다. 외부적으로 제주 역외금융센터 추진전략이 중앙정부 금융정책 당국의 정책 방향과 부합하지 못하여 전략적 육성 대상에 포함되지 못한 데다 내부적으로도 개발정책 우선순위에서 멀어지게 된 것이다. 이러한 변화는 먼저 도내 개발정책에서 나타났는데 2006년 12월 공표된 「(1차) 제주국제자유도시 종합계획 보완계획」에서 선택과 집중의 원칙에 따라 전략적 추진 사업을 4+1 핵심 산업 (관광, 교육, 의료, 청정1차+첨단산업)으로 축소하면서 당초 1단계 기본계획에 포함되었던 물류와 금융을 2단계 장기 계획으로 재분류하였던 것이다. 그다음 중앙정부 차원에서는 2009년 1월 금융위원회가 금융중심지추진위원회 심의를 거쳐 최초로 금융중심지를 지정하였는데 서울(여의도), 부산(문현·북항), 인천(송도), 경기(고양), 제주(서귀포) 등 5개 신청 지역을 심사한 결과 서울(여의도)은 종합금융중심지로, 부산(문현)은 해양·파생 특화 금융중심지로 지정하면서 제주도는 인천(송도), 경기(고양)와 함께 금융중심지 선정에서 제외하였다. 제외한 지역 가운데 인천(송도), 경기(고양)는 여의도와 연계하여 보완적 기능으로 발전 가능성이 있다고 평가하였지만, 제주의 역외금융 모델은 국제기준(국가 간 과도한 조세특례 경쟁 금지)과의 상충 문제 등의 논란이 있다는 점을 지적하여 추진전략상 상당한 변화가 필요하다는 점을 시사하였다.

제주도 내 개발계획 상으로도 국제금융센터로의 발전전략은 그 우선 순위와 관심도가 계속 낮아졌다. 2011년 12월에 제주도가 마련한 「제2차 제주국제자유도시종합계획」(2012~2021)에서는 1차 보완 계획에서와 마찬가지로 제주국제금융센터 추진 사업을 장기적인 과제로 유보하는 입장을 견지하였다. 동 종합계획에서는 급속도로 발전하는 중국을 적극 활용하는 데 초점을 두고 복합리조트, 뷰티케어 빌리지, Edu-MICE 비즈니스, 제주신공항, IBE R&BD 클러스터, 1차산업의 수출산업화, 제주투자은행, 그린스마트시티 등 8대 전략사업을 추진하면서 금융부문에서는 국제금융센터 대신 종합계획 상의 각종 개발 사업을 지원하기 위한 투자은행 및 투자펀드 설립 사업이 채택되었다. 독립된 금융업무지구 건립 계획도 역외금융센터 등 국제금융업무 지구가 아니라 제주 투자은행 등 국내 금융기관과 국내 금융서비스 관련 기관이 집적된 비즈니스 금융센터 건립 계획으로 변경되었다. 동 계획서에는 제주도의 역외금융센터 추진 가능성을 별도로 검토한 결과를 수록하였는데 제주지역의 인프라 미흡, 역외금융에 대한 국제적 규제 강화 움직임 등에 비추어 역외금융센터로의 발전 가능성이 크지 않은 것으로 판단하고 장기적인 시계에서 단계적인 금융 고도화 계획을 추진하는 것이 적절하다고 적시하였다. 이러한 판단 기조는 2021년 8월 수립된 「제3차 제주국제자유도시 종합계획」에서도 그대로 유지되었는데 동 계획서에서는 국제자유도시를 향한 계획으로서의 색채가 상당 부분 탈색되고 국제금융센터는 물론 금융부문에 관한 특별한 사업 계획도 포함되지 않아 제주도 차원에서도 국제금융센터에 대한 추진 의지가 거의 소멸하였다고 볼 수 있게 되었다.

Ⅲ. 제주국제금융센터 재추진 필요성 및 여건

1. 제주국제금융센터 재추진 필요성

앞에서 살펴본 바와 같이 제주국제금융센터 추진 의지는 중앙정부나 제주도 내에서 공히 크게 약화되었으나 제주도를 국제금융센터로 육성하는 것은 제주도의 장기적 발전이나 국내 금융산업 발전 차원에서 여전히 매우 유효한 전략이라 할 수 있다. 무엇보다 국제금융센터는 고도의 국제금융업무가 집약적으로 이루어지는 단지로서 제주도가 천혜의 자연환경을 보존하면서 발전시키고자 하는 청정·고부가가치 산업에 해당한다.

제주국제금융센터가 도내 경제에 유발하는 경제적 효과와 국내 경제에 미치는 긍정적인 효과에 대해서는 이미 여러 선행 연구를 통해 잘 알려져 있는데, 한 예로 제주발전연구원(2006)은 역외금융센터(지하 3층, 지상 10층 규모) 설립 5년 후 약 4,500억 원의 생산 유발효과와 6,300명의 고용창출 효과가 기대 가능한 것으로 추정하였으며, 대외경제정책연구원(2010)은 제주국제금융센터가 성공적으로 운영될 경우 2030년까지 제주의 연간 GDP를 1조 2,400억 원까지 증가시킬 수 있으며 고용은 6,200개 창출, 세수는 연간 750억 원, 관광수입은 연간 50억 원 추가될 수 있다고 추정하였다. 이 밖에 국내 금융산업 발전을 촉진하는 효과, 발달된 국제금융시장을 통한 자금조달 비용 절감 효과, 관광·문화·예술, 숙박·음식업, 유통업 등 국내 서비스업 발전 효과, 금융 및 경제 활동 증가로 인한 과세기반 확충 등이 제주국제금융센터가 가져올 수 있는 부수적인 경제적 효과로 알려져 있다(강철준, 2002, 박상수·강철준 2008 등).

또한 제주도는 특별자치도로서 고급 금융인력 유치에 유리한 청정 자연환경 등 뛰어난 관광자원과 함께 국제금융센터 육성에 필요한 제도적 기반을 조성하기 위한 입법적 신축성을 갖추고 있다는 장점이 있다.

2. 제주국제금융센터 재추진 여건

(1) 국내 경쟁 도시의 발전

1) 서울(여의도)

서울은 이미 오래전부터 고도의 금융거래 활동이 집적된 우리나라의 대표 금융중심지로서 2009년 여의도 지역이 금융위원회로부터 종합금융중심지로 지정된 이후 국제금융센터로서의 기능이 한층 강화되어 왔다. 2011~2012년 중 여의도 지역에 3개의 프라임 오피스빌딩과 복합쇼핑몰인 IFC몰, 5성급호텔로 구성된 서울IFC가 개장하였으며 2022년에는 고층 오피스 2개동과 백화점, 호텔 등으로 이루어진 복합

상업시설(파크원)이 여의도에 들어섰다. 이 오피스빌딩들에 여러 국내외 금융기관들이 입주하면서 국제금융중심지로서 서울의 위상도 동시에 높아져 왔다. 영국 컨설팅사 지옌(Z/Yen) 그룹이 세계 주요 도시들의 금융경쟁력을 비교하기 위하여 매년 조사·발표하는 국제금융센터지수(GFCI)의 2022년 9월 발표치에서 서울이 128개 도시중 11위를 차지하면서 3년 연속 상승 추세를 이어 간 것으로 나타났다. 최근 서울시는 여의도를 디지털금융허브 중심지로 육성하기 위하여 디지털금융센터 건립 계획을 발표(2022.7.24.)하는 등 서울을 글로벌 금융중심지로 육성하기 위한 노력을 계속하고 있어 글로벌 금융중심지로서 서울의 위상은 앞으로 더욱 높아질 것으로 예상된다.

한편 글로벌 종합금융중심지로서 서울의 기능이 강화되는 것이 반드시 제주국제금융센터 육성 여건의 약화를 의미하는 것은 아니라는 견해도 있다. 서울은 글로벌 종합금융중심지로 계속 커나가고 제주도는 서울을 보완하는 니치 금융업무에 특화하는 전략을 추진한다면 서울의 금융중심지 기능 강화가 오히려 제주국제금융센터 육성에 유리한 여건을 조성해 줄 수 있다는 것이다. 아일랜드 더블린이 글로벌 금융중심지 런던의 백오피스 기능에 특화하여 발전한 것이나 카리브해 연안의 바하마, 케이만 아일랜드 등이 뉴욕 금융시장을 이용하는 금융회사나 기업의 조세피난처 역할로 성장한 사례 등이 이러한 견해를 뒷받침하고 있다고 볼 수 있다.

2) 부산(문현지구)

부산시는 2005년 6월 정부의 공공기관 지방이전 계획 발표를 계기로 문현 혁신지구를 금융특화 단지로 지정하고 금융 관련 공공기관 유치를 발판 삼아 국제금융센터로의 발전 정책을 추진하였다. 먼저 문현 혁신지구 금융단지에 국제금융센터 건물 건설에 착수하여 2014년 6월 1단계로 지하 4층, 지상 63층 규모의 오피스 건물이 건설되었으며 2018년 11월 2단계 공사가 완료되어 2개 동이 추가되었는데 건물 1개 동은 오피스텔이며 나머지 건물에는 숙박시설, 뮤지컬 전용 극장, 증권박물관 및 판매시설 등이 입주하였다. 부산 문현 국제금융센터에는 현재 한국거래소, 한국예탁결제원, 한국자산관리공사, 한국남부발전 등 총 총 35개 기관에 약 4,500명이 근무하고 있다. 부산시는 문현 국제금융센터의 기능을 한층 고도화하기 위하여 3단계 복합개발사업(2022~2025년)을 추진 중인데 면적 1만 293㎡(3,114평)에 지하 5층, 지상

45층 규모의 사무공간을 건립할 예정이며 동 시설에는 금융 관련 입주기관들의 핀테크·블록체인 등 디지털 융복합 금융업무 공간이 들어서는 한편 아시아 금융허브 도시 비전에 걸맞은 핵심 금융기관들을 유치하는 전략적 공간으로도 활용할 예정이다. 부산시는 문현 국제금융센터를 궁극적으로는 동북아시아를 넘어선 국제적인 금융중심지의 단계로 발전시키는 것을 목표로 하되, 업무 측면에서는 선박금융, 파생금융, 백오피스/백업센터 중심의 업무에 특화하여 추진 중이다. 이러한 노력에 힘입어 부산시의 국제금융센터지수(GFCI)가 2020년 상반기 51위에서 2022년 상반기에는 30위로 상승하는 등 부산 국제금융센터의 위상이 빠르게 높아지고 있다.

3) 전주(전주혁신도시)

전주시의 경우 2017년 문재인 대통령 후보가 전주혁신도시를 서울, 부산에 이은 제3의 금융중심지로 지정하겠다는 대선 공약을 제시하고 같은 해 국민연금 기금운용본부가 전주 혁신도시로 이전하면서 금융중심지로의 발전 행보가 본격화되었다. 전라북도는 국민연금공단 기금운용본부를 활용하여 전주 혁신도시를 연기금 및 자산운용 중심의 혁신금융 중심지로 발전시키겠다는 계획을 수립하여 추진해 왔는데 국민연금공단 기금운용본부 수탁기관인 9개 금융기관을 유치하고, 국민연금공단 제2사옥 준공(2021년 4월)을 시작으로 금융타운을 조성하는 한편, 금융혁신 생태계 조성을 위한 핀테크 벤처창업 육성과 빅데이터 플랫폼 및 센터 구축을 추진하고 있다. 2022년 2월, 윤석열 대통령 후보가 금융중심지 지정을 통해 전주시를 연기금 특화 국제금융도시로 만들겠다는 공약을 발표하여 특화된 국제금융센터로의 발전 기대가 높아지기도 하였으나 같은 시기 금융위원회가 의뢰한 외부연구용역(고려대학교산학협력단, 2022)에서 전주 혁신도시가 국제금융을 취급하는 금융중심지보다는 지역특화산업에 대한 금융지원 업무를 총괄하는 '지역특화 금융거점지'에 적합하다고 평가되는 등 아직은 국제금융센터 후보지로 널리 인식되지는 못하고 있다. 그러나 전라북도는 전주 혁신도시 내에 국제금융센터 건립을 추진하고 농생명과 연기금을 연계한 특화 금융중심지를 발전 모델로 제시하는 등 제3의 금융중심지 지정 추진 의지를 굽히지 않고 있다.

(2) 제주도의 미흡한 인프라 여건

어느 한 지역이 국제금융센터로 기능하기 위해서는 충분한 금융 인프라뿐만 아니라 국제 비즈니스 활동에 유리한 지리적 위치, 우수한 인적자원, 유연한 금융법규 및 차별적 조세체계 등 다양한 요건이 충족되어야 한다. 제주도는 특별자치도로서 중앙정부와 독립된 자율적인 입법체계를 가질 수 있는 점, 청정 자연환경과 쾌적한 생활 여건, 섬이라는 지리적 특성으로 인한 정치적 안정과 감독의 효율성 등 국제금융센터 구축에 유리한 장점을 상당 부분 가지고 있다.

▌ **표 1** 전주 혁신도시 이전 국민연금공단 기금운용본부 수탁기관

번호	기관명
1	SSBT은행 전주사무소
2	BNY Mellon은행 전주사무소
3	SK증권 전북혁신도시 프론티어 오피스
4	우리은행 자산신탁 전주사무소
5	무궁화신탁 전략사업 본사
6	현대자산운용 혁신도시 본사
7	하나펀드서비스 전주센터
8	신한은행 전주사무소
9	하나은행 전주사무소

출처: 고려대학교 산업협력단(2022)

▌ **표 2** 국제금융센터 성립 요건 예시

요건	세부요건
접근성 및 지리적 위치	– 주요 제조/생산 현장과 접근성 – 국제 비즈니스를 위한 적절한 시간대 – 고속도로, 철도, 해로, 항공 등 다양한 국재/국제 운송 네트워크
인적자원	– 숙련된 인력의 공급 – 좋은 언어 능력 – 인적자원의 낮은 비용 – 인적자원의 높은 교육 수준

	– 인적자원 활용의 탄력성 – 근무시간 – 노동의 질
경제환경	– 강한 경제성장 – 낮은 인플레이션 – 낮은 실업 – 외환 및 안정적인 환율시장 – 저렴한 비용
정치적 안정성과 정부 지원	– 안정적인 정치환경 – 적극적인 정부의 도시 홍보 – 낮은 세율
하부구조	– 좋은 통신 네트워크 – 효율적인 결제 시스템 – 효과적인 법률 시스템, 회계 시스템 및 기업지배구조
규제 및 감독	– 금융시장에 대한 포괄적인 규칙 및 규제 – 금융시장의 효과적인 감독

출처: Wong(2012)

그러나 최근 10여 년간 서울은 물론 부산, 전주 등 경쟁 도시에서 국제금융센터를
향한 금융 인프라 구축에 정책적 노력이 집중되어 온 반면에 제주도의 미흡한 금융
인프라는 크게 나아지지 않고 있다. 제주도에는 국제금융기구는 물론 글로벌 금융회
사의 본사나 지역본부가 하나도 소재하지 않고 있다. 국내 금융기관의 경우에도 제
주에 연고를 둔 지방은행 본점 하나만 소재할 뿐이다.

▌ 표 3 제주지역 금융기관 점포 현황(2021년 말)

기관명	기관 및 점포 수(개)			
	본점	지점	출장소	계
합 계	1	63	13	445
예금은행	1	63	13	77
일반은행	1	39	8	48
시중은행		16	2	18
우리은행		3		3

스탠다드차타드		1		1
신한은행		4	1	5
KEB하나은행		3		3
국민은행		4	1	5
지방은행	1	23	6	30
제주은행	1	23	6	30
특수은행		24	5	29
기업은행		3		3
농협		18	5	23
수협		2		2
산업은행		1		1
비은행금융기관				368
신탁회사[1]				90
자산운용회사[2]				92
상호저축은행				4
신용협동조합[3]				29
상호금융[3]				32
새마을금고[3]				42
우체국[4]				35
생명보험회사				44

주: 1) 은행, 증권회사, 보험회사의 신탁계정 수 2) 자산운용사의 펀드 상품 판매점포 수
　　3) 조합 수(본소 기준) 또는 금고 수 기준 4) 체신예금을 취급하지 않는 체신취급국 및 지방우정청 제외
출처: 한국은행 제주본부

　제주도의 금융 인프라에 대한 종합적인 평가는 고려대 산학협력단(2022)이 금융위원회에 보고한 용역연구 결과에 객관적으로 잘 평가되어 있다. 동 보고서에서는 제주도의 금융 인프라 수준이 전국 주요 도시 가운데 정성평가 기준으로는 전북 전주시에 크게 못 미치고 경남 진주나 전남 나주시와 비슷하며, 정량평가 기준으로는 전북 전주시와 비슷한 수준으로서 전체적으로는 비교 대상 지역 가운데 최하위 수준에 머물러 있는 것으로 나타났다.

지역		서울	강원 (원주)	충북 (진천)	경북 (김천)	대구	부산	울산	경남 (진주)	전북 (전주)	광주 · 전남 (나주)	제주
정성 평가	지역특화 금융지원	S	S	S	S	S	S	S	S	S	S	S
	금융관련 공공기관	S	I	I	I	S	S	I	I	S	I	I
	특화금융 정책제도화	S	I	I	I	I	S	I	I	S	I	I
	금융인력 양성	S	I	I	I	I	S	I	I	S	I	I
정량 평가	금융입지 계수	A+	B	B	B	A+	A+	B	B	A	B	A
	금융산업 비중	A+	B	B	B	A+	A	B	B	A	B	A
	금융연관 비율	A+	B	B	B	A+	A	B	B	A	B	A
	디지털 인프라	A+	B	B	B	A	B	B	A+	B	B	A

주: 평가기준 1) 정성지표는 S(Sufficient, 충분)와 I(Insufficient, 불충분)로 구분하고, 정량지표는 각 평가지표별로 순위를 평가한 결과 1,2위는 A+, 3, 4, 5위는 A, 그 외는 B를 부여함
출처: 고려대학교 산학협력단(2022)

(3) 부정적인 제주지역 여론

인프라가 미흡한 지역에 국제금융센터를 인위적으로 구축하기 위해서는 초기 단계에서 필요한 물적 자원을 동원하고 제도적 변화를 불러오기 위한 정치적 역량이 크게 발휘되어야 한다. 지역 차원에서 이러한 정치적 역량을 강화하고 발휘하기 위해서는 무엇보다도 지역 커뮤니티의 전폭적인 지원과 협조가 선행되어야 하는데, 제주도의 경우 여타 지역에 비해 국제 도시로의 개발에 대해 부정적인 여론이 상당히 강한 편이어서 국제금융센터 추진을 위한 정치적 역량의 결집이 미흡한 상황이다. 이러한 비판적인 지역 여론은 최근 들어 더욱 높아지고 있는 모습을 보이고 있는데 이는 최근 제주도 지역 주요 언론의 기사 제목만 보아도 쉽게 파악할 수 있다. 특히 2021년 10월 제주도의회와 제주와미래연구원이 제주국제자유도시 추진 방향에 대한 도민 인식을 조사한 결과에서는 제주도민 10명 중 9명이 '사람·상품·자본의 자유

로운 이동과 기업활동에 대한 규제 완화, 국제적 기준 적용'으로 설정된 국제자유도시의 비전에 대해 87.1%가 '수정해야 한다'고 응답했으며 국제자유도시 추진에 따른 삶의 질 향상 여부에 대해 긍정적인 답변이 19.2%에 불과한 것으로 나타났다. 제주 국제자유도시 추진이 제주도민의 삶의 질 향상에 큰 도움이 안 되었다는 인식이 그만큼 일반화되어 있음을 나타낸다고 하겠다.

▎**표 5 언론에 나타난 국제자유도시 추진에 대해 부정적인 제주지역 여론**

번호	기사 제목	언론사	기사 게시 일자
1	'청정과 공존' 미래 비전에 맞지 않는 '제주 국제자유도시' 모델	미디어제주	2021.6.15
2	제주도의회·제주와미래연구원, 제주국제자유도시 추진 방향에 대한 도민 인식 조사 결과 발표 - 제주도민 10명 중 9명 "국제자유도시 비전 수정해야" - 국제자유도시 추진에 따른 삶의 질 평가 5점 만점에 2.83점 불과	한라일보	2021.10.21
3	난개발에 치인 제주국제자유도시 20년… '폐기'냐 '전면수정'이냐 - 시민단체 "환경·문화·공동체 파괴, 청정과 공존 미래비전 담아야"	연합뉴스	2022.2.25
4	제주참여환경연대, "제3차 국제자유도시 계획 폐기 앞장"	한라일보	2022.3.7
5	'비전 재설계' 제주국제자유도시종합계획 동력 상실되나 - 오영훈 도지사, "국제자유도시라는 비전을 대신할 새로운 제주의 미래 비전이 필요하다"	한라일보	2022.9.29

이처럼 제주지역의 국제도시화에 대해 지역 내에서 부정적인 여론이 강한 것은 제주도가 자랑하는 천혜의 청정 자연환경 보존에 대한 지역민들의 관심이 그만큼 높다는 사실을 방증하는 동시에 제주도의 국제도시화를 위한 개발 사업의 효과가 지역

주민들에게 직접적인 혜택으로 나타날 수 있도록 개발 사업의 설계를 한층 정교하게 다듬어야 할 필요성을 시사한다고 하겠다.

성공적으로 국제금융센터를 육성하여 운영 중인 외국 도시의 경우에도 급속한 도시화에 따른 여러 부작용이 고민거리로 등장한 경우는 드물지 않다. 일례로 1990년대 이후 국제금융센터로 급속한 발전을 이룬 아일랜드 더블린의 경우 엄격한 카톨릭 사회윤리인 전통가치가 붕괴되고 소비 만능, 물신주의 풍조가 확산되면서 범죄율이 증가하고 마약, 알콜중독, 10대들의 임신과 낙태 등이 사회문제로 등장하였다. 또한 교통 혼잡, 주택 및 상하수도 시설 부족, 환경오염 등의 문제와 빈부격차 심화, 동유럽·아프리카 이민자들의 유입 증가에 따른 이민자 문제 등도 해결해야 할 과제로 대두하였다.

IV. 제주국제금융센터 재추진 전략

1. 지역 친화적 국제금융센터 개발 사례: 말레이시아 라부안

이미 살펴본 바와 같이 최근 제주도에서 국제금융센터 추진에 대한 의지가 약화한 데에는 제주도 내에서 제주도의 국제도시화에 대한 부정적인 여론이 크게 높아진 것이 큰 영향을 미친 것으로 생각된다. 그리고 국제도시화에 대한 부정적 여론은 그간 추진되어 온 제주국제자유도시 개발 사업이 제주도의 자연환경을 크게 훼손하는 반면 제주도민의 삶에는 그리 도움이 되지 않았다는 인식이 확산하였기 때문으로 보인다. 따라서 제주국제금융센터 개발 사업이 다시 추진 동력을 얻기 위해서는 무엇보다도 이러한 인식을 긍정적인 방향으로 바꾸기 위해 노력해야 할 것이다. 여기서 국제금융센터로의 전환이 소재 지역의 환경과 역내 커뮤니티 구성원들의 삶, 나아가 일상생활에서의 행복도에 긍정적인 영향을 미치고 있는 사례로 말레이시아 라부안을 살펴보고자 한다.

말레이시아 라부안은 면적 92km²의 섬으로 제주도의 약 1/20에 해당하고 인구는 약 10만 명(2020년 기준 99.4천 명)으로 제주도 인구의 약 1/7에 불과하다. 말레이시아 연방정부의 직할구로서 1990년 10월 말레이시아 마하티르 총리에 의해 섬 내에 국제 역외금융센터(IOFC: International Offshore Financial Center, 2008년 IBFC: International Business & Financial Center로 개명)가 설립되면서 금융산업 발전 및 지역 개발을 촉진하기 위한 사업이 시작되었다. 말레이시아 정부는 동 개발 사업을 추진하기 위해 1992년 라부안개발청(LDA: Labuan Development Authority)을 설립하였는데 동 기구는 IOFC가 들어선 금융특구인 파이낸셜 파크(Financial Park)뿐만 아니라 라부안 지역 전체의 체계적인 개발도 담당하였다. 파이낸셜 파크에는 오피스 타워 등 역외금융 관련 기반시설과 상업, 오락 및 주거시설 등 생활기반 시설이 건설되었고 파크 내 IOFC에 입주하는 금융기관에 대해서는 파격적인 조세 혜택과 독립적인 감독체계를 적용함으로써 국제적인 역외금융센터로 발전할 수 있었다. 라부안 역외금융센터에는 은행, 리스, 보험 및 재보험, 연기금, 자본시장, 리스크관리, 디지털 금융중개, 자산관리 업무 등을 수행하는 여러 금융기관이 입주하게 되었는데 2020년 현재 16,000여 개의 법인과 1,000여 개의 금융회사가 입주해 있으며 6,000여 명의 고용인력이 근무 중이다. 한편 LDA(2001년에 라부안공사(Labuan Corporation)로 전환)에 의해 파이낸셜 파크는 물론 그 이외 지역에도 자연환경의 보존을 고려하면서 주거, 교육, 오락, 관광 및 사회기반시설이 체계적으로 개발됨으로써 라부안 지역은 국제금융 및 관광산업이 발달하는 동시에 우수한 자연환경과 주거환경을 갖춘 균형 잡힌 발전을 이루게 되었다. 라부안공사는 지역개발 사업을 추진할 때 계획 수립 단계에서부터 지역 주민들은 물론 개발 및 환경 전문가, 언론사, 시민단체 등 관련 그룹의 의견을 여러 단계에 걸쳐 광범위하게 수렴하여 라부안 지역 개발이 지역 주민들과 다양한 이해당사들로부터 적극적인 지지와 호응을 받을 수 있게 하였다.

이와 같은 라부안 지역 개발의 결과는 다양한 지표를 통해서 확인할 수 있다. 먼저 산업구조 면에서 보면 금융과 관광업 중심의 서비스업이 라부안에서 가장 큰 부가가치 창출 기능을 담당하고 있는데, 2021년 라부안 총GDP 가운데 서비스업의 비중이 78.5%를 차지하였으며 금융업만 보면 약 57%를 차지한 것으로 나타났다. 라부안 지역의 1인당 GDP는 수도인 쿠알라룸푸르를 제외하고는 말레이시아에서 가장 높은 수준을 나타내고 있다. <표 6>을 보면, 2021년 기준 라부안 지역의 1인당 GDP는 81,345 RM(말레이시아 링깃)으로 쿠알라룸푸르의 111,292 RM보다는 낮지만 여타 어느 지역보다도 높은 수준이며 말레이시아 전체 1인당 GDP 47,439 RM의 약

1.7배에 해당하는 수준을 나타내고 있다. 또한 가계소득을 기준으로 보면 <표 7>에 나타난 바와 같이 2019년 라부안의 평균 가계소득은 6,726 RM으로 연방특별구 및 주 가운데 세 번째로 높은 수준이며 중위소득은 5,928 RM으로 역시 연방특별구 및 주 가운데 세 번째로 높은 수준에 있다. 소득 수준의 불균등도를 나타내는 Gini 계수는 두 번째로 낮은 수준에 있으며 빈곤가구비율도 상대적으로 낮은 수준에 있어 라부안은 소득 분포 면에서도 모범적인 지역에 속한다.

■ 표 6 말레이시아 지역별 1인당 GDP

(단위: RM)

지역(State, 주) 명	2020년도	2021년도
Johor	33,856	36,474
Kedah	22,693	23,575
Kelantan	14,951	15,584
Melaka	42,861	44,610
Negeri Sembilan	41,254	44,495
Pahang	38,010	41,313
Pulau Pinang	55,774	59,685
Perak	31,626	34,338
Perlis	21,099	21,508
Selangor	48,607	51,930
Terengganu	29,462	30,901
Sabah	24,652	29,960
Sarawak	55,931	65,971
W.P. Kuala Lumpur	108,791	111,292
W.P. Labuan	80,393	81,345
Malaysia	43,702	47,439

출처: Department of Statistics Malaysia

표 7 말레이시아 지역별 소득 분포(2019년도)

지역(State, 주) 명	가구당 평균 (mean)소득(RM)	가구당 중위 (median)소득(RM)	Gini 계수	빈곤가구비율 (incidence of poverty)(%)
Johor	6,427	5,652	0.366	3.9
Kedah	5,522	3,811	0.354	8.8
Kelantan	3,563	3,079	0.378	12.4
Melaka	6,054	5,588	0.383	3.9
Negeri Sembilan	5,055	4,579	0.391	4.3
Pahang	4,440	3,979	0.330	4.3
Pulau Pinang	6,169	5,409	0.359	1.9
Perak	4,273	4,006	0.377	7.3
Perlis	4,594	4,264	0.334	3.9
Selangor	8,210	7,225	0.393	1.2
Terengganu	5,545	4,694	0.335	6.1
Sabah	4,236	4,110	0.397	19.5
Sarawak	4,544	4,163	0.387	9.0
W.P. Kuala Lumpur	10,549	9,073	0.350	0.2
W.P. Labuan	6,726	5,928	0.333	3.1

출처: Department of Statistics Malaysia

한편 라부안 지역 주민들의 삶의 질에 대한 평가는 간접적으로 행복도 지수를 통해 살펴볼 수 있다. 말레이시아통계청이 매년 조사하여 발표하는 국민행복지수(MHI: Malaysia Happiness Index)를 보면 라부안 지역의 행복도가 말레이시아에서 가장 높은 것으로 측정되었다. <표 8>에 표시된 바와 같이 2021년 기준 라부안 지역의 MHI는 0~10점 척도에 9.29로서 '매우 행복한'(very happy) 수준이며 도시지역(9.21)이 교외지역(9.50)보다 다소 낮게 나타나고 있으나 전국 최고의 수준임에는 차이가 없다. 라부안 지역의 행복지수가 1인당 GDP가 가장 높은 지역인 수도 쿠알라룸푸르(7.77)보다도 더 높게 나타난 것은 라부안 지역의 높은 행복지수가 단순히 높은 소득 수준 때문만은 아니라는 점을 시사한다.

■ **표 8** 말레이시아 지역별 행복지수(Happiness Index)(2021년도)

(단위: RM)

지역(State, 주) 명	전체	도시지역(Urban)	기타지역(Rura)l
Johor	6.69	6.67	6.78
Kedah	6.59	6.66	6.39
Kelantan	7.02	7.07	6.94
Melaka	5.85	5.85	5.91
Negeri Sembilan	6.68	6.67	6.72
Pahang	6.75	6.79	6.69
Pulau Pinang	6.65	6.64	6.63
Perak	6.35	6.34	6.40
Perlis	6.96	6.93	7.07
Selangor	5.74	5.73	5.86
Terengganu	7.20	7.22	7.14
Sabah	6.28	6.27	6.31
Sarawak	6.69	5.82	6.48
W.P. Kuala Lumpur	7.77	7.77	n.a..
W.P. Labuan	9.29	9.21	9.50
W.P. Putrajaya	7.28	7.28	n.a.
Malaysia	6.48	6.46	6.54

주: 행복지수 0~2는 '매우 행복하지 않음(Not Very Happy)', 2~4는 '행복하지 않음(Not Happy)', 4~6은 '대체로 행복함(Moderately Happy)', 6~8은 '행복함(Happy)', 8~10은 '매우 행복함(Very Happy)' 구간에 해당됨
출처: Malaysia Happiness Index 2021, Department of Statistics Malaysia

국민행복지수를 항목별로 살펴보면 이를 좀 더 분명히 알 수 있다. <표 9> 및 <표 10>은 소득은 물론 가족, 주거 및 환경, 사회참여, 건강, 교육, 근무여건, 공공 안전, 문화생활 등 삶의 질을 구성하는 다양한 요소를 기준으로 행복도를 측정한 결과를 보여주고 있는데, 라부안 지역의 행복지수는 측정된 모든 기준에서 여타 지역을 크게 능가하고 있으며, 대부분의 지수가 9점 이상의 높은 수준을 나타내고 있다. 이러한 결과는 국제금융센터로 개발된 라부안 지역이 지역 주민들에게 높은 소득 수준을 가져다주었을 뿐만 아니라 자연환경과 주거환경, 사회·문화생활 등 삶의 전반적인 분야에서 큰 만족감을 가져다주고 있음을 말하고 있다.

■ **표 9** 말레이시아 지역별 항목별 행복지수(Happiness Index)(2021년도)(1)

항목 components / 지역 states	전체 Tota	가족 Family	주거 및 환경 Housing and Environment	사회 참여 Social Participation	건강 Health	소통 수단 Communication Facilities	교육 Education
Johor	6.69	7.36	6.68	6.58	7.01	6.26	6.80
Kedah	6.59	7.24	6.64	6.88	6.66	6.44	6.09
Kelantan	7.02	7.43	7.16	7.06	7.28	6.31	7.10
Melaka	5.85	6.27	5.50	5.49	6.08	5.60	5.89
Negeri Sembilan	6.68	7.33	6.68	6.57	7.09	6.47	6.23
Pahang	6.75	8.21	8.66	7.04	6.98	6.60	5.61
Pulau Pinang	6.65	7.26	6.51	6.41	7.18	6.23	6.85
Perak	6.35	6.96	6.39	6.27	6.66	6.25	6.19
Perlis	6.96	7.43	7.26	7.41	7.06	6.38	7.06
Selangor	5.74	6.53	5.50	5.63	5.84	5.64	5.64
Terengganu	7.20	7.87	7.09	6.63	7.70	6.33	7.03
Sabah	6.28	6.76	6.12	6.38	6.73	5.45	5.83
Sarawak	6.69	7.57	6.68	7.02	6.95	6.06	6.23
W.P. Kuala Lumpur	7.77	9.08	7.71	7.07	7.96	7.76	7.72
W.P. Labuan	9.29	9.91	9.61	9.34	9.49	9.64	8.01
W.P. Putrajaya	7.28	7.83	7.74	7.18	7.43	7.11	7.18
Malaysia	6.48	7.23	6.39	6.46	6.75	6.14	6.30

출처: Malaysia Statistics Department, 『Malaysia Happiness Index(MHI) 2021』

■ **표 10** 말레이시아 지역별 항목별 행복지수(Happiness Index)(2021년도)(2)

항목 components / 지역 states	근무 여건 Working Life	소득 Income	공공 안전 Public Safety	시간 활용 Time Use	종교 활동 Religion and Spritual	문화 생활 Culture	정서 활동 Emotional Experience
Johor	6.44	6.24	6.46	6.91	7.47	6.25	6.50
Kedah	6.60	6.48	6.01	6.53	7.69	6.58	5.90
Kelantan	6.83	6.17	7.50	7.13	7.93	7.13	6.20
Melaka	5.59	5.07	6.11	6.08	6.81	5.83	5.77
Negeri Sembilan	6.42	6.06	6.90	6.75	7.72	6.10	6.55
Pahang	6.52	6.15	6.24	7.07	7.36	6.25	6.08
Pulau Pinang	6.51	6.38	6.37	7.18	7.24	5.83	6.44

Perak	6.11	6.07	6.39	6.43	7.19	5.83	5.86
Perlis	6.89	6.46	6.84	6.08	7.63	7.13	6.84
Selangor	5.61	5.51	5.35	6.04	6.27	5.73	5.32
Terengganu	6.99	7.22	7.91	6.98	8.11	7.23	6.48
Sabah	6.10	5.70	6.28	6.58	7.05	6.13	6.58
Sarawak	6.79	6.47	6.70	7.11	6.95	6.08	6.35
W.P. Kuala Lumpur	7.44	7.09	7.69	7.89	8.51	7.85	7.30
W.P. Labuan	9.50	8.96	9.74	9.93	9.83	9.18	7.58
W.P. Putrajaya	7.23	6.61	7.34	7.56	8.01	6.48	7.01
Malaysia	6.31	6.04	6.28	6.72	7.21	6.20	6.15

출처: Malaysia Statistics Department, 『Malaysia Happiness Index(MHI) 2021』

2. 제주국제금융센터 재추진 전략

제주도 내에서는 그간 국제금융센터 설립 요건 충족의 요원함, 중앙정부의 금융중심지 지정에서의 탈락 등을 이유로 국제금융센터 추진에 대한 관심도가 크게 낮아졌고, 경쟁 도시의 발전에 반해 제주도의 금융 인프라는 크게 개선되지 못한 데다 제주국제자유도시 개발계획에서도 사람·상품·자본의 자유로운 이동과 기업활동의 자유를 최대한 보장하는 도시로의 발전이라는 당초 제주국제자유도시 지정 취지가 상당 부분 퇴색되면서 제주국제금융센터 추진 여건은 더욱 악화하였다. 그러나 제주국제금융센터는 제주의 자연환경을 보전하면서 경제발전을 선도할 수 있는 대표적인 청정 고부가가치 사업으로서 추진할 가치가 충분하다고 하겠다. 그간의 제주국제금융센터 추진 과정과 재추진 여건 등을 살펴본 결과 제주국제금융센터 조성 사업을 다시 본궤도에 올려놓기 위해서는 다음과 같은 전략적 방안들이 추진되어야 할 것으로 생각된다.

(1) 제주국제자유도시 종합계획 수정

약해진 국제금융센터 추진 동력을 다시 살리기 위해서는 우선 제주국제금융센터 설립이 제주 국제자유도시 종합계획에 다시 포함되어야 한다. 먼저 2022년~2031년을 대상으로 이미 확정된 제3차 제주국제자유도시 종합계획(이하 종합계획)이 제주국제금융센터 건립을 핵심사업이나 적어도 장기 전략사업의 하나로 포함하도록 수정되어야 한다. 제3차 종합계획의 성격이 '국제자유도시'보다는 '청정 스마트 도시'를 지향하는 것으로 설정되어 있으나 국제금융센터는 이미 제3차 종합계획에 들어가 있는 IT, BT사업과 마찬가지로 얼마든지 '청정 스마트 도시'라는 비전에 부합하는 사업이 될 수 있다. 다만 제3차 종합계획의 수정계획이 수립되는 데에는 적어도 수 년의 기간을 기다려야 할 것이다. 참고로 제1차 종합계획의 수정계획은 제1차 종합 계획이 시작되고 3년 후에, 제2차 종합계획의 수정계획은 제2차 종합계획이 시작되 고 6년 후에 마련되었다. 그러나 이러한 기간은 종합계획을 수정하기 위한 여론 형 성과 구체적인 전략 수립에 활용하면 될 것이다.

(2) 우호적인 지역 여론 형성

다음으로 제주국제금융센터 추진에 대한 동력을 다시 얻기 위해서는 제주 지역 커뮤니티의 호응과 지지를 얻는 것이 중요하다. 국제금융센터에 대한 제주 지역 커 뮤니티의 호응과 지지를 얻기 위해서는 제주국제금융센터 설립의 경제적 혜택의 상 당 부분이 지역 내 주민들에게 직간접적으로 귀속되고 센터 건립 사업이 제주도의 천혜의 자연환경을 잘 보존하는 방식으로 설계되어야 하며, 이런 점을 지역 주민들 이 잘 이해할 수 있도록 해야 할 것이다. 이는 정책 당국이 계획의 수립부터 실제 개발사업 추진의 여러 단계에서 지역 주민들뿐만 아니라 지역 내 언론인, 전문가, 시민단체 등 다양한 이해당사자 그룹과 활발한 의견 수렴과 설득의 과정을 거쳐야 함을 의미한다. 말레이시아 정부의 라부안 역외금융센터 개발 사례는 국제금융센터 설립과 체계적인 지역 사회 개발 정책이 함께 추진될 경우 지역 주민들의 소득을 전 반적으로 높일 뿐만 아니라 지역 주민들의 삶의 질과 행복도를 모두 크게 높일 수 있음을 보여주는데, 제주국제금융센터 개발계획 수립에 있어서 이러한 사례를 적극 적으로 참고할 필요가 있다.

(3) 정치적 리더십 강화

제주국제금융센터 조성 초기에는 관련 인프라가 미흡한 제주도에 최소한의 금융 인프라(critical mass)를 인위적으로 구축할 수밖에 없는데, 이를 위해서는 우호적인 지역 여론을 바탕으로 지속적인 정치적 리더십이 발휘되어야 한다. 국내나 해외에서 기초 인프라가 미흡한 지역을 국제금융센터로 육성한 사례를 보면 대부분 초기 단계 에서 열악한 금융환경에 굴하지 않고 미래의 비전을 실현하기 위해 필요한 자원을 동원하고 정치적 결정을 이끌어 내는 강한 정치적 리더십이 매우 중요한 역할을 했음을 알 수 있다. 부산광역시의 경우 2009년 1월 금융위원회에 의해 금융중심지로 지정되기 훨씬 전부터 지방자치단체장과 지역구 정치권 인사 등이 부산을 국제금융도시로 육성하겠다는 비전을 세우고 문현 혁신지구를 금융단지로 개발하는 한편 동 지구에 금융공기업을 유치하는 등 최소한의 금융 클러스터를 조성하기 위한 노력을 꾸준히 전개하였다. 이러한 노력의 결과는 2009년 1월 금융위원회의 금융중심지 지정 당시 부산(문현)을 금융중심지로 지정하게 된 직접적인 근거로 인용되었다.[28]

전주시의 경우에도 2011년부터 전라북도 및 전주시의 지방자치단체장과 지역구 정치권 인사 등이 국민연금 기금운용본부의 전주시 이전을 국회와 중앙정부 측에 끈질기게 요구하여 관련 법 개정을 이루어 냈고 2015년 국민연금공단 본부, 2017년 국민연금 기금운용본부의 전주 혁신도시 이전을 이루어 냈다. 국민연금 기금운용본부의 전주시 이전 당시부터 전라북도의 열악한 금융 인프라와 환경에 대한 우려의 목소리가 끊이지 않았으나 전라북도와 전주시는 국민연금 기금운용본부 수탁기관의 지역사무소 유치, 국제금융센터 입주를 위한 금융단지 조성 등 금융 인프라 구축과 금융 클러스터 조성을 위한 노력을 지속해 왔다. 그 결과 이제 전주 혁신도시는 서울, 부산에 이어 금융위원회의 제3의 금융중심지 지정에 가장 근접해 있는 도시로 언급되고 있다.

말레이시아 라부안의 경우에도 1980년대까지만 해도 선박수리업과 어업 등이 주된 산업이던 낙후된 섬이었으나, 1990년 이후 동 지역을 역외금융센터로 탈바꿈시키겠다는 마하티르 정부의 결단과 지속적인 정책 추진의 결과 오늘날과 같이 역외금융센터와 고급 휴양·관광지로 발전하게 된 것이다.

(4) 제주국제금융센터의 유형에 대한 재검토

제주도가 그간 추진해온 국제금융센터는 비거주자 간 금융거래를 집중적으로 중개하는 역외금융센터였다. 역외금융센터는 제주도의 지리적 위치나 서울, 부산이 각

---

28) 부산(문현)은 수도권이 아닌 지역으로 이미 한국거래소와 기술보증기금이 위치하고 있고 향후 다수의 금융공기업이 이전되어 집적될 예정이며, 현재 금융 분야를 중심으로 한 혁신단지가 개발되는 등 금융중심지 조성이 진행되고 있는 지역이라는 점 등을 고려하여 금융중심지로 지정하기로 심의하였다(금융위원회, 『금융중심지 지정 심의 결과』, 보도자료 (2009.1.21.))

각 종합금융중심지와 해양·파생 특화 금융중심지로 지정되어 발전하는 추세 등을 고려할 때 니치(niche) 금융센터로서 적합한 유형으로 볼 수 있다. 그러나 문제는 1990년대 이후 OECD 등 국제기구를 중심으로 국제사회가 유해한 조세 경쟁 (harmful tax competition) 및 자금세탁 방지에 힘써 왔고, 우리나라 정부도 이에 적극적으로 동참해 온 상황에서 비록 제도 개선과 투명성 제고로 과거보다 평판이 나아졌다고는 하나, 이러한 불건전 거래의 온상으로 여겨져 온 역외금융센터를 신규로 조성하겠다는 계획을 중앙정부가 받아들이기 쉽지 않다는 것이다. 2009년 제주도가 금융위원회의 금융중심지 지정에서 탈락한 이유 중의 하나도 제주도가 제시한 역외 금융센터 개발 계획이 이러한 문제점을 가지고 있다는 것이었다. 국제사회의 기류 변화에 맞추어 비거주자에 대한 특혜적 조세 제도를 도입하지 않고 거래 정보에 대한 투명성도 높은 수준으로 유지하면서 제주도와 같이 금융 인프라가 미흡한 지역에 신규로 역외금융센터를 조성하는 것은 이러한 제약이 약했던 상황에서 추진되었던 다른 나라의 사례보다 훨씬 성공하기 어려울 것이다.

따라서 제주도는 처음부터 완전한 역외금융센터를 목표로 하기보다는 일차적으로 제주지역 특성에 맞는 지역특화금융센터를 지향하고 점차 국제금융 기능을 추가해 나가는 방식을 추진해 나가는 것이 현실적으로 타당한 방안이 될 수 있다. ICT, BT 등 제주도의 미래 비전에 부합하는 혁신형 첨단기업의 육성과 연계된 특화금융이나 제주 선박특구제도와 연계된 선박금융, 제주도의 세계적 청정 자연환경을 이용한 휴양형 관광산업 육성과 연계된 고액자산가 대상 자산운용업 등이 일차적인 제주의 지역특화금융으로 생각해 볼 수 있다.

참고로 2019년 4월 금융위원회가 발표한 「금융중심지 추가지정 검토 방향」에서는 앞으로 추가지정 대상이 되는 금융중심지는 기존 금융중심지와 모델이 뚜렷이 차별화되고, 명확히 실현 가능하며, 계획이 어느 정도 이행되어 금융중심지로서 성공 가능성이 가시화되어 있을 것 등을 지정 요건으로 예시하였다.[29] 동 지정 요건에 의하더라도 제주도가 추진해야 할 국제금융센터 전략은 현실적으로 기능한 지역특화금

---

29) 『금융중심지 추가지정 검토 방향』(금융위원회, 2019년 4월)에 예시된 금융중심지 추가지정 요건
　① 금융중심지 모델이 뚜렷하게 차별화되고 지속가능할 것
　② 수립된 이행계획이 모델 달성에 적합하고, 명확하며 실현가능할 것
　③ 이행계획이 어느 정도 진행되어 금융중심지로서 성공가능성이 가시화될 것

융업부터 시작하여 국제금융업무를 확대해 나가는 방식으로 금융위원회의 금융중심
지 지정 요건을 차근차근 충족해 나가는 방향으로 설정하는 것이 적합하다 하겠다.

V. 결론

제주도는 오래전부터 제주도의 지리적 특성과 천혜의 자연환경이라는 장점을 활
용할 수 있는 국제금융센터로의 발전을 연구하고 추진계획을 수립하는 단계까지 이
르기도 하였으나, 온전한 국제금융센터를 구축하는 데 필요한 다양한 요건들을 충족
하기가 쉽지 않고 제주도가 선택한 역외금융센터 모델이 기존의 여러 역외금융센터
가 공통적으로 활용해 온 조세특혜 제공과 거래의 비밀 유지 서비스 기능을 철폐하
려는 국제사회의 움직임에 어긋난다는 문제점 등으로 금융중심지 지정에서 탈락하
면서 추진 동력을 잃고 관심의 대상에서도 멀어지게 되었다. 그러나 국제금융센터는
제주도의 장기 비전에 부합하는 청정 고부가가치 산업으로서 제주도의 지속적인 발
전과 국내 금융산업 발전에 미치는 긍정적인 효과 등을 고려할 때 여전히 유효한 발
전 전략이라고 할 수 있다.

그러나 제주국제금융센터를 다시 추진하기 위한 여건은 그리 좋지 않은 게 현실
이다. 과거 10여 년간 서울과 부산, 전주 등 경쟁 도시들이 국제금융센터를 지향하
면서 지속적으로 금융 인프라를 구축해 온 반면에, 제주도의 금융 인프라는 과거와
크게 달라지지 않아 경쟁 도시들과의 격차가 커졌고, 국제자유도시나 국제금융센터
로의 개발에 대한 도내 부정적인 여론도 강한 편이어서 개발 초기에 인위적인 금융
인프라 구축을 이끌 수 있는 정치적 리더십도 약한 편이다.

따라서 현 시기에 제주국제금융센터를 다시 추진해 나가기 위해서는 다음과 같은
추진 전략이 필요하다. 첫째, 제주국제금융센터로의 개발에 대한 도내 부정적인 여
론을 환기하여 호응과 지지를 얻어내야 한다. 둘째, 여론의 호응과 지지를 바탕으로
부족한 금융 인프라를 인위적으로 확보해 나가는 데 필요한 정치적 리더십을 강화해
야 한다. 셋째, 체계적이고 지속적인 추진을 위해서는 제주국제자유도시종합계획에
제주국제금융센터 구축 사업이 핵심 사업이나 장기적인 전략 사업으로 포함되도록

종합계획의 수정이 이루어져야 한다. 넷째, 제주도가 지향하는 국제금융센터의 유형도 역외금융센터에 대한 국제사회의 규제 강화 움직임과 이를 반영한 금융당국의 금융중심지 지정 기준 등에 부합하도록 재검토하여야 한다. 끝으로 말레이시아 라부안 등 적극적인 지역 여론 수렴과 종합적이고 체계적인 지역 개발계획을 수립하여 국제금융센터 단지뿐만 아니라 소재 지역 전반을 지역 친화적으로 개발함으로써 지역민들의 경제적 후생 수준뿐만 아니라 행복도까지 크게 높인 해외 사례를 면밀히 연구하여 필요한 사항을 적용해 나갈 필요가 있다.

참고문헌

강석규(2007), "제주국제금융센터 설립의 필요성: 역외금융센터를 중심으로," 제주국제금융
　　　센터 국제세미나(외국 금융센터의 성공 사례와 제주국제금융센터가 나아갈 방향, 제
　　　주국제컨벤션센터) 발표 자료, 2007. 4. 21.

강철준(2002), "제주국제금융센터 추진전략 재조명,"『제주발전연구』제6호, 2002. 12.

_____(2008), "역외금융센터의 금융시장 발전 효과,"『경제발전연구』제14권 제1호, 한
　　　국경제발전학회, 2008.

_____(2007), "제주국제금융센터의 최적모형의 설계 방향," 제주국제금융센터 국제세미
　　　나(외국 금융센터의 성공 사례와 제주국제금융센터가 나아갈 방향, 제주국제컨벤션
　　　센터) 발표 자료, 2007. 4. 21.

고동원(2010a), "제주국제금융센터 설립을 위한 법적 기반 구축 방안,"『국제자유도시연구』
　　　제1권 제1호, 2010. 6.

_____(2010b), "제주국제금융센터(JIFC)의 설립과 운영을 위한 입법 추진 방안,"『역외금
　　　융연구』제3권, 2010. 10.

_____(2011), "케이만 아일랜드(Cayman Islands) 금융감독기구 체제와 제주국제금융센터
　　　(JIFC) 금융감독기구의 설립 방향에 대한 시사점,"『역외금융연구』제4권, 2011. 11.

_____(2018), "제주특별자치도의 금융중심지 추진 방안과 전략,"『국제자유도시연구』제
　　　9권 제2호, 2018. 12.

고려대학교산학협력단(2022),『대한민국 지역특화 금융산업 발잔방안 연구』, 금융위원회 연
　　　구용역 보고서, 2022. 2.

금융위원회(2009),『금융중심지 지정 심의 결과』보도자료 2009. 1. 21.

_____(2019),『금융중심지 추진전략 수립 및 추가지정 타당성 검토를 위한 연구 용역
　　　결과 보고』, 금융중심지추진위원회 안건 별첨1.

_____(2019),『금융중심지 조성과 발전에 관한 시책과 동향』

김세진 · Dominic Barton(1998), "한국금융의 선진화전략: 국제금융센터 육성," 한국경제연
　　　구원 1998. 12.

대외경제정책연구원(2010),『G－20체제에 부응하는 제주국제금융센터 연구용역 보고』, 제
　　　247회 제주특별자치도의회 행정자치위원회.

박상수 · 강철준(2008), "역외금융센터의 필요성과 핵심 쟁점," 제주연구원 원내세미나 발표
　　　자료, 2008. 6.

서울파이낸스포럼(2003), 아시아 국제금융중심지로서의 한국: 비전과 전략.

윤석헌(2022), "제주국제금융센터: 비전과 과제,"『국제자유도시연구』제13권 제1호, 2022. 6.

장영민(2000), "역외금융센터의 현황 및 건전성 규제방안 논의,"『세계경제』 2000년 8월호.
정헌구(2019), "제주국제자유도시 내 금융산업 기반구축에 관한 연구-국제금융센터 도입을 중심으로," 제주대학교 대학원 석사학위 논문, 2019. 12.
제주발전연구원·한국채권연구원(2006), 『제주국제금융센터 추진방안에 관한 연구』
제주특별자치도(2003), 『제주국제자유도시 종합계획(2002~2011)』
_____(2006), 『제주국제자유도시 종합계획 보완계획, 4+1 핵심산업을 중심으로』
_____(2011), 『제2차 제주국제자유도시 종합계획』
_____(2017), 『제2차 제주국제자유도시 종합계획 수정계획』
_____(2022), 『제주국제자유도시 종합계획 2022~2031』
_____(2022), 『제2차 제주국제자유도시 종합계획 2021년 추진상황 평가결과보고서』
최환용(2017), "제주특별자치도의 자치분권 모델 완성을 위한 입법체계 연구," 한국법제연구원 현안분석 2017-13.
한국은행 제주지점(2001), 『말레이시아 라부안 역외금융센터(IOFC)의 현황과 평가』
_____(2001), 『아일랜드 더블린 국제금융센터(IFSC)의 현황과 평가』
한국은행 제주본부(2013), 『제주국제자유도시 추진성과 평가 및 향후 과제』
Byles, Paul(2007), "Cayman Islands의 역외금융센터의 역사," 제주국제금융센터 국제세미나(외국 금융센터의 성공 사례와 제주국제금융센터가 나아갈 방향, 제주국제컨벤션센터) 발표 자료, 2007. 4. 21.
Dillon, David(2007), "더블린 국제금융서비스센터의 성공 배경," 제주국제금융센터 국제세미나(외국 금융센터의 성공 사례와 제주국제금융센터가 나아갈 방향, 제주국제컨벤션센터) 발표 자료, 2007. 4. 21.
Government of Ireland(2019), Department of Finance, *Ireland for Finance-The strategy for the development of ireland's international financial services sector to 2025*, April 2019.
Labuan International Business and Finance Centre(2022), *Market Report 2021*
_____(2019), Featured Article *Intermediating Asia for 30 Years and Beyond*
Labuan Financial Services Authority(2022), *A 25-Year Journey Dedication·Determination·Dynamism*
Department of Statistics Malaysia(2022), *Press Release: Gross Domestic Product(GDP) by State 2021*
_____(2022), Malaysia Happiness Index(MHI) 2021
Fossen, Anthony van(2002). "Offshore financial centres and internal development in the Pacific islands." *Pacific Economic Bulletin*, Volume 17 Number 1 (2002. 5)
Khazanah Research Institute(2020), *Work in an Evolving Malaysia: The State of Households 2020 Part II*
Khazanah Research Institute(2021), *Welfare in Malaysia across Three Decades*

제4절
제주특별자치도의 금융중심지 추진 방안과 전략*

고동원**

Ⅰ. 머리말

　제주특별자치도(이하 "제주도"라 한다)는 2006년 제정된 「제주특별자치도 설치 및 국제자유도시 조성을 위한 특별법」(이하 "제주특별자치도법"이라 한다)에 근거하여 국제자유도시를 지향하는 특별자치도의 지위를 갖고 있다. 즉 사람, 자본, 상품의 국제적인 이동이 자유로운 국제자유도시를 지향하는 것이다(법 제2조).[1] 사람의 국제적인 이동이라 함은 결국 제주도에서는 관광 산업의 육성을 지향하는 것을 의미할 것이다. 관광 산업은 제주도에서는 비교적 자리를 잡고 있다고 할 수 있다. 상품의 국제적 이동은 무역 거래의 중심을 의미할 터인데, 국제 무역 거래 관련 산업은 제주도 지역에서는 아직 활발하지 않은 편이다. 자본의 국제적 이동은 외국 자본의 투자 등 자금 흐름의 자유로운 이동을 이야기할 터인데, 여기에는 금융산업이 적합한 산업이라고 볼 수 있다. 그런데 아직 제주도 지역에 금융산업에 대한 관심은 크지 않은 것 같다. 즉 제주도는 관광 산업 위주의 산업 구조를 갖고 있고, 다른 산업 육성

---

*　「국제자유도시연구」 제9권 제2호(2018. 12. 31)에 실린 글이다.
**　성균관대학교 법학전문대학원 교수, 법학박사.
　1) "국제자유도시"란 "사람·상품·자본의 국제적 이동과 기업 활동의 편의가 최대한 보장되도록 규제의 완화 및 국제적 기준이 적용되는 지역적 단위"를 말한다(법 제2조).

에 관해서는 그다지 크게 논의가 되고 있지 않는 것으로 보인다.

그런데 이러한 단일 산업 위주의 경제 구조는 장기적인 면에서 바람직하지 않다. 관광 산업이 활발하지 않을 때 제주도 지역 경제에 미치는 영향은 클 수 있다. 제주도에 산업 구조의 다각화를 도모할 필요가 있는 이유이다. 제주도는 청정 지역이라 다른 지역과 차별화되는 큰 장점을 갖고 있다. 이를 살릴 수 있는 산업은 첨단 정보 기술 산업을 생각할 수 있으며, 또 하나가 바로 금융산업이다. 즉 제주도의 천혜적인 자연 환경의 특징을 살리면서 관광 산업과 더불어 상승 효과를 낼 수 있는 분야가 바로 금융산업이다. 그런데 제주도에서 금융산업은 주요 관심사가 아닌 것 같다. 제주도 당국도 금융산업의 육성에 대한 정책을 우선 순위로 두는 것 같지 않다. 2000년대 중반 제주도 지역을 비거주자를 대상으로 금융업을 영위하는 역외금융업 (cross-border financial business or offshore financial business) 중심의 금융중심지 (financial hub)로 육성하자는 논의는 있었으나,[2] 논의에 그쳐버리고 구체적인 추진 방안이 나오지 않으면서 이제는 이러한 논의는 더 이상 찾아볼 수 없다. 역외금융중심지 추진이 단기간에 이루어질 수 있는 과제가 아니라는 점에서 장기적인 계획을 갖고 하나씩 준비해나갈 필요가 있는데, 지금은 역외금융중심지 추진 동력을 잃어버리고 있다. 어떤 전기(轉機)가 필요한 때이다.

그래서 제주도 지역에 금융산업 육성 추진의 원동력이 될 수 있는 금융중심지 지정 방안을 모색해볼 필요가 있다. 「금융중심지 조성 및 발전에 관한 법률」(이하 "금융중심지법"이라 한다)은 일정 지역을 금융중심지로 지정할 수 있도록 하고 있는데(제5조 제5항), 제주도 지역이 금융중심지로 지정받게 되면 정부의 재정 지원과 입주 금융기관에 대한 세제 감면[3] 등 여러 혜택이 주어지므로 제주도 지역에서 금융산업을 육성하는 데 큰 도움을 받을 수 있다. 하나의 전기(轉機)가 될 수 있다. 과거 2008년에 제주도 당국이 이 법에 따라 금융중심지 지정 신청을 한 적이 있지만 지정을 받

---

2) 이에 관한 자세한 사항은 고부언 등, "제주국제금융센터 추진방안에 관한 연구," 제주발전연구원·한국채권연구원 연구용역보고서, 2006. 10; 고동원, "제주국제금융센터 설립을 위한 법적 기반 구축 방안," 국제자유도시연구 제1권 제1호, 국제자유도시센터, 2010. 6; 박상수, "제주역외금융센터의 필요성과 추진 전략," 역외금융연구 제1권, 제주금융포럼, 2008. 12; 강철준, "제주국제금융센터의 최적 모형 설계 방향," 역외금융연구 제1권, 제주금융포럼, 2008. 12.

3) 금융중심지에 입주하는 금융기관에 대하여 조세특례제한법에 따라 법인세, 소득세, 취·등록세, 재산세 등의 감면 역시 가능하다(조세특례제한법 제121조의21).

는 데 실패했다.[4] 이제 10여 년이 흘렀는데, 그동안 경제나 산업 여건이 많이 변했기 때문에 다시 한번 금융중심지 지정 추진을 검토할 필요가 있다. 금융중심지 지정을 이미 받은 서울특별시와 부산광역시의 경우 금융산업이 발전한 것을 보면 금융중심지 지정이 영향을 미쳤다고 할 수 있다. 특히 부산광역시는 2009년에 금융중심지로 지정이 되면서[5] 한국거래소, 예탁결제원, 기술보증기금 등 금융공공기관이 유치되는 등 나름 금융산업이 발전하고 있다고 볼 수 있다. 특히 부산광역시는 파생상품 및 해양 금융에 특화한 금융중심지를 지향하고 있는데, 정부의 재정 지원을 받아 부산대학교 및 한국해양대학교에 공동 학위 과정의 금융전문대학원을 설립하는 등 나름 파생상품 및 해양 금융에 특화된 금융산업 육성 정책을 추진하고 있어[6] 어느 정도 금융산업의 발전을 위한 토대가 만들어지고 있다고 평가할 수 있다. 이런 부산광역시의 사례를 볼 때 제주도도 금융중심지로 지정받기 위한 적극적인 노력을 기울일 필요가 있다.

그래서 제주도가 금융중심지로 지정을 받기 위해서는 어떤 전략과 추진 방안을 마련해야 하는지에 대한 검토를 해보고자 한다. 이러한 목적을 가지고 II.에서는 금융중심지법에 대한 전반적인 분석을 해보며, III.에서는 금융중심지로 지정을 받기 위한 절차에 관한 내용을 분석해보며, IV.에서는 금융중심지 지정 추진의 필요성 및 구체적인 추진 방안과 전략에 대해서 살펴본다.

II. 금융중심지에 관한 법제 분석

제주도가 금융중심지 지정 신청을 하고 금융중심지 추진 방안을 알아보기 위해서

---

4) 류지민, "제주 금융허브 육성을 위한 세제 전략," 조세학술논집 제28집 제1호, 한국국제조세협회, 2012, 64면("국가간 과도한 조세특례 경쟁을 금지하는 국제 기준과 상충될 수 있다는 이유로 금융중심지 선정에서 탈락"하였다고 한다).
5) 이호선, "부산금융중심지에 대한 평가와 향후 과제," 한국콘텐츠학회논문지 제16권 제8호, 2016. 8, 11면. 2009년 1월 서울특별시 여의도지구와 부산광역시 문현혁신지구가 금융위원회로부터 금융중심지로 지정받았다(이종필, "부산 금융중심지의 비전과 전략," 부산발전포럼 제116호, 부산발전연구원, 2009. 3, 8면).
6) 이종필, 앞의 글, 9면.

는 관련 법제에 관한 내용을 이해할 필요가 있다. 그래서 이하에서는 금융중심지법이 제정된 배경과 그 주요 내용을 개관해본다.

1. 금융중심지법 제정의 배경

2003년 12월 당시 노무현 정부는 국정 과제 회의를 통하여 우리나라를 동북아 금융중심지로 추진하는 전략을 논의하였다. 즉 정부는 제조업이나 수출 위주의 산업구조로는 우리나라 경제의 새로운 도약에 한계가 있다는 점을 인식하고, 대표적 고부가가치 산업이자 관련 서비스업 및 실물 경제 전반에 파급 효과가 큰 금융산업을 중점 육성하기로 한 것이다. 이는 이러한 금융 부문의 선진화 달성이 실물 부문 성장에 기여함은 물론 실물 부문의 성장이 금융 부문의 추가적 발전에 기여한다고 보았기 때문이다.[7] 그래서 정부는 특화 금융중심지 육성을 위해 자산운용업을 선도 산업으로 지정하고, 여타 관련 금융산업으로 퍼지는 파급 효과를 극대화하는 전략을 추진하며, 금융 규제와 금융 감독을 선진화하는 등 국내 금융시장의 매력도를 높이고 외국 금융기관이 국내 시장에 참여하는 것을 촉진하는 전략을 발표하였다.[8]

더 나아가 정부는 동북아 금융중심지 국가 달성을 위한 7대 추진 과제를 선정하였는데, "1) 자산운용업을 선도 산업으로 육성하며, 2) 자본시장, 채권시장 및 외환시장 등 금융시장을 선진화하며, 3) 동북아 구조조정 및 개발 금융과 선박금융 등 지역 특화 금융 수요를 개발하며, 4) 외국 금융기관의 국내 유치 활성화 및 국내 금융기관의 해외 진출 활성화 등 금융산업의 국제화를 추진하며, 5) 여유 외환 보유액 및 공공기금을 투자 관리하는 한국투자공사를 설립하며, 6) 금융규제 감독 체계를 혁신하며, 7) 금융 관련 경영 및 생활 여건을 개선"하는 것을 중점 과제로 선정하였다.[9]

이처럼 금융중심지 추진 정책 방향을 잡은 것은 금융산업을 육성하는 것이 결국 우리나라 경제 활성화에 기여할 수 있다고 본 것이다. 금융중심지 육성 정책을 통해 금융산업의 발전을 도모하겠다는 것으로 이해할 수 있다.

---

7) 재정경제부, "제32회 국정과제회의 개최(동북아 금융허브 추진 관련) 주요내용," 보도자료, 2003. 12. 11, 1면.
8) 위의 보도자료, 1면.
9) 위의 보도자료, 3−7면.

2. 주요 내용

(1) 금융중심지의 정의

우선 금융중심지의 정의에 대해 살펴볼 필요가 있다. 금융중심지법은 금융중심지를 "다수의 금융기관들이 자금의 조달, 거래, 운용 및 그 밖의 금융거래를 할 수 있는 국내 금융거래 및 국제 금융거래의 중심지"라고 하고 있다(제2조).[10] 국내 및 국제 금융거래의 중심지라는 의미에서 국제적인 금융중심지를 육성하는 목적도 갖고 있다. 그런데 여기서 금융중심지의 의미가 문구 해석상 우리나라 전체를 금융중심지라고 볼 수 있는지, 아니면 일정 지역을 금융중심지로 보아야 하는지가 명확하지 않다. 그러나 금융중심지법 제5조 제5항이 "금융위원회는 금융기관의 집적 및 금융업의 활성화를 위하여 필요하다고 인정하는 때에는 복수의 지역을 금융중심지로 지정할 수 있다"라고 하고 있는데, 명시적으로 "지역"이라는 문구를 사용하고 있기 때문에 결국 금융중심지라는 의미는 일정한 지역을 의미하는 것으로 보는 것이 타당하다. 금융중심지의 정의에서 지역이라는 의미가 나타날 수 있도록 문구를 수정할 필요가 있다.

한편 지역이라고 할 때 어느 범위까지가 해당될 수 있는지에 대한 의문도 제기될 수 있는데, 금융중심지법이 금융중심지 지정 신청을 할 수 있는 주체를 해당 지역을 관할하는 특별시장·광역시장·도지사 또는 특별자치도지사(이하 "시·도지사"라 한다)로 한정하고 있어(시행령 제4조 제1항), 결국 그 범위는 광역시 또는 도 단위가 된다고 할 수 있다. 즉 금융중심지로 지정된 곳은 서울특별시와 부산광역시인데, 금융중심지라 하면 서울특별시와 부산광역시 내에 소재하는 특정 지역(서울특별시의 경우 여의도 지구, 부산광역시의 경우 문현 혁신지구)이 되는 것이다.

그리고 금융중심지로 지정을 받으려면 지정을 받으려는 시·도지사가 지정권자인 금융위원회에 지정 신청을 하도록 되어 있다(시행령 제4조 제1항). 이와 관련하여 신청에 따른 지정이 아니라 중앙정부 차원의 면밀한 조사를 거쳐 특정 지역을 금융중심지로 지정하는 방식이 더 타당하다는 견해가 있으나,[11] 어차피 시·도지사가 신청

---

10) "금융중심지가 되기 위해서는 국제 금융기관들의 입지, 금융규제 제도, 금융전문인력 등 금융 인프라와 쾌적한 주거시설, 효율적 업무처리, 통신 및 교통, 문화생활 등의 생활 인프라 측면에서 경쟁 우위 요인을 제공할 수 있어야 한다"는 견해도 있다(이종필, 앞의 글, 9면).
11) 최승필, "동북아 금융중심지 조성을 위한 법제도적 과제 – 금융규제법적 측면을 중심으로

하더라도 지정권자인 금융위원회와 사전 협의를 하도록 되어 있어(법 시행령 제4조 제3항), 지정 신청 제도로 운영하더라도 큰 차이는 없을 것이다.

(2) 금융중심지 정책에 관한 기본계획의 수립

금융중심지 국가 건설을 위해서는 장기적인 관점에서 금융중심지의 조성과 발전을 위한 정책의 기본 방향과 목표를 설정하고, 이를 지속적으로 추진할 필요가 있다. 이를 위하여 금융중심지법은 주무 정부 부처인 금융위원회로 하여금 3년마다 금융중심지의 조성과 발전을 위한 기본 방향과 목표, 금융 관련 제도 및 법령의 개선, 금융시장의 선진화 방안 및 금융 전문 인력의 양성 등에 관한 기본계획을 수립하여 시행하도록 하고 있다(법 제5조 제1항).

금융중심지법은 이러한 기본계획에 포함되어야 할 사항을 규정하고 있는데, 그 내용은 다음과 같다. "1) 금융중심지의 조성과 발전에 관한 정책의 기본 방향 및 목표, 2) 금융중심지의 조성과 발전을 위한 외국환, 그 밖의 금융 관련 제도 및 법령의 개선, 3) 금융중심지의 조성과 발전을 위한 금융시장의 지원 및 육성, 4) 금융중심지의 조성과 발전을 위한 금융시장의 선진화 방안, 5) 금융중심지의 조성과 발전을 위한 금융 관련 규제 및 금융감독 체제의 개선, 6) 금융중심지의 조성과 발전을 위한 국제 협력, 7) 금융중심지의 조성과 발전을 위한 경영 여건 및 생활 여건의 개선, 8) 해외 금융시장의 특성과 여건을 활용하여 특정 분야의 금융 업무를 전문적으로 수행하는 특화금융의 개발 지원, 9) 금융업과 관련된 정보통신 체제의 발전 지원, 10) 금융전문인력의 양성, 11) 금융업의 집적 및 활성화, 12) 금융 관련 조세 제도의 개선 및 그 밖에 금융중심지의 조성과 발전을 위하여 필요한 사항"이다(법 제5조 제2항).

금융중심지법은 이러한 기본계획이 중요하다는 점을 인정하고 금융위원회가 최종 결정하기에 앞서 금융전문가, 관련 부처의 담당자 및 유관 금융기관 등으로 구성된 '금융중심지추진위원회'의 사전 심의를 거치도록 하고 있다(법 제5조 제3항). 물론 심의 절차이기는 하지만 전문성을 갖춘 추진위원회의 심의 결과는 사실상 금융위원회의 결정이 된다는 점에서 중요한 절차가 된다. 그리고 금융위원회는 기본계획을 수립하기 위하여 필요한 때에는 관계 행정기관, 금융 관련 교육 및 연구 기관, 그 밖의 법인 또는 단체에 필요한 자료의 제출을 요청할 수 있도록 하고 있어서(법 제5조 제4항), 금융

－," 은행법연구 제1권 제1호, 은행법학회, 2008. 5, 242면.

중심지 추진이 여러 관련 부처 및 기관에 관련된 사항이라는 점을 알 수 있다.

이렇게 기본계획을 수립함으로써 금융중심지 관련 중요 정책을 지속적이고 체계적으로 추진할 수 있게 된다는 점에서 바람직하다고 보며, 3년마다 기본계획을 수립하도록 함으로써 금융중심지의 조성 및 발전과 관련된 정책을 금융시장과 경제 여건의 변화를 고려하여 탄력적으로 추진할 수 있는 장점이 있다고 본다.

(3) 정부의 금융시장 투명성 제고와 금융 혁신 촉진 의무

금융중심지법은 정부로 하여금 금융시장의 투명성 제고와 금융혁신을 위한 조치를 취하도록 하고 있다. 금융중심지 추진이 결국 금융산업을 발전시키기 위한 목적을 갖고 있다는 점에서 건전한 금융시장을 조성하고 금융 규제를 혁파할 필요가 있기 때문이다. 금융중심지법은 이 점을 명확하게 하고 있다. 즉 "정부는 금융시장을 활성화하기 위하여 불필요한 금융 관련 규제를 폐지하고, 비효율적인 금융 관련 규제의 신설을 억제하여야 한다"(법 제7조 제1항)라고 규정하고 있어, 규제 혁신의 필요성을 언급하고 있다. 또한 금융중심지법은 "정부는 금융시장의 효율적인 경쟁 체제를 구축하고, 공정한 경쟁 환경을 조성하기 위하여 노력하여야 한다"(법 제8조)라는 규정도 두어 정부의 역할이 공정한 경쟁을 할 수 있는 환경을 조성할 책임이 있다는 점을 강조하고 있다. 한편 금융중심지법은 정부로 하여금 금융혁신을 촉진하기 위한 노력도 경주하도록 하고 있는데, "정부는 금융기관의 자유로운 영업활동을 보장하고, 창의성에 기초한 금융상품의 개발 및 상품의 판매 활성화 등 경영개선을 통하여 금융기관의 생산성을 높이는 금융혁신의 촉진을 위하여 노력하여야 한다"(법 제9조)라고 규정하고 있다.

물론 "노력하여야 한다"라고 되어 있어 강제성은 없지만 이러한 선언적 규정이 있음으로 해서 경쟁 촉진과 규제 혁신의 방향을 제시할 수 있다는 점에서 의미가 있다. 그래서 이러한 금융시장의 투명성 제고와 금융혁신을 촉진하는 정책을 통하여 금융시장의 선진화가 더욱 진전되고, 우리나라 금융시장에 대한 국제적 신인도가 높아지게 되어 금융중심지의 조성 및 발전에 도움이 되는 기대 효과가 있을 것이다.

(4) 금융중심지추진위원회의 설치를 통한 심의 절차

금융중심지의 조성과 발전에 관한 사항은 여러 이해 관계가 걸려 있을 수 있어 다양한 의견을 수렴할 필요가 있고, 금융중심지 정책은 여러 행정기관이나 금융 관련 유관 기관과 관련되어 있기 때문에 정부 부처 사이 및 금융 유관 기관 사이에 효율적인 역할 분담 방안을 마련할 필요가 있으며, 금융중심지와 관련된 사항이 전문성을 요구하는 분야이어서 주요 사항을 결정함에 있어 여러 전문가로부터 다양한 의견을 수렴할 필요가 있다. 즉 합의제 행정기구인 금융위원회(금융위원회는 9인의 위원으로 구성되어 있다[12])가 금융중심지 주요 사항을 최종 결정하기에 앞서 전문가 및 관계자로 구성된 별도의 위원회에서 심의할 필요가 있다. 그래서 금융위원회 내부 기구로 설치된 것이 금융중심지추진위원회이다. 이러한 추진위원회를 구성하도록 한 것은 전문가들의 다양한 의견을 반영하고 관계 부처와 의견 조율을 거쳐 결정할 수 있다는 점에서 바람직스런 제도 설계라고 본다. 물론 심의 기구이어서 최종 결정 권한은 없지만 전문가 집단이 내린 결정이라 금융위원회가 추진위원회에서 내린 심의 결과를 뒤집기가 쉽지 않을 것이다. 추진위원회의 심의 결과가 사실상 최종 확정된다는 점에서 추진위원회가 어떻게 구성되고 어떤 역할을 하는지 살펴볼 필요가 있다. 특히 추진위원회가 금융중심지 지정에 관한 심의를 한다는 점에서 더욱 눈여겨볼 사항이다.

금융중심지추진위원회는 금융위원회 소속으로 설치되어 있는데, 위원장 1인을 포함한 30인 이내의 위원으로 구성하며, 위원회의 위원장은 금융위원회 위원장이 되며, 위원은 금융 분야에 관한 학식과 경험이 풍부한 자로서 금융위원회가 위촉하는 자, 대통령령으로 정하는 관계 행정기관의 차관 또는 이에 상당하는 공무원, 금융 유관기관의 장으로서 대통령령으로 정하는 자로 구성된다(법 제6조 제2항). 금융위원회 위원장이 금융중심지추진위원회의 위원장을 겸임하는 것은 금융위원회의 영향이 미칠 수 있다는 점에서 독립적이고 전문성이 있는 심의를 위해서 민간 위원이 위원장을 맡는 것이 바람직하다.

금융중심지법은 금융중심지추진위원회가 심의할 수 있는 사항을 규정하고 있는데, "① 금융중심지의 조성과 발전에 관한 중요 정책의 수립, ② 금융중심지의 조성과 발전에 관한 관계 행정기관 등의 의견 조정, ③ 금융중심지의 조성과 발전에 관련된 정책의 추진 상황 점검, ④ 금융중심지지원센터의 장이 보고하는 국내 금융기관 및 외국 금융기관의 경영 환경 개선에 관한 사항의 처리 현황과 실적의 점검 및 법령·제도의 개선 방안에 관한 검토, ⑤ 금융중심지의 지정과 해제, 개발 계획 변경에

---

12) 금융위원회의 설치 등에 관한 법률 제4조.

관한 사항, ⑥ 금융전문인력의 양성과 금융전문인력 양성기관 지정에 관한 사항, ⑦ 금융중심지지원센터의 설치에 관한 사항"이다(법 제6조 제1항, 시행령 제9조).

(5) 금융중심지지원센터의 설치 및 운영

금융중심지를 조성하고 발전시키기 위해서는 국내 및 외국 금융기관의 상호 진출을 지원하고, 외국 금융기관이 국내에서 금융업을 영위함에 따라 발생하는 애로 사항을 신속하게 해결할 필요가 있다. 이에 따라 금융중심지법은 국내 금융기관의 해외 진출 및 외국 금융기관의 국내 진입을 지원하고, 국내 및 외국 금융기관의 금융업 관련 경영환경 개선에 관한 사항을 처리하는 업무를 수행하는 금융중심지지원센터를 설치하도록 하고 있다(법 제13조 제1항). 금융중심지지원센터는 금융 관련 업무의 전문성 및 금융 관련 전문 인력 등을 고려하여 대통령령으로 정하는 기관이나 단체에 설치되는데(법 제13조 제1항), 금융감독기관인 금융감독원이 지정되어 있다. 지원센터는 국내 및 외국 금융기관이 국내에서 금융업 영위와 관련된 애로 사항의 처리 업무를 수행할 때 필요한 경우에는 관계 행정기관 또는 관련 법인이나 단체에 협조를 요청할 수 있는데(법 제13조 제2항). 이 경우 협조에 응하지 못할 때는 그 사유를 통보하도록 하고 있다(법 제13조 제2항).

(6) 금융 전문 인력 양성 교육기관에 대한 지원

1) 서설

금융중심지법은 금융 전문 인력 양성 지원에 관한 사항도 규정하고 있다. 즉 금융업무는 전문성을 요하는 분야이므로 전문 인력이 확보되어야 하는데, 금융중심지법은 금융 전문 인력을 양성하기 위하여 대학교의 경영전문대학원이나 금융전문대학원을 금융 전문 인력 양성 기관으로 지정하여 이 교육기관에 대한 재정 지원을 할 수 있도록 하고 있다. 실제로 서울특별시의 경우 한국과학기술원 산하의 금융전문대학원 설립 사례가 있고,[13] 부산광역시에도 부산대학교 및 한국해양대학교가 공동 학위 과정으로 금융전문대학원이 설립되어[14] 금융 전문 인력 양성의 토대를 만들고 있다.

---

13) 재정경제부, "금융허브 추진 현황과 향후 추진계획," 보도자료, 2006. 6. 14, 3면.
14) 금융위원회, "부산 금융전문인력 양성과정 업무협약 체결," 보도자료, 2018. 4. 20, 1－2면.

2) 금융 전문 인력 양성 시책의 수립 의무

금융 전문 인력 양성은 금융중심지 기본계획에도 포함되어야 하는 사항이다. 즉 금융중심지법은 "정부는 금융중심지의 조성과 발전에 필요한 인력 자원을 개발하기 위하여 금융 전문 인력 양성 시책을 수립하여 추진하여야 한다"(법 제10조 제1항)라고 규정하고 있다. 그리고 금융위원회는 "금융 전문 인력의 수요와 공급에 관한 현황 및 전망을 매년 작성하여 공표"하여야 하는데, 관계 전문기관이나 단체에 위탁할 수 있도록 하고 있다(법 제10조 제2항).

3) 금융 전문 인력 양성 기관의 지정

금융위원회는 금융 전문 인력을 양성하기 위하여 대학과 연구기관, 그 밖의 금융 관련 기관이나 단체를 금융 전문 인력 양성 기관으로 지정하여 교육과 훈련을 실시하게 할 수 있다(법 제10조 제3항). 그리고 금융 전문 인력 양성 기관의 지정에 관한 사항은 금융중심지추진위원회의 심의를 거치도록 하고 있다. 지정될 수 있는 기관은 「고등교육법 시행령」에 따른 경영전문대학원(제22조의2 제1항 제1호), 「고등교육법 시행령」에 따른 금융전문대학원(제22조의2 제1항 제2호), 그 밖에 금융 관련 전문성을 갖춘 대학, 연구기관, 금융 관련 기관이나 단체이다(법 시행령 제14조 제1항).

4) 금융 전문 인력 양성 기관에 대한 정부의 재정 지원

금융위원회는 금융 전문 인력 양성 기관에 대하여 예산의 범위에서 교육과 훈련에 필요한 경비를 지원할 수 있다(법 제10조 제4항). 정부가 금융 전문 인력을 양성하기 위해서 재정 지원을 한다는 점에서 상당히 획기적인 것이라고 할 수 있다. 그만큼 금융 전문 인력 양성의 중요성이 크다는 점을 뜻한다고 하겠다. 민간에게만 맡겨둘 수 없다는 것을 말한다. 그리고 금융위원회가 경비를 지원하려는 경우에는 지원받을 기관과 일정한 사항이 포함된 협약을 체결하도록 하고 있어(법 시행령 제14조 제2항), 재정 지원이 적절하게 사용될 수 있도록 통제하고 있다.

Ⅲ. 금융중심지 지정 신청과 절차

1. 서설

제주도가 금융중심지로 지정을 받으려면 지정 절차에 관한 내용을 이해하고 있어야 이에 맞추어 전략을 수립할 수 있다. 금융중심지법이 이에 관하여 자세히 규정하고 있는데, 우선 금융중심지 지정을 받으려는 지방자치단체가 결정권자인 금융위원회에게 신청을 하도록 하고 있어 제주도 당국의 의지가 중요하다. 물론 중앙정부에서 최종 결정을 하기는 하지만 추진 주체는 지방자치단체가 되어야 한다. 그리고 금융중심지법은 금융중심지 지정을 하기 전에 금융중심지추진위원회의 사전 심의를 거치도록 하고 있고, 추진위원회의 심의 결과가 사실상 최종 결정이 될 가능성이 크기 때문에 추진위원회의 심의 사항에 대하여 주목할 필요가 있다. 심의 사항 중의 하나로서 중요한 비중을 차지하는 국제적 금융중심지 발전 가능성이 있는데, 제주도가 역외금융 특화 금융중심지를 지향한다면 이것이 바로 국제적 금융중심지가 되는 것이 되기 때문에 유리한 점으로 작용할 수 있다. 또한 지역 주민과 기업, 관계 기관 등으로부터 의견 수렴 절차를 거치도록 하고 있는데, 금융중심지 추진이 그만큼 지역 주민들의 이해 관계에 밀접한 관계가 있다는 점을 반영하는 것이라고 할 수 있다. 제주도 당국이 주민들에게 적극적인 홍보 활동을 하고 필요한 경우 설득도 해야 할 것이며, 이에 대한 준비를 차근히 해야 할 것이다. 다시 말해서 금융중심지 지정 추진을 하기 위해서는 제주도 당국이 이에 대한 지속적인 관심을 갖고 꾸준히 준비하고 추진해야 할 것이다.

2. 금융중심지 지정 절차

(1) 지정권자는 금융위원회

금융중심지법은 금융중심지 지정 권한을 금융위원회에 부여하고 있다. 금융위원회는 9인의 위원으로 구성된 합의제 행정 기구이다.[15] 비상임 위원도 있지만 정부

---

15) 금융위원회 등의 설치 등에 관한 법률 제4조.

유관기관의 장도 위원으로 참여하고 있다. 금융중심지 지정 결정이 전문성과 정부 부처 및 유관기관의 협조가 필요한 사항이라는 점을 고려하여 금융위원회가 결정하기 전에 금융전문가 및 관련 부처의 담당자로 구성된 금융중심지추진위원회의 심의 절차를 거치도록 하고 있다는 점은 앞서 언급한 대로이다.

(2) 지정 신청자는 광역 지방자치단체

금융중심지를 신청할 수 있는 자는 금융중심지로 지정받으려는 지역을 관할하는 시·도지사이다(법 시행령 제4조 제1항). 즉 광역 지방자치단체를 기준으로 신청할 수 있다는 의미이다. 금융위원회가 일방적으로 지정하도록 되어 있지 않고 지방자치단체가 우선 신청을 하도록 하고 있다. 이는 아무래도 금융중심지 지정이 지역 경제에 일차적인 도움을 주기 때문에 먼저 해당 자방자치단체가 금융중심지 지정 추진 여부를 결정하도록 하는 것으로 이해할 수 있다.

(3) 지역 주민 등의 의견 수렴 절차

시·도지사가 금융중심지 지정을 신청하려는 때에는 미리 개발계획안을 작성하여 20일 이상 공고하고, 주민, 기업, 관계 전문가 및 지방의회 등으로부터 의견을 들은 후, 「국토의 계획 및 이용에 관한 법률」에 따른 시·도 도시계획위원회(제113조 제1항)의 심의를 거치도록 하고 있다(시행령 제4조 제2항). 이는 금융중심지 지정 추진 여부를 결정함에 있어 주민들과 여러 이해 관계가 걸려 있을 수 있어서 해당 지역의 여론도 중요하기 때문에 사전에 이러한 여론 수렴 절차를 거치도록 하고 있다는 것을 알 수 있다. 그리고 필요한 건물 신축과 기반 시설 등 여러 가지 설비를 갖추어야 한다는 점에서 도시계획위원회의 심의를 거치도록 하고 있음을 알 수 있다.

(4) 금융위원회와 사전 협의 절차

금융중심지법은 시·도지사가 금융중심지 지정 신청을 하려면 금융위원회와 미리 협의하도록 하고 있다(시행령 제4조 제3항). 이는 사전 협의를 통해서 미리 금융중심지 지정 가능성을 지정권자와 논의를 하도록 함에 있다고 볼 수 있다. 이러한 사전 협의 과정에서 금융중심지 지정의 타당성이 없다고 판단되면 결국 해당 시·도지사는 신청을 할 수 없게 될 것이다. 그리고 이러한 협의를 함에 있어서 시·도지사는 금융중심지 개발계획을 미리 작성하여야 한다(시행령 제4조 제3항). 결국 이러한 개발계획을 토대로 금융위원회가 미리 검토하겠다는 것으로 이해할 수 있다.

(5) 개발계획의 내용

금융중심지는 지방자치단체의 특정 지역을 의미하므로 그 지역에 금융기관들이 들어서기 위해서는 건물 신축이나 도로 개설 등 여러 기반 시설이 확보되어야 한다. 그래서 금융중심지법은 해당 지역에서 필요한 개발 사업에 관한 사항을 규정하고, 금융중심지 지정 여부 심의를 할 때 이러한 요소를 고려하도록 하고 있다. 개발계획에 포함되어야 할 사항은 "1) 금융중심지의 명칭·위치와 면적, 2) 금융중심지의 지정 필요성, 3) 금융중심지 개발 사업의 시행기간, 재원 조달 방법 및 시행 방법, 4) 개발지역 내 금융기관과 금융 관련 산업 현황, 5) 국내외 금융기관과 연관 서비스산업의 유치·이전계획 및 지원계획, 6) 에너지·교통·정보통신 등 기반시설 계획, 7) 생활편의시설·문화시설 등 생활환경 조성 계획, 8) 기존 건축물 및 공작물 등에 관한 계획, 9) 외국어 서비스 지원 계획, 10) 금융산업을 포함하는 국민경제 및 지역경제의 효율화·활성화에 이바지하는 효과"이다(시행령 제5조 제1항). 그리고 개발계획을 금융위원회에 제출할 때에는 금융중심지의 위치와 경계를 표시한 지형도와 지적도(임야도 포함)를 첨부하여야 한다(시행령 제5조 제2항).

(6) 금융중심지추진위원회의 심의 시 고려 사항

금융중심지 지정은 금융중심지추진위원회의 사전 심의 절차를 거치도록 되어 있다(시행령 제9조 제1호, 제6조 제1항). 그만큼 추진위원회의 심의 절차가 중요한 사항이 된다. 금융 전문가, 관계 부처 담당자 및 유관기관으로 구성된 추진위원회의 심의 결과가 지정 여부 결정에 상당한 영향력을 미친다는 점에서 추진위원회의 심의 결과가 최종 결정이 될 가능성이 높다는 점은 앞서 언급한 바가 있다. 이런 점에서 추진위원회의 심의 사항을 유념할 필요가 있다.

금융중심지 지정과 관련된 심의에 있어서 고려 사항은 다음과 같다. "1) 국제적인 금융중심지로 발전할 가능성, 2) 국내외 금융기관 및 관련 산업의 현황과 향후 유치 가능성, 3) 경영환경·교육환경 및 생활환경, 4) 전문 인력 확보의 용이성, 5) 개발계획의 현실성, 6) 금융산업을 포함하는 국민경제와 지역경제의 효율화·활성화에 이

바지하는 효과, 7) 「국토의 계획 및 이용에 관한 법률」에 따른 도시·군 기본계획에 부합하는 정도, 8) 지역 주민·기업 등의 금융중심지 지정에 대한 의견"이다(시행령 제6조 제1항).

결국 금융중심지 지정을 받을 수 있는지 여부는 바로 위에 서술한 여덟 가지 사항을 충족하는지 여부에 달려 있다고 할 수 있기 때문에 제주도 당국은 위의 고려 사항을 충족할 수 있도록 미리 준비하는 것이 필요할 것이다. 예를 들어, 금융 전문 인력의 확보 용이성 면을 생각해보면, 제주도 지역에 금융전문가를 확보하는 것이 필요하기 때문에 제주도 지역에 소재하는 대학교에 재정 지원을 하여 금융전문대학원이나 금융 전문 학과 신설을 통하여 금융 전문 인력을 양성할 수 있도록 미리 준비하는 것도 고려할 수 있다.

(7) 금융중심지 지정에 관한 고시(告示)

금융위원회는 금융중심지를 지정한 때에는 일정한 사항을 관보에 고시하도록 하여(시행령 제8조 제1항), 이를 알리도록 하고 있다. 즉 어느 지역이 금융중심지로 지정되느냐 하는 것은 다른 지방자치단체도 관심을 기울이는 사항이고 지역 경제와 국가 경제에도 영향을 미치는 사항이라 이를 공개할 필요가 있는 것이다. 그리고 금융위원회는 금융중심지의 지정을 일부 해제하거나 개발계획을 변경하는 경우에도 그 사유와 변경된 내용을 관보에 고시하도록 하고 있다(시행령 제8조 제2항). 또한 지정된 금융중심지의 전체를 해제하는 경우에는 해제 사유와 금융중심지의 명칭, 위치 및 면적, 금융중심지 지정 목적의 사항을 고시하도록 하고 있다(시행령 제8조 제2항 단서).

(8) 지방자치단체와 중앙정부의 금융기관 유치를 위한 자금 지원

금융중심지법은 금융중심지에 많은 금융기관이 유치될 수 있도록 시·도지사가 유치 대상인 국내 또는 외국 금융기관에게 자금 지원을 할 수 있도록 하는 법적 근거를 두고 있다(법 제12조의2 제1항). 지방자치단체가 직접 해당 금융기관에게 자금 지원을 한다는 점에서 상당히 파격적인 지원이라고 할 수 있다. 왜냐하면 납세자의 자금으로 특정 금융기관을 지원하는 것이기 때문이다. 그럼에도 불구하고 금융중심지법은 금융기관 유치가 금융중심지 활성화에 핵심이라는 것을 인정하고 이러한 파격적인 지원을 허용하고 있다고 할 수 있다. 향후 지원 결정에 대한 객관성과 절차의 투명성 확보 등 운영상의 합리성을 확보할 필요가 있다. 한편 지방자치단체가 지원 결정을 하게 되면 지방자치단체의 요청에 의해 중앙정부가 일정 부분 해당 지방자치단체에게 자금 지원을 할 수 있도록 하는 근거 규정을 둠으로써(법 제12조의2 제2항) 중앙정부도 재정 지원을 할 수 있도록 하고 있다. 이처럼 지방자치단체가 중앙정부와 더불어 금융중심지 발전을 위한 재정 지원을 할 수 있는데, 금융중심지 지정을 받게 되면 이러한 여러 혜택을 누릴 수 있다는 점에서 금융중심지 지정을 받을 필요가 있는 것이다.

(9) 지정 해제

금융위원회는 관할 시·도지사의 요청이 있거나 필요한 경우에는 금융중심지추진위원회의 심의를 거쳐 금융중심지의 지정을 해제(일부 해제 포함)하거나 개발계획의 내용을 변경할 수 있다(시행령 제7조 제1항).

Ⅳ. 금융중심지 지정 추진 방안과 전략

1. 금융중심지 지정 추진의 필요성

(1) 지역경제 활성화 도모

제주도가 금융중심지로 지정되어야 하는 가장 큰 이유 중의 하나는 금융산업을 육성시켜 지역경제를 활성화시킬 수 있기 때문이다. 금융중심지로 지정이 되면 아무래도 많은 금융기관이 유치될 가능성이 크다. 제주도 지역은 역외금융에 특화된 금융중심지를 지향하므로 이 경우 자연스럽게 외국계 금융기관과 투자기관들이 제주 지역에 영업소를 둘 가능성이 크다. 금융기관이 많아지게 되는 것이다. 그러면서 금융기관 종사자도 늘어나게 되어 고용 창출이 되고 이것이 결국은 제주 지역 경제를 활성화시킬 수 있게 된다. 또한 세금 수입도 늘어나게 되어 제주도의 재정도 건실해지게 된다. 전반적으로 금융산업이 발전하면서 지역 경제를 활성화시킬 수 있는 좋은 토대가 될 수 있다. 이렇게 되면 설령 향후에 제주도의 관광 산업이 부진하게 되더라도 금융산업이 제주도의 경제를 뒷받침하면서 지역 경제가 흔들리지 않도록 하는 버팀목 역할을 할 수 있게 된다. 이렇게 산업 구조의 다각화라는 점에서 접근해 보더라도 금융산업 육성의 필요성을 인정할 수 있다. 즉 금융산업이 제주도 경제에 있어서 주요 산업 중의 하나로 육성할 필요가 있으며, 이를 위한 토대로서 금융중심지 지정이 필요한 것이다.

(2) 정부의 재정 지원을 통한 금융 전문가 양성 토대 구축

제주도가 금융중심지로 지정이 되면 입주 금융기관에 대한 세제 감면 등 중앙정부로터 여러 지원을 받을 수 있기 때문에 금융중심지 지정 추진을 할 필요가 있다. 여러 지원이 있겠지만 그중에서도 금융 전문 인력을 양성하기 위한 재정 지원을 받을 가능성이 크다는 점에서도 금융중심지 지정을 추진할 필요가 있다. 금융중심지법은 금융위원회가 금융 전문 인력 양성 기관을 지정하여 해당 교육 기관에게 재정 지원을 할 수 있도록 하고 있다는 점은 앞서 본 바와 같다. 물론 금융중심지법에 따라 금융중심지로 지정이 되지 않더라도 금융 전문 인력 양성과 관련한 재정 지원을 받을 수 있다고 볼 여지도 있으나, 금융중심지로 지정을 받게 되면 금융 전문 인력 양성의 필요성은 당연히 있기 때문에 정부가 금융 전문 인력 양성 교육 기관에게 재정 지원을 하지 않을 이유가 없다. 금융중심지로 지정된 서울특별시와 부산광역시의 경우 각각 금융전문대학원이 설립되어 있고 정부가 재정 지원을 하고 있다는 점에서 제주도가 금융중심지로 지정이 되면 제주도 지역에 금융전문대학원을 설립할 수 있는 가능성이 크다. 이렇게 되면 금융 전문가를 배출할 수 있고 이러한 금융 전문가가 제주도 지역에서 금융산업에 종사하게 되면 제주도 지역의 금융산업이 발전할 수 있는 토대를 만드는 데 도움을 줄 것이다. 이런 점에서 비추어 보아도 금융중심지 추진을 할 필요가 있다.

2. 금융중심지 지정 추진 전략의 수립

금융중심지 지정 추진의 필요성이 인정된다면, 다음은 어떻게 지정 추진 전략을 수립하느냐가 관건이 될 것이다. 여러 다양한 전략 수립이 가능할 것이지만, 여기서는 금융중심지추진위원회가 금융중심지 지정 여부를 심의할 때 금융중심지법에 따라 고려해야 하는 사항이 있으므로(시행령 제6조 제1항) 이러한 심의 시 고려 사항을 중심으로 해서 심의 사항을 잘 충족시킬 수 있는지에 대한 분석을 해본다. 왜냐하면 결국 금융중심지추진위원회의 심의 결과가 금융위원회의 금융중심지 지정 추진 결정에 있어서 결정적인 요소로 작용할 것으로 보기 때문이다. 이외에도 금융중심지 추진 전담 기구의 설치 및 기금 조성 방안 등에 대해서도 검토해본다.

(1) 금융중심지추진위원회의 심의 사항 충족을 위한 전략 수립

1) 국제적인 금융중심지로 발전할 가능성

첫 번째 고려 사항은 금융중심지로 지정이 될 경우 국제적인 금융중심지로 발전할 가능성이 있는지 여부이다. 이에 대한 답은 당연히 가능성이 있다는 것이다. 제주도는 역외금융 특화 금융중심지로 추진하는 것이 바람직하다. 왜냐하면 천혜의 자연 환경을 가지고 있고 관광산업이 발전한 지역이므로 외국 투자자나 금융기관을 대상으로 하는 역외금융이 적합하기 때문이다. 이러한 방향 설정은 서울특별시가 자산운용업 등 자본시장 관련 금융업의 육성 전략을 갖고 있고, 부산광역시가 파생상품 및 해양 금융 특화 지역을 지향한다는 점에서 다른 금융중심지 지역과 중복되지 않으면서 차별화할 수 있는 중요한 분야이어서 타당하다고 할 수 있다. 외국의 사례에 비추어보더라도 그러하다. 역외금융업을 지향하는 것으로 잘 알려진 케이만 아일랜드나 말레이시아 라부안 등의 경우도 관광 산업이 발전해 있는 지역이다. 이런 점에서 보더라도 역외금융 특화 금융중심지를 지향하는 제주도가 국제적인 금융중심지로 발전할 가능성은 충분히 있다고 볼 수 있다.

2) 국내·외 금융기관 및 관련 산업의 현황과 향후 유치 가능성

제주도 지역에는 금융기관이 많지 않고 금융산업이 발전되어 있다고 보기도 어렵기 때문에 현황 면에서는 열악하다. 그러나 유치 가능성 면에서는 긍정적이라고 할 수 있다. 만약 제주도가 금융중심지로 지정된다면 제주도에 본사를 이전할 금융기관이 상당수 있을 것이라고 예상된다. 예를 들어, 금융지주회사의 본점이 제주도로 이전할 가능성이 있다. 금융지주회사는 자회사를 관리하는 회사이고 직접 영업을 영위하지 아니하므로 굳이 서울이나 대도시 지역에 위치할 필요가 없다. 제주도 당국이 세금 감면 등 여러 혜택을 부여한다면 이전할 금융지주회사가 있을 것이다. 자산운용회사도 마찬가지이다. 자산을 운용하는 업무를 영위하는 회사이므로 굳이 대도시 지역에 있을 필요가 없다. 업무 성격상 자연 환경이 좋은 곳에 사무소를 둘 가능성이 크기 때문에 제주도 지역을 택할 가능성이 있다. 그리고 인터넷전문은행이 신설되었고 향후에도 신설될 것으로 알려지고 있는데 인터넷전문은행은 정보통신망을 통해서 은행업을 영위하고 영업점이 없으므로 인터넷전문은행 본사를 유치하는 방안을 적극 검토할 필요가 있다. 또한 석유거래소 등 상품거래소를 유치하는 것도 방법이다. 그리고 금융중심지로 지정되면 제주도 당국이 유치 가능성이 있는 금융기관에게 직접 재정 지원을 할 수 있기 때문에 이러한 지원을 한다면 제주도 지역에 본사를 이전하거나 사무소를 설치하려는 금융기관이 많아질 가능성이 있다. 물론 제주도 당국도 세금 혜택 등 여러 혜택을 부여해야 하는 것은 당연하다. 이러한 적극적인 금융기관 유치 노력을 한다면 이전할 금융기관의 숫자가 많아질 것으로 보여 향후 유치 가능성 면에서 크게 문제가 없을 것이다.

3) 경영환경·교육환경 및 생활환경의 적합성

이 요건 또한 충족하는 데 문제가 없다고 본다. 교육 환경을 보면 제주도 지역에 외국 중고등학교가 유치되어 있는 '영어교육도시' 지역이 있다. 금융기관 종사자가 대부분 고소득자라는 점에서 고급 교육 수요가 많다. 이런 점에서 보면 외국 학교가 유치되어 있는 제주도 지역이 교육 환경 면에서는 다른 지역보다 더 경쟁력이 있다. 다만 아직 외국 대학교가 유치되어 있지 않은데, 향후 외국 대학교까지 유치된다면 교육 환경은 더 좋아질 것이다.

제주도 지역은 생활 환경 면에서도 우수하다. 제주도는 자타가 공인하는 청정 지역이다. 천혜의 깨끗한 환경을 가지고 있다. 공해 문제 등 환경 문제가 심각해지고 있어서 청정 지역을 찾는 수요가 많다. 금융산업이 바로 이러한 청정 지역에서 성장하기에 적합하다. 이런 점에서 보더라도 제주도 지역에 금융산업을 육성해야 할 이유가 있다. 그리고 제주도 지역은 대도시가 아니라서 출퇴근에 소요되는 시간이 많이 걸리지 않으므로 그만큼 직장인의 시간적 여유가 많아져서 삶의 질이 높아질 수 있는 생활 환경이 된다. 그런 점에서 제주도 지역의 생활 환경은 우수하다고 할 수 있다.

다만 경영 환경과 관련해서는 개선할 점이 있을 것이다. 아직 제주도 지역은 관광업을 영위하는 기업 외에는 마땅한 기업이 없어서 산업 구조가 튼튼하지 못하다. 그리고 대부분 소규모 기업이라 경영에 관한 경험이 미진한 편이다. 이런 점은 개선해야 할 사항으로서 첨단 정보기술 기업 등을 유치하려는 노력이 뒤따라야 할 것이다.

4) 금융 전문 인력 확보의 용이성

금융 전문 인력 확보가 용이한가에 대한 질문은 현재는 그렇지 않다고 할 수밖에 없다. 그래서 이를 위한 준비를 할 필요가 있다. 앞서 본 것처럼 제주도는 자연 환경이 좋기 때문에 사무실에서 주로 컴퓨터를 이용하여 업무를 보는 금융 전문가가 제주도에서 활동하기에 좋다. 그래서 그러한 여건만 만들어주면 금융 전문 인력을 확보하기는 어렵지 않다. 특히 제주도 지역은 역외금융 특화 금융중심지를 추진하는 것이기 때문에 향후 외국 금융기관 종사자가 늘어날 수 있다. 이 경우 외국 금융기관 종사자가 쉽게 거주할 수 있도록 비자 발급이나 세금 납부에서 혜택을 주는 등의 조치를 취할 필요가 있다.

거기에 더해 제주도 지역에 있는 금융기관에서 일을 할 금융 전문가도 필요하기 때문에 앞서 언급한 금융전문대학원 설립을 통해서 금융 전문가를 배출할 수 있도록 해야 한다. 이 금융전문대학원은 제주도 지역에 특화된 역외금융 업무를 제대로 할 수 있는 맞춤형 교육을 통해서 금융 전문가를 양성하도록 해야 할 것이다. 교육 과정을 수립할 때 참고할 필요가 있다. 그리고 금융전문대학원 설립을 위해서는 정부의 재정 지원이 필요하므로 앞서 논의한 금융중심지법에 의한 금융전문대학원 설립 신청과 이에 따른 정부의 재정 지원을 확보하도록 해야 할 것이다.

5) 개발계획의 현실성

개발계획이 현실성이 있을 것을 요구하고 있다. 이것은 개발 지역이 확정되면 크게 문제될 것으로 보이지 않는다. 개발계획에 들어가야 할 사항은 앞서 살펴본 금융중심지법이 규정하고 있는 금융중심지의 명칭, 위치와 면적 등에 관한 내용이다. 기타 금융중심지의 지정 필요성 등에 관한 사항은 앞서 언급한 내용인데 실현 가능성 여부를 묻고 있으므로 보다 구체적인 계획 내용을 준비할 필요가 있다. 이러한 개발계획에 대해서는 서울특별시나 부산광역시가 작성한 개발계획을 참조하는 것도 방

법일 것이다.[16]

6) 국민경제와 지역경제의 효율화 및 활성화 이바지 효과

제주도 지역이 금융중심지로 지정이 되면 당연히 금융산업을 포함한 지역 경제와 국가 경제의 발전에 이바지할 수 있을 것이다. 바로 이러한 점이 제주도 지역을 금융중심지로 지정 추진을 해야 하는 이유이기도 하다. 국내 금융기관을 비롯하여 외국 금융기관이 제주도 지역에 유치되기 시작하면 당연히 지역 경제 활성화에 도움이 될 것이다. 고용 창출이 되면서 자연스럽게 금융산업이 발전하게 되고, 이것이 자연스럽게 지역 경제의 발전에 도움을 줄 것이다. 더 나아가서 제주도의 지역 경제가 활성화되면 국가적으로도 경제 발전에 도움을 줄 수 있다. 즉 국민 경제와 지역 경제의 효율화 및 활성화에 이바지할 수 있음에 틀림이 없을 것이다.

7) 「국토의 계획 및 이용에 관한 법률」에 따른 도·시·군 기본계획에 부합하는 정도

이 부분은 금융중심지로 지정이 되는 지역을 개발하게 되면 건물 신축이나 도로 개설 등 기반 시설을 설치해야 하므로 이러한 개발 계획이 도시개발계획에 부합하는지를 판단하겠다는 것이어서 이러한 기본계획에 부합하는 지역을 금융중심지 지역으로 지정하도록 할 필요가 있다.

8) 지역 주민·기업 등의 금융중심지 지정에 대한 의견

제주도 지역 주민들의 금융중심지 지정에 대한 긍정적인 의견이 있어야 한다는 의미이다. 이를 위해서 제주도 당국의 역할이 중요하다. 지역 주민들에 대한 홍보 활동이 중요하다. 그래서 뒤에서 언급하는 것처럼 제주도 당국은 금융중심지추진기획단 조직을 설치하고 금융 전문가를 개방직 직위로 채용해서 금융중심지 지정 추진에 대한 지속적인 업무를 담당하도록 해야 한다. 공청회 개최 등 지역 주민들을 대상으로 한 홍보 활동도 필요하다. 이런 점에서 제주도 지역에 소재하는 언론의 역할도 중요하다. 사실 금융이 어려운 분야라 특히 역외금융에 관한 내용을 이해하기가 쉽지 않다. 그러나 주민들이 쉽게 이해할 수 있도록 홍보 자료를 만들고, 특히 제주

---

16) 부산광역시 금융중심지 개발계획 내용에 대해서는 이종필, 앞의 글, 10-13면을 참조할 수 있다.

도 지역이 금융중심지로 지정될 때 지역 주민들이 어떤 혜택을 누릴 수 있는지에 대한 교육과 홍보가 중요하다. 이런 점에서 제주도 당국뿐만 아니라 학계와 언론의 역할도 중요하다.

(2) 제주특별자치도 금융중심지 육성 기금 조성

금융중심지를 추진하려면 재정 확보가 필수적이다. 특히 향후 지속적인 추진을 하려면 별도의 전담 기구가 설치될 필요가 있는데, 설립 비용뿐만 아니라 운영 비용 등을 위한 자금이 필요하다. 매년 제주도 당국의 예산에서 일부를 지원하는 것은 한계가 있다. 지속적인 지원이 이루어지지 않을 수도 있다. 도지사가 바뀌더라도 금융중심지 추진이 지속적으로 이루어지기 위해서는 별도의 기금을 설치하여 이 기금이 지속적인 자금 지원을 할 수 있도록 해야 한다. 이를 위해서 제주도 당국뿐만 아니라 제주국제자유도시 개발 추진 업무를 담당하고 있고 제주특별자치도법에 근거하여 설치된 특수법인 민간 기구[17](공기업이므로 반관반민 기구로 볼 수 있다)인 제주국제자유도시개발센터(JDC)[18]가 주도가 되어 출연하고, 이에 더해 중앙정부로부터 지원을 받아 기금을 설치하는 것이 좋을 것으로 본다. 기금 운용과 지출도 전문가로 구성된 기금운영위원회에서 결정하도록 하여 독립성을 갖추게 할 필요도 있다. 이러한 내용은 제주특별자치도법에 반영하여 법적 근거를 갖추는 것도 필요하다.

(3) 제주특별자치도 금융중심지 추진 전담 기구 설립

금융중심지 추진을 위해서는 지속적인 연구와 투자가 필요하며, 장기 계획을 갖고 추진될 필요가 있다. 이를 위해서 관(官)이 주도해서는 성공할 수 없다. 관은 지원하는 역할에 그쳐야 금융중심지 추진에 있어서 성공할 수 있다. 민간이 주도해야 한다. 이를 위해서는 별도의 전담 추진 기구가 설치될 필요가 있다. 제주도에는 국제자유도시 개발 추진 업무를 전담하는 제주국제자유도시개발센터(JDC)가 있다. 국내 면세점 운영(제주특별자치도법 제170조) 등을 통한 수입 확보와 외국 투자자 유치 등 나름대로 성공을 거두고 있다고 할 수 있다. 이것도 관(官)이 주도하는 것이 아니고 민간(물론 개발센터가 공공기관[19]이라 어느 정도 관이 개입할 수밖에 없는 한계도 있지만 그래도

---

17) 제주특별자치도법 제167조.
18) 제주특별자치도법 제166조, 제170조 참조.

완전한 관이 아니라는 점에서 의미가 있다)이 주도하는 형태라 어느 정도 성과를 나타내고 있다고 평가할 수 있다.

이런 점에서 보면 제주도의 금융중심지 추진도 결국 민간이 주도해야 한다고 본다. 이를 위해서 별도의 기구가 설립될 필요가 있다. 당장 이 기구를 설립하기는 부담이 있기 때문에 우선은 제주국제자유도시개발센터가 금융중심지 추진을 위한 주도적인 역할을 하는 방안을 고려할 수 있다. 금융중심지 추진도 결국 국제자유도시를 지향하는 목표 중의 하나로 볼 수 있기 때문에 국제자유도시개발센터가 금융중심지 추진 업무를 추가로 수행하더라도 설립 취지에 어긋나지 않는다고 본다. 민간 기구이므로 금융 전문가를 채용하는 것이 보다 수월하다. 일단은 국제자유도시개발센터 내에 한 부서로서 금융중심지 추진 기획 담당 부서를 설치하고 금융 전문가를 채용할 필요가 있다. 그래서 이 부서가 금융중심지 추진을 위한 연구 기능과 실제 투자 유치 등의 업무를 수행하는 것이 효율적이다. 금융중심지 지정이 되더라도 결국은 유수의 외국 금융기관을 유치하는 것이 지속적인 성장을 하는 데 중요한 점이므로 제주국제자유도시개발센터가 이 역할을 수행하게 된다면 개발센터가 하고 있는 외국 자본 유치 활동과 더불어 상승 효과도 거둘 수 있어 더욱 효율적이다. 그리고 나서 제주도의 금융중심지 규모가 커지고 관련 업무가 늘어나게 되면 별도의 추진 전담 기구를 설립하는 것도 고려할 수 있다.

그리고 금융중심지 지정이 되고 나서 어느 정도 기반이 다져질 때는 금융감독기구 설치도 고려해야 한다. 제주도 지역에서 활동하는 금융기관에 대한 감독이 철저히 이루어질 필요가 있기 때문이다. 특히 역외금융을 지향하는 제주도의 특성상 금융감독기구의 설치는 필수적이다. 역외금융과 관련해서 조세 회피 등의 논란이 있으므로 이러한 논란을 피하고 금융거래의 투명성을 확보해서 건전한 금융거래와 금융산업 육성을 도모하기 위해서는 독자적인 금융감독기구의 설치가 필요한 것이다. 역외금융업을 주로 하고 있는 케이만 아일랜드나 말레이시아 라부안의 경우도 그 지역을 관할하는 별도의 금융감독기구가 만들어져 있는 점을 고려할 때 역외금융 특화 금융중심지를 지향하는 제주도의 경우도 별도의 금융감독기구 설치가 필요하다. 중앙정부의 금융감독기구가 감독을 수행하는 것은 중앙정부의 감독 기준을 적용하게

---

19) 국토교통부의 감독을 받고(제주특별자치도법 제194조), 국가로부터 출연을 받을 수 있다는 점(제주특별자치도법 제182조)에서 공공기관의 성격을 갖고 있다고 볼 수 있다.

되어 탄력성을 갖추기가 어렵기 때문에 제주도 지역의 특화 금융에 적합한 금융 감독을 하기가 어렵다. 그리고 이러한 독자적인 금융감독기구가 설치되면 금융중심지 추진 기능도 이 감독기구가 맡는 것을 고려할 수 있다.

(4) 제주특별자치도 금융중심지추진기획단의 설치와 금융 전문가 채용

금융중심지 추진을 하려면 관(官)도 어느 정도 지원을 할 필요가 있다. 특히 국제자유도시개발센터가 금융중심지 추진 업무를 본격적으로 시작하기 전에는 제주도 당국의 역할이 중요하다. 제주도 당국의 적극적인 지원이 필요하다는 점에서 제주도 당국에도 금융중심지추진기획단을 설치하는 것이 필요하다. 그런데 이 기획단을 설치함에 있어서 중요한 것은 금융 전문가로 구성되어야 한다는 점이다. 금융 전문가 없이 기획단을 설치하게 되면 금융중심지 추진이 제대로 되지 않을 가능성이 크다.

그래서 금융 전문가를 개방직 직위로 해서 별도로 채용해야 한다. 제주도 당국에 금융 전문가가 있어서 금융 전반에 대한 이해를 갖고 추진 준비를 할 필요가 있기 때문이다. 금융중심지 지정 신청을 위한 여러 가지 준비를 하는 것뿐만 아니라 금융중심지로 지정된 이후에도 제주도 지역에 역외금융에 특화된 금융산업을 육성하기 위한 여러 제도를 정비하려고 할 때도 이러한 금융 전문가의 지식과 경험이 필요하다. 그래서 외부에서 금융전문가를 채용한 후 장기간 근무하게 하여 금융중심지 추진과 관련된 업무뿐만 아니라 금융산업을 육성할 수 있는 제도적 기반을 갖추도록 하는 업무를 지속적으로 담당하도록 해야 한다.

V. 맺음말

제주도가 금융중심지를 추진하는 것에 대해 회의적인 시각이 있을 수 있다. 특히 제주도가 역외금융에 특화된 금융중심지를 추진한다는 점에서 제주도 지역에 대해서만 조세 혜택을 부여하는 것[20]은 경제협력개발기구(OECD)가 제시한 "유해한 조

---

20) 역외금융 중심지는 낮은 법인세율 제도로 금융기관들을 유치하고 있고 투자자의 소득에 대하여는 면세가 관행으로 되어 있다(박상수 · 강철준, "역외금융센터의 금융시장 발전효과,"

세 체제"(harmful preferential tax regime)에 해당하므로 허용할 수 없다는 것이 중앙 정부의 입장이라 더욱더 그러하다. 그러나 내국인과 외국인에 대해서 동일한 세제 혜택을 부여한다면 조세 차별이 되지 않으므로 유해한 조세 제도에 저촉되지 않을 것이다.[21] 더욱이 제주도 지역을 관할하는 금융감독기구를 설립하여 조세 정보 교환 등 거래의 투명성을 갖추도록 감독을 철저히 하면 조세 회피(tax haven) 지역이 될 것이라는 우려도 불식될 수 있다. 만약 유해한 조세 체제에 해당한다면 어떻게 케이만 아일랜드, 아일랜드 더블린 및 말레이시아 라부안 등이 역외금융중심지로 인정받을 수 있는 것인지 설명하기가 어렵다. 외국에서도 인정되는 역외금융업에 대하여 단지 유해한 조세 제도에 해당한다거나 조세 회피의 우려가 있다는 이유만으로 금융 중심지 지정을 하지 않는 것은 근시안적인 태도이다. 보다 전향적인 입장에서 제주도가 역외금융에 특화된 금융중심지로 지정될 수 있도록 해야 할 것이다. 금융중심지로 지정되면 제주도 지역에 금융산업이 발전할 수 있고, 이것이 제주 지역 경제에 도움이 될 뿐만 아니라 국가 전체적으로도 국가 경제에 이바지할 수 있다는 점에서 중앙정부의 보다 적극적인 입장 선회가 요구된다.

제주도 당국도 꾸준히 역외금융업에 대한 연구와 준비를 통하여 제주도가 금융중심지로 지정이 될 수 있도록 노력해야 한다. 그리고 제주 발전에 대한 연구 기능을 수행하는 '제주연구원'도 금융 전문가를 채용하여 금융에 관한 보고서를 발간하는 등 깊이 있는 연구를 해야 한다. 제주연구원은 지금까지 특별히 금융중심지에 관한 연구를 한 것으로 보이지 않는다. 부산광역시의 경우 '부산연구원'이 금융중심지에 관한 다수의 보고서를 발간한 점과 대비된다. 제주연구원도 금융중심지에 관한 보고서를 발간하는 등 금융 분야 연구 기능을 강화해야 한다.

제주도가 언제까지나 관광 산업에 의존할 수 없다. 관광 산업이 침체기에 이를 때 대체 산업이 있어야 제주도 지역 경제가 지속적인 성장을 할 수 있다. 그런 점에서 보면 제주도 지역에 산업 구조의 다각화가 필요하고, 제주도의 장점을 잘 활용할 수

경제발전연구 제14권 제1호, 한국경제발전학회, 2008, 58−59면).
21) "OECD의 투명성 및 조세정보 교환에 관한 국제기준을 제주국제금융센터에 적용한다면 문제가 되지 않을 것이라고 생각한다. 예컨대 홍콩, 더블린 등은 낮은 법인세율을 적용하고 있음에도 불구하고 위 OECD 기준의 적극적인 도입으로 OECD Progress Report 2011에서 국제조세기준을 준수하는 국가들로 분류되고 있다."는 입장(류지민, 앞의 논문, 92면)도 비슷한 견해이다.

있는 금융산업이 적합하다. 제주도 당국은 금융 전문가를 채용하고 금융중심지추진 기획단 전담 조직을 설치하여 해외 사례도 연구하면서 준비해야 한다.

주요 사항을 의결할 수 있는 권한을 갖고 있는 제주도 의회도 마찬가지로 이에 적극적인 협조를 하여야 한다. 제주 지역 주민을 상대로 하여 금융산업 육성 필요성과 중요성을 잘 홍보하고 설득하여 지역 주민의 전향적인 여론을 형성하는 것도 필요하다. 더 나아가서 국제적인 금융중심지가 되기 위해서는 언어 소통에 있어서 문제가 없어야 하므로 제주도 지역만이라도 영어 공용화를 하는 것을 심각하게 고려할 필요가 있다. 싱가포르나 홍콩이 국제적인 금융중심지로 성공할 수 있었던 것도 바로 영어 공용화를 통해 외국인들이 언어 소통에 불편이 없도록 한 데 있다. 제주도에는 특별히 제주특별자치도법이 적용되므로 제주도 지역만을 대상으로 하는 영어 공용화가 가능할 것이다.

강철준, "제주국제금융센터의 최적 모형 설계 방향," 역외금융연구 제1권, 제주금융포럼, 2008. 12.

고동원, "제주국제금융센터 설립을 위한 법적 기반 구축 방안," 국제자유도시연구 제1권 제1호, 국제자유도시센터, 2010. 6.

고부언 등, "제주국제금융센터 추진방안에 관한 연구," 제주발전연구원·한국채권연구원 연구용역보고서, 2006. 10.

금융위원회, "부산 금융전문인력 양성과정 업무협약 체결," 보도자료, 2018. 4. 20.

류지민, "제주 금융허브 육성을 위한 세제 전략," 조세학술논집 제28집 제1호, 한국국제조세협회, 2012.

박상수, "제주역외금융센터의 필요성과 추진 전략," 역외금융연구 제1권, 제주금융포럼, 2008. 12.

박상수·강철준, "역외금융센터의 금융시장 발전효과," 경제발전연구 제14권 제1호, 한국경제발전학회, 2008.

이종필, "부산 금융중심지의 비전과 전략," 부산발전포럼 제116호, 부산발전연구원, 2009. 3.

이호선, "부산금융중심지에 대한 평가와 향후 과제," 한국콘텐츠학회논문지 제16권 제8호, 한국콘텐츠학회, 2016. 8.

재정경제부, "제32회 국정과제회의 개최(동북아 금융허브 추진 관련) 주요내용," 보도자료, 2003. 12. 11.

_____, "금융허브 추진 현황과 향후 추진계획," 보도자료, 2006. 6. 14.

최승필, "동북아 금융중심지 조성을 위한 법제도적 과제 – 금융규제법적 측면을 중심으로 –," 은행법연구 제1권 제1호, 은행법학회, 2008. 5.

제2장

법제 기반 구축 방안

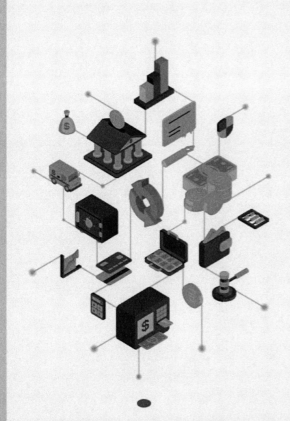

제5절

제주국제금융센터 설립을 위한 법적 기반 구축 방안*

고동원**

Ⅰ. 머리말

제주특별자치도(이하 "제주도"라 한다)에 제주국제금융센터(Jeju International Financial Center: JIFC)를 설립함으로써 현재의 관광산업 위주에서 벗어나 제주도에 새로운 산업으로서 금융산업을 육성하자는 주장이 제기되고 있고, 이에 대한 논의가 활발하다. 1980년대부터 제기되어 온 제주국제금융센터 설립 추진에 관한 논의[1]는 2006

---

* 「국제자유도시연구」 제1권 제1호(2010. 6. 30)에 실린 글을 수정·보완한 것이다.

** 성균관대학교 법학전문대학원 교수, 법학박사.

1) 1980년대부터 제기되어 온 제주국제금융센터 설립 추진에 관한 내용은 제주발전연구원·한국채권연구원, 「제주국제금융센터 추진 방안에 관한 연구」, 제주특별자치도 연구용역보고서, 2006. 10, 7-10면 참조. 이에 따르면, 최초의 제주국제금융센터 설립 추진 논의는 1984년 장기신용은행이 발간한 「지역 경제 발전도 패턴과 제주도의 산업 개발 전망」 중 Ⅳ.에 언급되어 있는 것이며, 이어서 김종기 외(1989), 「제주도종합개발계획의 재검토」, 한국개발연구원, 1989, 239-424면; 좌승희(1992), 「제주 역내외 금융발전 방향의 모색」, 한국개발연구원 정책연구시리즈, 1992; 김세진(1998), 「2010년 제주경제발전의 비전과 전략」 중 Ⅴ. 금융산업 부문, 한국경제연구원·제주대학교 경상대학, 1998; 김세진(1999), "한국금융의 선진화 전략 – 국제금융센터의 육성," 세미나 발표 자료, 1999 등이 있다. 특히 이에 관한 강철준 교수(한국금융연수원)의 연구는 독보적이다. 주요 논문을 보면, 강철준(2001), "제주국제금융시장(Jeju International Financial Market: JIFM) 추진 계획," 민주당 제주국제자유도시 정책기획단 발표 자료, 2001. 5; 강철준(2002), "제주국제금융시장 형성 가능한가?," 제주의 재발견, 제주언론인클럽, 2002. 3; 강철준(2002), "제주국제금융센터 추진 전략 재조명," 제주 경쟁력 강화와 현안 문제 해결을 위한 워크숍 발표 자료, 2002; 강철준

년 10월 제주발전연구원·한국채권연구원의 공동 학술 연구 보고서인 「제주국제금융센터 추진 방안에 관한 연구」가 발표되면서 탄력을 받게 되어, 이에 관한 국내 및 국제 세미나가 개최[2]되는 등 제주국제금융센터 설립을 위한 논의가 활발히 전개되어 왔다. 특히 2008년 12월에는 제주국제금융센터에서 영위하게 될 가능성이 큰 역외금융(cross-border finance or offshore finance)[3]에 관한 전문 학술지인 「역외금융연구」(Journal of Offshore Financial Services)가 사단법인 제주금융포럼[4]에 의해 창간되어 역외금융에 관한 연구가 본격화되었다. 2010년에 들어와서는 제주도 당국이 제주국제금융센터 설립 추진을 '5단계 제도 개선 전략 과제'[5]로 설정하고,[6][7] 제주

   (2004), "제주의 해운금융허브 구축 전략," 한국선박연구회 세미나 자료, 2004; 강철준 (2008), "역외금융센터의 금융시장 발전 효과" 「경제발전연구」 제14권 제1호, 2008; 강철준·박상수(2008), "역외금융센터의 필요성과 핵심 쟁점 – 제주 사례를 중심으로," 「International Financial Center의 역할과 제주역외금융센터」, 제주특별자치도 출범 2주년 기념 한국 금융산업 발전 전략 Round Table 발표 자료, 한국규제학회·제주금융포럼·제주대학교 국제금융연구센터 공동 주최, 2008; 강철준(2008), "제주국제금융센터의 최적 모형 설계 방향," 「역외금융연구」 제1권 창간호, 사단법인 제주금융포럼, 2008. 12 등이 있다.

2) 국제 세미나로는 2007년 4월 21일 제주국제컨벤션센터에서 개최된 「외국 역외금융센터의 성공 사례와 제주국제금융센터가 나아갈 방향」(제주대학교 국제금융연구센터·관광과경영경제연구소·제주금융포럼 공동 주최)(케이만 아일랜드 및 더블린 전문가를 초청하여 외국 역외금융센터의 성공 사례를 다루었다)과 2009년 8월 28일 제주에서 개최된 「제주국제금융센터의 국제 공신력 확보 방향 – 이슬람 자본 유치와 국제기준 충족 – 」(사단법인 제주금융포럼·제주대학교 국제금융연구센터 공동 개최)(말레이시아의 이슬람금융 전문가를 초청하여 제주국제금융센터의 이슬람금융 유치 가능성 방안을 다루었다)이 있으며, 국내 세미나로는 「International Financial Center의 역할과 제주역외금융센터」, 제주특별자치도 출범 2주년 기념 한국 금융산업 발전 전략 Round Table(한국규제학회·사단법인 제주금융포럼·제주대학교 국제금융연구센터 공동 주최, 2008. 6. 27)와 「제주역외금융센터 향후 추진 전략 세미나」(사단법인 제주금융포럼·제주대학교 국제금융연구센터 공동 주최, 2008. 12. 18) 등이 있다.

3) "역외금융"이라 함은 "비거주자 간의 자금 거래가 이루어지는 시장, 즉 비거주자로부터 자금을 조달하여 비거주자를 대상으로 자금을 대출하거나 혹은 투자하는 금융 활동을 지칭한다." 박상수, "제주역외금융센터의 필요성과 추진 전략," 「역외금융연구」 제1권 창간호(사단법인 제주금융포럼, 2008. 12), 56면.

4) 사단법인 제주금융포럼은 제주특별자치도의 금융산업을 육성 발전시키기 위한 정책과 대안을 연구하고 제시하는 것을 목적으로 2006년 1월 창립되어 2008년 8월 금융위원회로부터 비영리 사단법인 설립 허가를 받은 단체이다.

5) "5단계 제도 개선 과제"라 함은 「제주특별자치도 설치 및 국제자유도시 조성을 위한 특별법」(이하 "제주특별자치도법"이라 한다) 제20조 및 제22조에 근거하여 제주특별자치도 완성을 위하여 중앙행정기관의 제주도로의 권한 이양과 제주도를 규제 자유화 지역으로 발전시키기 위하여 단계적으로 추진하는 과제로서 5단계 제도 개선 과제라는 것을 의미한다.

국제금융센터 설립의 필요성과 타당성을 모색하기 위한 국제 연구 용역을 발주[8])함
으로써 그 추진이 상당히 구체화된 바가 있다.

그래서 향후 제주도에 제주국제금융센터를 설립할 때 필요한 법적 기반 구축 방
안이 무엇인지에 대해서 고찰할 필요가 있다. 첫 번째 쟁점이 되는 사항은 제주국제
금융센터 설립을 위한 입법을 하는 데 있어서 제주도 의회가 제정하는 조례만으로도
법적 근거를 둘 수 있느냐, 아니면 별도의 법률을 제정 내지는 개정해야 하는 것인
가 하는 문제이고, 두 번째는 제주국제금융센터 설립과 관련하여 구체적으로 어떤
내용을 법이나 조례에 담아야 하는 것인가 하는 문제이다. 두 번째 쟁점과 관련해서
는 크게 제주국제금융센터의 설립과 개발·운영을 위한 기구를 설치하는 내용과 제
주국제금융센터에서 영업을 하는 금융기관을 규제·감독하는 금융감독기구의 설치[9])
에 관한 내용이 될 것이고, 또 하나는 제주국제금융센터 내 금융기관이 어떤 영업을
할 수 있도록 허용할 것인지에 대한 내용이 될 것이다. 물론 조세 혜택 등 세제 관
련 내용도 중요한 쟁점이 될 것이나, 이에 관한 논의는 제외한다.

이를 위해서 II.에서는 제주국제금융센터 설립에 관한 입법 추진 방식과 관련하여
조례 제정으로 할 수 있는지, 아니면 별개의 법률을 제정하거나 관련 법률을 개정해
야 하는지에 관한 논의와 법률 제정이나 개정의 경우 조례에 포괄적 위임이 가능한
지 여부에 대한 법적인 분석을 하고, III.에서는 제주국제금융센터의 설립과 개발 및
규제·감독 관련 입법 추진의 방안에 대해 살펴보며, IV.에서는 제주국제금융센터에
서 영위하게 될 가능성이 큰 역외금융업과 관련하여 어떤 내용의 입법을 해야 하는
지에 대해서 살펴본다.

---

6) 제주일보 2010. 1. 6. 기사.
7) 제주국제금융센터 설립 추진 과제는 2단계 제도 개선 과제에도 포함되어 있었던 사항이다.
   제주특별자치도, "제주특별자치도 제2단계 제도 개선 추진 계획," 보도자료, 2006. 11,
   32－33면.
8) 제주도 당국과 제주국제자유도시개발센터(JDC)는 2009년 11월 "G－20 체제에 부응하는
   제주특별자치도 금융센터 개발계획 연구용역"을 입찰 공고해 2009년 12월 30일 영국계 경
   영자문회사인 PWC(Price Water house Coopers)와 삼일회계법인을 공동 용역 시행 업체
   로 선정한 바 있다(제주일보 2010. 1. 6. 기사).
9) 금융감독기구를 설치해야 하는지에 대한 논란이 있을 수 있으나, 대외 신뢰도 제고 및 투명
   성 확보 차원과 조세피난처지역(tax haven)에 대한 국제적인 규제 강화 움직임에 대처하기
   위해서도 금융감독기구는 필요하다.

II. 입법 방식에 관한 논의

입법 방식과 관련한 법적인 쟁점은 크게 두 가지이다. 첫째는 별도의 법률을 제정하거나 개정하지 않고 바로 조례를 제정하여 제주국제금융센터 설립에 관한 근거 규정을 둘 수 있는지에 관한 논의이고, 두 번째는 별도의 법률을 제정하거나 관련 법률을 개정하는 경우 법률에는 주요한 법적 근거만 두고 구체적인 사항은 바로 조례에 포괄적으로 위임하는 것이 가능한지에 관한 논의이다.

1. 조례 제정으로 가능한지 여부

(1) 문제 제기

제주국제금융센터 설립을 위해서는 어떤 형태로든 법적 근거를 두는 것이 필요하다. 그렇다면 제주도 의회가 제정하는 조례로 제주국제금융센터 설립과 추진에 관련된 근거 규정을 두는 것이 가능한지에 대한 법적 검토를 할 필요성이 제기된다. 왜냐하면, 이에 관련된 법률을 제정하거나 개정[10]하는 경우에는 관계 부처 등 중앙정부의 협조와 지원이 필요하고 국회에서 논의와 의결 절차를 거쳐야 하는 등 절차가 복잡하고 실제 법 제정이나 개정 과정에서 상당한 어려움이 대두될 수 있기 때문이다. 특히 기획재정부 등 관련 중앙부처의 적극적인 협조와 지원이 미흡할 경우 조례 제정 방안은 대안으로서 검토될 수 있다.

(2) 「헌법」과 「지방자치법」상의 검토

이 쟁점에 관한 사항은 「헌법」 제117조와 「지방자치법」 제9조 및 제11조에서 찾아볼 수 있다. 자세히 분석해보면 다음과 같다.

1) 관련 「헌법」 조항

「헌법」 제117조는 "지방자치단체는 주민의 복리에 관한 사무를 처리하고, 재산을

---

10) 관련 법률을 개정하는 경우에는 제주특별자치도법을 개정하는 방안이 검토될 수 있다.

관리하며, 법령의 범위 안에서 자치에 관한 규정을 제정할 수 있다"라고 하고 있다. 여기서 쟁점은 제주국제금융센터의 설립과 규제감독기구의 설치, 제주국제금융센터 내 금융기관의 역외금융업 영위에 관련된 사항이 "주민의 복리에 관한 사무"에 해당 될 수 있는지 여부이다. 즉 주민의 복리에 관한 사무에 해당한다고 판단된다면 제주 도 의회의 조례 제정으로 충분하다는 결론이 되는 것이다. 그렇다면 구체적으로 "주 민의 복리에 관한 사무"가 무엇인지가 해석상 문제되는데, 이의 범위에 대해서는 「지방자치법」을 참조할 수 있다.

2) 「지방자치법」 관련 조항 분석

「지방자치법」 제9조 제1항은 "지방자치단체는 그 관할 구역의 자치사무와 법령에 의하여 지방자치단체에 속하는 사무를 처리한다"라고 하고 있다. 그리고 「지방자치 법」 제9조 제2항은 그러한 지방자치단체의 자치사무의 예시를 규정하고 있다. 이러 한 예시된 자치사무 중에서 제주국제금융센터의 설립과 운영에 관한 사무와 관련되 는 사무의 예를 든다면, 제2항 제3호에 규정되어 있는 "농림·상공업 등 산업 진흥 에 관한 사무" 중 파목인 "지역특화산업의 개발과 육성·지원" 또는 차목인 "지역산 업의 육성·지원"에 해당된다고 볼 여지가 있다. 왜냐하면, 제주국제금융센터의 설립 은 제주도 지역에 금융산업을 육성해서 지역경제의 활성화에 그 목적이 있으므로 "상공업 등 산업 진흥에 관한 사무"에 해당한다고 볼 여지가 있고, 또는 제주도 지 역에 한하는 금융산업 육성에 관한 것이므로 "지역특화산업" 내지는 "지역산업"으로 볼 수가 있기 때문이다.

또한 「지방자치법」 제9조 제2항 제4호의 "지역개발과 주민의 생활환경시설의 설 치·관리에 관한 사무" 중 가목인 "지역개발사업" 내지는 거목의 "지역경제의 육성 및 지원"에 해당한다고 볼 여지도 있다.[11] 물론 이에 대해서는 반대의 의견이 제기 될 수도 있지만, 넓게 그리고 탄력적으로 해석한다면 해당된다고 볼 여지도 있는 것 이다.

---

11) "지역경제촉진"을 '임의적 자치사무'의 하나로 보는 견해도 있다. 홍정선, 「행정법원론(하)」 제12판, 박영사, 2004, 170면. 즉 "임의적 자치사무는 법령상 정함이 없어도 지방자치단체 가 자기 책임으로 시행 여부를 결정할 수 있는 대상"이므로(위의 책, 170면), 조례 제정으 로 가능하게 될 여지가 있다고 볼 수 있다.

한편 「지방자치법」 제9조 제2항 단서는 "다만 법률에 이와 다른 규정이 있으면 그러하지 아니하다"라고 하고 있어, 관련 법률이 위의 예시에 해당하는 사무가 지방 자치단체의 사무가 아니라고 규정하면 이 경우는 지방자치단체의 사무에 해당하지 않게 된다. 그러나 현재 제주국제금융센터의 설립에 관하여 특별히 지방자치단체의 사무에 해당하지 않는다는 규정이 관련 법률에 없으므로 이 단서 조항도 적용되지도 않을 것이다.

또한 「지방자치법」 제11조는 "물가정책, 금융정책, 수출입정책 등 전국적으로 통일적 처리를 요하는 사무"(제2호)에 해당하는 국가사무는 지방자치단체가 처리할 수 없도록 규정하고 있어서, 제주국제금융센터 설립과 규제 감독, 그리고 역외금융업 영위에 관련되는 사항이 "금융정책"에 관련되는 사무에 해당하는 것이므로 지방자치단체가 수행할 수 없는 국가사무에 해당한다고 주장할 여지가 있다. 그러나 제11조는 명시적으로 "전국적으로 통일적 처리를 요하는 사무"라고 하고 있어, 제주도의 일정 지역에만 적용되는 제주국제금융센터의 설립과 제주도의 일정 지역에서만 활동을 하는 금융기관의 영업과 이에 대한 규제 감독에만 관한 사항이라는 점에서 "전국적으로 통일적 처리를 요하는 사무"가 아니라고 볼 여지가 있다. 그렇다면 조례로 제정하더라도 「지방자치법」 제11조에 위반되는 것은 아닐 것이다.

(3) 소결

제주국제금융센터 설립과 관련된 법적 근거를 제주도 조례에 직접 둘 수 있느냐 하는 문제는 향후 심도 있게 논의해야 할 사항이라고 본다. 이에 관한 사례가 없는 상태에서 명확히 결론을 내리기는 쉽지는 않으나, 조례 제정으로 할 수 있다고 볼 여지가 있다. 특히 "특정 사무가 지방자치단체의 사무인지 또는 국가사무인지의 구분이 명확하지 아니한 경우에는, 헌법과 자방자치법의 합목적적인 해석을 전제로 하여, 지방자치단체의 사무의 포괄성의 원칙이 적용되어 지방자치단체의 사무로 추정되어야 한다고 본다"라는 견해[12]를 고려할 때 자치사무로 볼 가능성이 있다. 다만 법적인 측면을 떠나 경제적인 면에서 볼 때 조례로 제정하는 경우에는 결국은 제주도가 주도적일 수밖에 없고, 이 경우에는 중앙정부의 지원(재정 지원 등)을 받는 데 다소 한계가 있을 수 있는 문제점과 대외적·국제적 신뢰도 면에서 법률 제정이나

---

12) 위의 책, 175면.

개정보다는 떨어진다는 문제점은 있다.

어쨌든 법적인 논란을 피하기 위한 제일 안전하고 확실한 방법은 별도의 법률을 제정하거나 관련된 법률을 개정하는 것이다. 따라서 후자의 방법이 가능하다면 법률 제정 내지는 개정하는 방향을 적극적으로 고려하는 것이 바람직하다.

2. 법률 제정이나 개정의 경우 조례에 포괄적인 위임이 가능한지 여부

(1) 문제 제기

별도의 법률을 제정하거나 관련 법률을 개정하는 경우에 관련 법률에 자세한 규정(規定)을 둘 것인지, 아니면 관련 법률에는 설립에 관련되는 근거 조항 등 중요한 규정만 두고 자세한 사항은 바로 제주도 조례에 위임하는 것이 가능한지, 즉 포괄적(개괄적) 위임이 가능한지에 대해서도 검토할 필요가 있다. 이러한 방법은 제주국제금융센터의 설립 추진에 있어서 제주도에 보다 많은 자율권과 주도권을 줄 수 있는 여지가 있기 때문이다.

(2) 검토

이 문제와 관련하여 학설, 헌법재판소 결정 및 대법원 판례, 그리고 실제 사례에 비추어 볼 때 가능하다는 결론을 도출할 수 있다. 우선 헌법재판소는 조례에 대한 법률의 위임 정도에 대해서 "조례의 제정권자인 지방의회는 선거를 통해서 그 지역적인 민주적 정당성을 지니고 있는 주민의 대표기관이고 헌법이 지방자치단체에 포괄적인 자치권을 보장하고 있는 취지로 볼 때, 조례에 대한 법률의 위임은 법규명령에 대한 법률의 위임과 같이 반드시 구체적으로 범위를 정하여 할 필요가 없으며 포괄적인 것으로 족하다"[13]라고 하고 있고, 대법원도 "법률이 주민의 권리의무에 관한 사항에 관하여 구체적으로 아무런 범위도 정하지 아니한 채 조례로 정하도록 포괄적으로 위임하였다고 하더라도, 행정관청의 명령과는 달라 조례도 주민의 대표기관인 지방의회의 의결로 제정되는 지방자치단체의 자주법인 만큼 지방자치단체가 법령에 위반되지 않는 범위 내에서 주민의 권리의무에 관한 사항을 조례로 제정할 수 있으

---

13) 헌법재판소 1995. 4. 20. 92헌마264·279(병합).

므로, . . ."14)라고 하고 있기 때문이다.

학설도 같은 입장이다. 즉 "조례는 일반적인 수권(포괄적인 수권)으로도 이루어진다. 그리고 법률로 조례에 위임하는 경우에도 구체적으로 범위를 정하여야 하는 것은 아니다. 이것은 조례 제정기관인 지방의회가 민주적으로 선출·구성되는 기관인 까닭이다"라고 하고 있다.15) 또한 이에 관한 사례는 「경제자유구역의 지정 및 운영에 관한 법률」에서 찾아볼 수 있다. 같은 법 제28조 제2항은 "시·도지사는 제1항의 규정에 의한 사무를 처리하기 위하여 이를 전담하는 행정기구를 설치한다"라고 하고 있는데, 여기에 근거하여 지방자치단체인 인천광역시는 「인천광역시경제자유구역청 설치 조례」를 제정하여 사무소, 업무 범위, 조직 등에 관한 구체적인 사항을 두고 있다.

이런 점을 고려할 때 제주국제금융센터의 설립과 개발 및 규제 감독에 관련된 사항과 역외금융업에 관한 사항도 별도의 제정 법률이나 개정되는 관련 법률에 이에 관한 중요한 근거 조항만을 두고 자세한 사항은 제주도 조례에 포괄적으로 위임하는 입법 방식을 취할 수도 있다. 특히 이러한 포괄적 위임 방식을 취할 때는 관련 법률의 개정을 통하여 근거 조항을 두는 방안이 더 효율적이 될 것이다. 아무래도 별도의 법률을 제정하는 절차보다는 법률 개정의 절차를 밟는 것이 보다 수월하기 때문이다.16)

III. 제주국제금융센터의 설립과 개발 및 규제·감독 관련 입법 추진 방안

1. 서설

제주국제금융센터의 설립과 개발 및 규제·감독과 관련된 사항이 제주도 조례 제정으로 가능한 것으로 본다면, 이러한 사항은 조례에 반영하면 될 것이다. 그런데

---

14) 대법원 2006. 9. 8. 선고 2004두947 판결. 같은 취지의 판결로는 대법원 1997. 4. 25. 선고 96추251 판결.
15) 홍정선, 앞의 책, 119면; 같은 견해는 김남진, 「행정법(II)」, 법문사, 2001, 109면.
16) 예를 들어, 새로운 법률을 제정하는 경우에는 국회의 공청회 절차를 거쳐야 하는(국회법 제58조 제2항, 제64조) 등 법률을 개정하는 경우보다 절차가 복잡하고 까다로운 편이다.

그렇지 않고 법률을 제정하거나 개정해야 한다면 어떻게 해야 하는지에 대한 검토가 필요하다. 이에 대해서는 첫째 방안은 별도의 법률을 제정하는 것이다. 즉 (가칭) 「제주국제금융센터의 설립과 운영 및 금융감독기구 설치 등에 관한 법률」을 제정하는 것이다. 이 방안은 2006년 제주발전연구원과 채권연구원이 공동 수행한 연구 보고서에서 제시하는 방안이다.[17] 두 번째 방안은 관련 법률을 개정하는 방안인데, 이 경우에는 「제주특별자치도 설치 및 국제자유도시 조성을 위한 특별법」(이하 "제주특별자치도법"이라 한다)을 개정하는 방안을 생각할 수 있다. 제주특별자치도법을 개정하는 경우에는 제주특별자치도법 "제3편 국제자유도시의 개발 및 기반 조성"에 별도의 장으로 "제5장 제주국제금융센터의 설립과 운영 및 금융감독기구의 설치"를 신설하는 방안을 생각해볼 수 있다.

한편 법률로 정하든 조례로 정하든 제주국제금융센터 설립과 관련하여 담아야 하는 내용은 어떤 것인지에 살펴볼 필요가 있다. 우선 제주국제금융센터의 정의 조항이 있어야 하고, 둘째는 설립의 근거 조항을 두는 것이 필요하며, 셋째는 제주국제금융센터의 개발·운영과 관련되는 내용이 필요하고, 넷째는 제주국제금융센터에서 영업 활동을 하는 금융기관에 대한 규제·감독을 하는 금융감독기구 설치에 관련되는 내용이 필요하다. 이하에서는 이러한 점에 대하여 구체적인 내용을 살펴본다.

2. 제주국제금융센터의 정의 조항

우선 제주국제금융센터가 무엇인지에 대한 정의 조항을 둘 필요가 있다. 그 내용에 대해서는 여러 가지 안이 있을 수 있는데, 조례로 제정하는 경우와 법률로 제정하거나 개정하는 경우가 다를 수 있다. 조례로 제정하는 경우에는 결국은 제주도가 주도할 수밖에 없으므로 제주국제금융센터의 정의도 "제주도특별자치도지사가 제주특별자치도 내 일정 지역에 설치한 센터"라고 할 수 있다.

반면에 법률을 제정하거나 개정하는 경우에는 중앙정부와 지방정부 사이에 지원과 협조가 되는 구조가 될 수 있다. 이 경우 제주국제금융센터의 정의는 "제주도특별자치도지사가 기획재정부장관과 협의하여 제주특별자치도 내 일정 지역에 설치한 센터"라고 정의하거나, "기획재정부장관이 제주도특별자치도지사와 협의하여 제주특

---

17) 제주발전연구원·한국채권연구원, 앞의 보고서, 144면, 167면.

별자치도 내 일정 지역에 설치한 센터"로 정의할 수 있다.[18] 전자는 제주도가 주체적으로 추진하게 되며, 후자의 경우에는 중앙정부가 보다 주도적으로 설치하게 되는 차이가 있다.

제주국제금융센터가 제주도 특정 지역에 설치되며 경제적인 효과가 제주도 지역에 미친다는 점을 고려할 때 제주도가 주도적으로 추진할 필요가 있으며, 이런 점에서 제주도가 중앙정부와 협의하여 제주국제금융센터 설립을 추진하는 것이 바람직하다. 중앙정부와 협의 제도를 두는 이유는 중앙정부의 지원과 협조를 구하기 위한 것이다. 물론 이 경우에는 중앙정부의 재정 지원 등이 없으면 제주국제금융센터의 설립이 쉽지 않다는 점을 고려할 때 단점이 있을 수 있으나, 그럼에도 불구하고 제주도가 보다 주도적인 추진 주체가 되는 것이 바람직하다. 한편 중앙정부의 부처와 관련해서는 금융정책과 금융감독 업무를 담당하는 금융위원회도 고려할 수 있으나, 조세와 재정 정책을 담당하는 기획재정부와 협의하도록 하는 것이 세제 지원이나 재정 지원을 받는 데 더 효율적이라고 본다.

입법 방식과 관련해서는, 조례에 이 정의 조항을 두는 방안, 별도의 법률을 제정해서 여기에 정의 조항을 두는 방안, 제주특별자치도법의 개정을 통해서 정의 조항을 두는 방안이 있을 것이다.

3. 제주국제금융센터의 설립 근거 조항

다음으로는 제주국제금융센터의 설립에 관한 근거 조항을 두는 것이 필요할 것이다. 조례를 제정하는 경우와 법률의 제정이나 법률을 개정하는 경우 그 문언 내용이 달라질 수 있다. 조례로 제정하는 경우에는 "제주도특별자치도지사는 제주특별자치도 내 일정 지역에 제주국제금융센터를 설립한다"라고 할 수 있고, 법률 제정이나 개정의 경우에는 중앙정부와 협의 제도를 두어 "제주도특별자치도지사는 기획재정부장관과 협의하여 제주특별자치도 내 일정 지역에 제주국제금융센터를 설립한다"라고 할 수 있다. 그리고 제주국제금융센터의 설립 지역 등 구체적인 사항은 조례로 제정하는 경우에는 조례에 규정하거나, 법률 제정이나 개정의 경우에는 시행령이나 시행규칙 또는 직접 조례에 규정하도록 위임할 수 있을 것이다.

---

18) 위의 보고서, 143면.

4. 제주국제금융센터의 개발·운영기구 설치 방안

(1) 개발·운영기구의 업무

제주국제금융센터를 설립하기 위해서는 이를 추진할 개발·운영기구가 필요하다. 개발·운영기구는 "(i) 제주국제금융센터 지역 내 업무용 빌딩, 아파트, 스포츠 시설 등 건설 기획 및 집행 업무, (ii) 제주국제금융센터 건설에 필요한 토지 수용 및 보상 업무, (iii) 제주국제금융센터 홍보 및 외국 금융기관 유치 활동 업무 및 (iv) 제주국제금융센터 운영에 필요한 전문 인력의 양성 관련 업무 등"을 수행하게 될 것이다.[19]

(2) 개발·운영기구의 담당 주체

이 경우 제주도 당국 자체 조직으로 이와 관련한 업무를 담당할 수도 있으나, 이러한 개발 운영 업무가 전문성을 요한다는 점에서 제주도 당국 자체의 공무원 조직으로 추진하는 것은 한계가 있다. 따라서 별도의 기구를 설치하는 것이 필요한데, 이 경우 제주도 산하의 별도 개발·운영기구(예를 들어, (가칭)제주국제금융센터개발공사)를 설치하는 방안과 중앙정부 산하의 기구로 설치하는 방안이 있을 것이다. 전자의 경우에는 관련 재원을 제주도 자체가 조달해야 한다는 점[20]에서 단점이 있고, 후자의 경우에는 중앙정부의 출연이나 예산 지원 등 재정 지원을 받을 수 있다는 점에서 장점이 있다.

대안으로는 현재 제주도 전역에 걸쳐 국제자유도시 개발을 담당하는 제주국제자유도시개발센터(Jeju International Free City Development Center: JDC)가 제주국제금융센터 설립과 개발 업무를 담당하는 것이다. 제주특별자치도법에 의할 때에도 제주국제자유도시개발센터가 이러한 업무를 담당하는 데에 법적인 문제는 없다고 본다. 왜냐하면 제주국제자유도시개발센터의 설립 목적이 제주국제자유도시 개발 사업의 효율적 추진인데(법 제166조),[21] 제주국제금융센터의 개발·운영이 이 목적에 부합하

---

19) 위의 보고서, 151면.
20) 물론 중앙정부의 예산 지원이나 출연을 받을 수 있는 가능성도 있으나 그렇게 쉽지는 않을 것이다.
21) 이에 따른 제주국제자유도시개발센터의 업무 범위에도 해당할 수 있을 것이다. 물론 보다 명확히 하기 위해서는 제주국제금융센터의 개발·운영 업무를 명시적으로 규정하는 것이

기 때문이다. 이에 대해서는 제주국제금융센터의 특수성 및 전문성 등을 고려할 때 제주국제자유도시개발센터가 이 역할을 수행하는 것이 그렇게 효율적이지 않다는 견해도 있으나,[22] 제주국제금융센터 설립도 전체적으로는 국제자유도시 개발의 일환으로 볼 수 있으며, 제주국제자유도시개발센터도 외국자본 유치 등 제주 지역의 개발 업무에 특화된 기관이라는 점을 고려할 때 제주국제자유도시개발센터가 제주국제금융센터의 개발·운영 업무를 담당하는 방안을 적극적으로 검토할 필요가 있다. 특히 제주국제금융센터가 금융의 전문성을 요구한다는 점에서는 이에 관한 전문 인력을 채용함으로써 이를 보완할 수 있다고 본다.[23] 그리고 제주국제자유도시개발센터가 제주국제금융센터의 개발·운영 업무를 담당할 때 다른 제주도 지역 개발 업무와 보완 내지는 파급 효과를 누릴 수 있는 장점도 있을 것이다. 입법 방식에서는 제주국제자유도시개발센터가 제주국제금융센터의 개발·운영 업무를 수행하는 경우에는 제주특별자치도법을 개정하면 될 것이다.

한편 뒤에서 언급하는 제주국제금융센터 내 금융기관을 감시·감독하는 규제감독 기구가 개발·운영 업무를 담당하는 방안도 검토될 수 있으나,[24] 제주국제자유도시 개발센터가 제주국제금융센터의 개발·운영 업무를 담당한다면 이 방안은 대안으로 검토할 필요는 없을 것이다.

(3) 입법 방식

입법 방식과 관련해서는 제주도 당국 산하의 별도 개발·운영기구를 설치하는 경우에는 조례 제정의 방법이나 법률 제정 또는 개정에 의해서 조례에 포괄적으로 위

좋을 것이다.

22) 위의 보고서, 144면.
23) 제주국제자유도시개발센터는 외국 자본 유치의 활성화를 위하여 전문 인력을 채용한 바 있는데, 실제 말레이시아 버자야그룹의 대규모 휴양단지 조성 투자 성과 등이 있었다.
24) 제주발전연구원·한국채권연구원 보고서(2006)는 이 방안을 제시하고 있다. "별도의 기관에서 추진하는 경우 예산 낭비나 업무 중복 등의 문제점이 발생할 가능성이 크므로 이를 보완하고 개발과 규제감독의 효율성을 추진하기 위해서는 개발과 규제감독을 동일 기관에서 추진하는 방안이 보다 바람직한 것으로 판단된다. 이렇게 함으로써 예산 절감을 도모할 수 있고, 또한 필요한 경우에 개발 업무와 규제감독 업무의 긴밀한 협조를 통하여 효율성 있는 센터 설립과 개발·운영 업무 및 규제감독 업무를 수행할 수 있을 것으로 기대되기 때문이다. 특히 제주[국제]금융센터 설립 초기에 설립 및 개발을 주도하기 위한 기관의 설치 필요성을 감안할 때 개발기구가 후에 규제감독 업무를 계속 수행하도록 하는 방안이 보다 합리적으로 판단된다."라는 것이 그 이유이다. 위의 보고서, 146-147면.

임하는 방법으로 가능할 것이고, 중앙정부 산하 기구로 두는 경우에는 이에 관한 별도의 법률 제정이나 제주특별자치도법 개정을 통하여 가능할 것이다.

5. 제주국제금융센터의 규제감독기구 설치 방안

(1) 규제감독기구의 설치 필요성

규제감독기구를 설치하는 것은 제주국제금융센터가 조세피난처로 지정받지 않기 위한 중요한 요건 중의 하나이므로 이 기구는 반드시 설치할 필요가 있다. 즉 "제주[국제]금융센터 내 금융기관의 영업 활동을 감시하고 자금세탁 등의 부정적 영향을 미리 차단하기 위하여 규제감독기구를 설립할 필요성[이 있으며], 이러한 규제감독기구의 설립은 OECD, EU 등의 의구심을 해소하고 탈세 및 자금세탁 기지의 오명을 차단할 수 있는 효과적인 수단이 될 것이며, 국제적 금융기관으로부터 신뢰를 확보할 수 있는 방안이 된다"는 주장[25][26]도 이를 뒷받침하고 있다.

(2) 규제감독기구의 주요 업무

규제감독기구의 주요 업무로서 다음과 같은 것을 검토할 수 있다. "(i) 제주국제금융센터 내 금융기관 설립 인가 및 감독·검사 업무, (ii) 증권 및 펀드 등록 업무, (iii) 예금자 및 투자자 보호 업무(제주국제금융센터 내 금융기관의 예금자는 예금보험기구인 예금보험공사의 보호를 받지 않기 때문에 제주국제금융센터 내 금융기관의 예금자 및 투자자를 보호하기 위한 기금을 별도로 설치할 필요가 있는 것이다), (iv) 자율규제기관(금융기관 연합회 또는 협회 등)에 대한 감독 업무, (v) 중앙 감독기관과의 상호협력, (vi) 국제적 금융감독기관 또는 역외금융센터 감시기관과의 정보 교환 및 협력 업무"[27] 등을 고

---

25) 위의 보고서, 145면.
26) 이러한 금융감독기구의 설립 필요성의 주장은 박상수(2008)에서도 발견된다. 즉 "규제가 대폭적으로 축소되고, 외환의 유출입이 거의 완전하게 자유로운 역외금융센터에 대해서는 새로운 감독기구의 설립이 필요하다. 특히 역외금융센터를 감시하는 OECD, IMF, FSF(금융안정포럼), FATF 등이 요구하는 강력한 금융감독기구의 설립은 대외적인 신뢰도의 향상을 위해서도 불가결하다. 국제감시기구들은 마약자금, 테러자금 등의 불법자금세탁을 방지하고, 나아가서는 국제적인 금융안정을 위해서는 금융감독기구의 설립 운영을 강력하게 권고하고 있다"라고 하고 있다. 박상수, 앞의 논문, 70-71면.
27) 제주발전연구원·한국채권연구원, 앞의 보고서, 159면.

려할 수 있다.

(3) 고려될 수 있는 규제감독기구의 형태

한편 규제감독기구를 설치한다고 할 때 어떤 법적 형태로 설치할 것인지가 큰 쟁점이 된다. 규제감독기구의 가능한 형태를 생각해보면 다음과 같은 조직 형태를 고려할 수 있다. 우선 제주도 당국이 중앙정부의 지원 없이 독자적으로 설치하는 방안을 생각할 수 있다. 이 경우는 제주도 당국 자체 공무원 조직으로 두는 방안, 제주도 당국 산하 별도의 공무원 조직 기구로 두는 방안, 제주도 당국 산하 별개의 공적 민간기구로 두는 방안을 고려할 수 있다. 다음으로는 중앙정부가 주도적으로 설치하는 방안을 생각할 수 있다. 이 경우도 중앙정부 자체 조직으로 설치하는 방안, 중앙정부 산하 공무원 조직 기구로 설치하는 방안, 그리고 중앙정부 산하 별도의 공적 민간기구로 설치하는 방안을 고려할 수 있다. 이하에서는 이러한 여러 가지 방안에 대해 검토하고 바람직한 방안을 제시하기로 한다.

1) 제주도 지방자치단체 자체 조직으로 설치하는 방안

규제감독기구를 제주도 지방자치단체 자체 내 조직(예를 들어, 금융감독국)으로 두는 것은 그렇게 바람직한 방안으로 보이지 않는다. 왜냐하면 금융감독의 독립성·전문성이라는 점에서 본다면 제주도 당국 자체 조직에 의한 규제·감독은 한계가 있기 때문이다. 또한 제주도 당국 자체 조직에 의한 금융감독은 대외적인 신뢰도 면에서도 그렇게 바람직한 방향은 아니라고 본다.

2) 제주도 지방자치단체 산하 공무원 조직 기구로 설치하는 방안

다음으로 제주도 당국 산하 공무원 조직 기구로 설치하는 방안을 고려할 수 있다. 이 경우 명칭은 (가칭) '제주금융감독청'을 고려할 수 있다. 제주도 당국이 주체적으로 설치 주도를 할 수 있다는 점에서 설치의 용이성을 확보할 수 있으나, 공무원 조직이 담당하게 됨으로써 금융감독의 독립성·전문성 확보가 미흡하게 된다는 점, 대외적인 신뢰도 면에서 중앙정부가 하는 것보다 떨어진다는 점이 약점으로 지적될 수 있다. 특히 제주도 당국 산하 기구로 두는 경우에는 재원 조달에 있어서 제주도 당국 예산으로 충당해야 한다는 점이 문제가 된다. 이런 점을 고려할 때 이 방안은 그렇게 바람직한 방향은 아니다. 참고로 인천광역시경제자유구역청은 「경제자유구역의 지정 및 운영에 관한 법률」에 의거하여 지방자치단체인 인천광역시 산하 기관으로 설치되어 있다.

입법 방식에서는 직접 제주도 조례에 근거 규정을 두는 방안을 검토할 수 있고, 그렇지 않으면 별도의 법률을 제정하거나 제주특별자치도법을 개정해서 관련 근거 규정을 두고 조직 구성, 업무 범위, 재원 조달 등 구체적인 사항은 제주도 조례에 두는 방법을 고려할 수 있다. 물론 별도의 법률이나 특별자치도법에 자세한 규정을 두면서 시행령과 시행규칙에 위임하는 방식을 택할 수 있는 것은 당연할 것이다.

3) 제주도 지방자치단체 산하 공적 민간기구로 설치하는 방안

또한 제주도 당국 산하의 공적 민간기구로 설치하는 방안을 고려할 수 있다. 위의 공무원 조직보다는 나은 방법이다. 이 경우 명칭은 (가칭) '제주금융감독원'을 고려할 수 있다. 이 방안은 앞서 언급한 제주도 당국 산하 공무원 조직 기구로 설치하는 방안과 마찬가지로 제주도 당국이 주체적으로 주도하여 설치한다는 점에서 설치의 용이성이 있으나, 재원 마련이 충분히 되지 않을 때 운영이 쉽지 않다는 점, 대외적인 신뢰도 면에서 중앙정부가 설치하는 것보다 떨어진다는 점 등이 약점이 될 수 있다. 그러나 이 방안은 금융감독의 독립성·전문성 확보라는 면에서는 좋은 방안이다. 재원 조달 면에서는 제주도 당국과 제주국제자유도시개발센터, 그리고 기타 제주도 관련 유관 기관이 공동 출연하는 재원 조달 방안을 고려할 수 있고, 더 나아가서 제주국제금융센터 내 금융기관의 출연금, 연 납부금(annual fee), 검사 분담금, 각종 인허가·등록 수수료(fee)도 그 재원으로 활용할 수 있다. 물론 중앙정부의 재정 지원을 받도록 하는 것이 더욱 확실한 방법임은 말할 것도 없다.

그리고 공적 민간기구로 설치하는 경우에는 위원회 제도를 채택하는 것이 좋다고 본다. 즉 (가칭) '제주금융감독위원회'를 설치하여 (가칭) '제주금융감독원'의 최고의 사결정기구로서 주요 제주국제금융센터의 금융감독 정책을 수립하고 집행하는 역할을 담당하도록 하는 것이 좋다. 이 경우 위원회 위원장(제주금융감독원 원장 겸임)은 제주도지사가 임명하도록 하고, 7인의 위원으로 구성하는 것을 고려할 수 있다.

입법 방식에서는, 제주도 조례로 직접 규정하는 것이 가능할 것이고, 별도의 법률을 제정하거나 제주특별자치도법을 개정하여 (가칭) '제주금융감독원' 설치에 관한 근거 조항을 두고, 조직의 구성이나 재원 조달, 업무 범위 등 자세한 사항은 바로 제주도 조례에 두도록 하는 방안을 검토할 수 있다.[28] 물론 별도로 제정하는 법률이나 제주도특별자치도법에 자세한 규정을 두면서 시행령이나 시행규칙에 위임하는 것도 가능한 것임은 당연하다.

4) 중앙정부 조직 기구로 두는 방안

중앙정부 조직으로 두는 경우는 부처 형태보다는 합의제 행정기관으로 두는 것이 바람직하며, 이 경우 국무총리 직속 기구로 두는 것이 중립적인 위치에서 업무를 수행할 수 있고 다른 부처의 지원을 받을 수 있는 장점이 있을 것으로 본다. 이렇게 중앙정부 조직으로서 합의제 행정기관으로 두는 경우 의사 결정 과정의 독립성을 확보할 수 있고 전문성을 도모할 수 있는 장점이 있을 수 있지만, 제주도 지역만을 관할하는 금융감독 업무를 수행하기 위해서 별도의 정부 기관을 두는 것은 효율성 등 여러 가지 면에서 그렇게 바람직한 방향은 아니라고 본다.

입법 방식으로는 별도의 법률을 제정하거나 제주특별자치도법을 개정하는 것을 고려할 수 있을 것이다.

5) 중앙정부 산하 직속 공무원 조직 기구로 두는 방안

중앙정부 산하의 직속 공무원 조직 기구로 두는 방안도 검토될 수 있다. 이 경우 명칭은 (가칭) '제주금융감독청'을 고려할 수 있다. 중앙정부가 주도한다는 점에서 중앙정부 예산에 의한 설치와 운영을 할 수 있어서 재원 조달 면에서 큰 장점을 가지게 된다. 그리고 중앙정부가 감독업무를 수행한다는 점에서 대외적인 신뢰도 면에서도 제주도 당국 산하 기구로 설치하는 방안보다 낫다. 또한 중앙정부가 주도하므로 추진력 면에서도 훨씬 나을 것이다. 다만 정부가 수행한다는 점에서 금융감독의 독립성·전문성 확보라는 면에서는 미흡할 것이다.

이 경우 중앙정부의 어느 부처 산하 기구로 둘 것인가가 문제되는데, 관련되는 부처로는 기획재정부나 금융위원회를 고려할 수 있다. 기획재정부는 예산, 조세 재정 정책 및 국제금융 정책 수립 권한을 갖고 있고, 금융위원회는 국내 금융정책과 금융감독 정책 수립 권한을 갖고 있다. 금융위원회가 국내 금융정책과 금융감독 정책 권

---

28) 인천광역시경제자유구역청은 이러한 입법 방식에 따르고 있다.

한을 갖고 있다는 점에서 (가칭) '제주금융감독청'을 금융위원회 산하 기구로 두는 방안도 고려할 수 있으나, 이럴 경우 중앙 감독기관의 영향력 행사가 커져 독자적인 금융감독 업무가 잘 되지 않을 수도 있고, 더욱이 금융위원회 산하에 국내 금융감독 · 검사 업무를 수행하는 금융감독원을 두고 있어서 금융감독원과 의견 대립으로 인한 업무 추진의 문제점이 발생할 수 있다. 오히려 예산 · 조세 정책 권한을 갖고 있는 기획재정부 산하 기구로 둠으로써 중앙정부의 예산과 세제 지원을 받을 수 있는 장점이 있고, 금융감독 업무 수행에 대한 간섭을 덜 받게 되므로 기획재정부 산하 기구로 두는 것이 바람직하다고 본다.

입법 방식에서는 별도의 법률을 제정하거나 제주특별자치도법을 개정하는 방안을 고려할 수 있을 것이다.

6) 중앙정부 산하 공적 민간기구로 두는 방안

중앙정부 산하 기구로 두되 공적 민간기구 형태로 두는 방안이다. 이 경우 명칭은 (가칭) '제주금융감독원'을 생각할 수 있다. 이 방안은 중앙정부가 관여한다는 점에서 중앙정부의 예산 지원이나 관련 기관(한국은행, 금융감독원 등)의 출연을 받을 수 있기 때문에 재원 조달 면에서 큰 장점을 가지게 된다. 물론 제주국제금융센터 내의 금융기관으로부터 출연금, 연 납부금(annual fee), 검사 분담금, 각종 인허가 · 등록 수수료(fee)도 그 수입원이 될 수 있다. 그리고 중앙정부가 주도한다는 점에서 대외적인 신뢰도도 높일 수 있는 장점이 있다. 특히 중앙정부 산하 공무원 조직 기구로 두는 방안보다 공적 민간기구로 둠으로써 금융감독의 독립성 · 전문성을 확보할 수 있다는 점에서도 바람직한 방향이다. 다만 이 방안은 중앙정부가 적극적으로 지원하지 않을 때는 추진력이 떨어져 실현성이 없게 되는 단점은 있다. 다른 나라의 사례를 보면, 말레이시아 라부안(Labuan) 지역에 설치되어 있는 라부안금융감독원(Labuan Financial Services Authority: LFSA)도 공적 민간기구 형태로 설립되어 있다.

이 경우 어느 부처 산하에 둘 것인가 하는 문제가 제기되는데, 이는 위에서 언급한 중앙정부 산하 직속 공무원 조직 기구로 두는 방안과 마찬가지로 기획재정부 산하 기구로 두는 것이 바람직하다. 다만 "[기획재정부]가 감독권을 가지게 되는 경우에는 [(가칭) '제주금융감독원']이 제주특별자치도에 설치된다는 점 및 제주국제금융센터가 제주특별자치도의 국제자유도시 추진과의 연계성을 가져야 한다는 점 등을 감안할 때 제주특별자치도가 [(가칭) '제주금융감독원']과의 업무 협조를 일정 부분 유지할 필요가 있는데, 이런 점에서 제주특별자치도에게 [(가칭) '제주금융감독원']에 대한 업무 관련 자료의 제출 요청권 및 제한적인 업무 지시권을 [기획재정부를 통하여 행사할 수 있도록 하는 것을 고려할 필요가 있다]"는 견해도 있다.[29]

그리고 이 경우에는 위원회 제도를 도입하는 것이 금융감독의 독립성 확보 면에서 바람직하다. 이 경우 명칭은 (가칭) '제주금융감독위원회'를 고려할 수 있다. 위원회 위원장은 (가칭) '제주금융감독원' 원장을 겸하며 대통령이 국무회의의 심의를 거쳐 임명하는 방안을 생각할 수 있다. 그리고 다른 관련 부처의 지원과 협조를 얻어내기 위해 관련 부처의 차관 등을 비상임 당연직 위원으로 두는 것을 고려할 수 있다. 관련 부처 및 기관으로는 기획재정부, 금융위원회, 한국은행 등을 생각할 수 있다. 또한 제주도 당국도 어느 정도 관여하기 위해서는 제주도지사가 참여하는 방안도 검토될 수 있으며, 개발 업무를 담당하는 제주국제자유도시개발센터 이사장도 당연직 비상임 위원으로 참여하는 방안을 고려할 수 있다.

"특히 비공무원 조직으로 출범하는 경우에는 정부와의 업무 협조 관계를 유지하기 위해서 관련 정부 부처로부터 필요한 인력을 파견받아 운영하는 것[도 고려할 수 있다]. 예를 들어, 제주국제금융센터의 추진을 위한 관련 입법 준비, 해외 금융기관의 유치 그리고 중앙 정부와의 업무 협조를 위해서는 [기획재정부]나 [금융위원회] 등 관련 정부 부처 및 중앙 감독기관으로부터 공무원 인력을 파견받아 운영하는 것[도 고려할 수 있다]"는 견해[30]도 참고할 수 있다.

입법 방식에서는 별도의 법률을 제정하거나 제주특별자치도법을 개정하는 방안을 생각할 수 있다.

(4) 소결 - 제언

이상에서 고려될 수 있는 규제감독기구의 유형을 살펴보았다. 이 중에서 제일 바람직한 방향은 중앙정부 산하 공적 민간기구로 설치하는 방안이라고 본다. 이 방법이 중앙정부의 전폭적인 지원을 받을 수 있어 재원 조달도 수월하게 확보할 수 있으며, 더 나아가 대외적인 신뢰도도 높일 수 있는 방안이다. 특히 공적 민간기구 형태

---

29) 위의 보고서, 156면.
30) 위의 보고서, 159면.

를 유지함으로써 금융감독의 독립성·전문성을 확보할 수 있는 장점이 있다.

만약 중앙정부의 적극적인 지원을 확보할 수 없게 되어 이 방안의 실현 가능성이 떨어질 때는 제주도 당국이 주도적으로 추진할 수밖에 없는데, 이 경우에는 제주도 당국 산하 공적 민간기구로 두는 방안을 고려할 수 있다. 다만 이 방안은 재원 조달의 한계라는 문제점이 있을 수 있는데, 제주국제금융센터 내의 금융기관으로부터의 출연금, 연 납부금(annual fee), 검사 분담금, 각종 인허가·등록 수수료(fee) 등과 제주국제자유도시개발센터로부터 출연금 등으로 보완하는 방안을 생각할 수 있다.

IV. 역외금융업 관련 입법 추진 방안

1. 서설

제주국제금융센터의 설립과 관련한 두 번째 법적 기반 구축 방안으로서는 제주국제금융센터 내 금융기관의 업무 범위와 관련된 것이다. 즉 금융기관이 구체적으로 어떠한 종류의 영업을 영위할 수 있는가와 관련된 것으로서 영업 인가, 감독규제의 내용, 영업 인가 취소나 해산 등에 관련되는 내용이 될 것이다.

그러한 영업의 종류를 생각해보면, 추가적인 연구가 되어야 하겠지만, 인터넷종합금융업(internet merchant financial business), 특수관계자 대상 전속은행업(captive banking business), 특수관계자 대상 전속보험업(captive insurance business), 역외자산운용업(offshore asset management business) 등을 들 수 있다. 그리고 제주국제금융센터에 등록하는 투자회사(mutual fund) 등 집합투자기구(fund)로부터 나오는 등록 수입도 역외금융업의 하나로 볼 수 있으며, 제주국제금융센터 내에 설립되는 역외회사(offshore company)에 관한 내용도 포함될 수 있다.

한편 입법 방식과 관련해서는, 이러한 내용을 직접 조례로 제정하는 방안을 고려할 수 있으며, 별도의 법률을 제정하거나 제주특별자치도법을 개정하는 방법을 생각할 수 있고, 그러한 경우에도 구체적인 사항은 바로 조례로 위임하는 방안을 생각할 수 있다. 물론 법률, 시행령 및 시행규칙에 규정할 수 있는 것은 당연하다. 그리고 이러한 내용은 앞서 언급한 제주국제금융센터 설립과 개발 및 규제감독기구 설치에 관한 내용과 합쳐서 통합된 법률이나 조례에 규정할 수 있음은 물론이다.

2. 인터넷종합금융업(Internet Merchant Financial Business)

제주국제금융센터에서 영업 활동을 할 수 있는 금융기관으로서는 인터넷종합금융 회사를 고려할 수 있다. 인터넷종합금융회사는 "영업소를 설치하지 않고 인터넷을 통하여 은행업, 증권업, 보험업 등을 종합적으로 영위하는 금융회사"를 의미한다.[31] 제주국제금융센터 내 금융기관은 역외금융업을 영위하므로 국내 거주자가 아닌 비 거주자(non-resident)를 상대로 영업 활동을 하게 될 것이다. 별도의 영업소 설치 없이 영업을 할 수 있는 인터넷종합금융업은 비거주자를 상대로 영업 활동을 한다는 면에서 제주국제금융센터에 맞는 적절한 업종이 될 수 있다. 그 내용은 인터넷종합 금융회사의 설립 인가 기준, 인가 취소 및 해산 사유, 지배구조, 업무 범위, 건전성 규제 등이 포함될 것이다.

한편, 이 경우 인터넷종합금융업은 국내 거주자를 대상으로 영업을 하지 않으므로 국내 관련 법률들이 적용되지 않도록 하는 입법 조치를 취할 필요가 있다. 예를 들 면, 은행법, 한국은행법,[32] 여신전문금융업법,[33] 보험업법, 「자본시장과 금융투자업 에 관한 법률」(이하 "자본시장법"이라 한다),[34] 외국환거래법,[35] 예금자보호법[36] 등이 적용되는 것을 배제할 필요가 있다. 이러한 배제 조항은 별개의 법률을 제정하거나 제주특별자치도법을 개정하는 방식을 취할 때에는 그러한 법률에 들어가면 되고,[37] 조례 제정 방식을 취할 때에는 각 관련 법률들에 배제 조항을 추가하면 될 것이다.

---

31) 위의 보고서, 160면.
32) 한국은행의 통화정책 대상 금융기관에서 배제하도록 하기 위한 것이다.
33) 여신전문금융업법은 여신을 전문으로 하는 회사(할부금융회사, 리스회사 등)를 규제하는 법 이므로 배제할 필요가 있다.
34) 증권업 등을 규제하는 법이므로 배제할 필요가 있다.
35) 외국환거래법은 거주자와 비거주자 사이의 외환(원화) 거래, 비거주자 사이의 원화 거래 등 을 규제하기 위한 법이므로 배제할 필요가 있다.
36) 제주국제금융센터 내 금융기관에 대해서는 예금자 보호 대상이 되지 않기 때문이다.
37) 동시에 각 관련 법률들에 배제 조항을 두면 더욱 좋을 것이다. 그렇게 하지 않더라도 별도 의 제정 법률이나 제주특별자치도법에 규정함으로써 각 개별 관련 법률의 적용을 배제하는 데 충분할 것이다.

3. 특수관계자 대상 전속은행업(Captive Banking)

특수관계자 대상 전속은행(captive bank)이라 함은 "비거주자 등 제한된 범위의 고객만을 상대로 제한된 범위의 은행업을 영위하는 은행"이다.[38] 비거주자인 계열회사만을 상대로 하여 예금과 대출 업무만을 취급하는 은행이 해당할 수 있다. 그 내용은 특수관계자 대상 은행의 설립 인가 기준, 인가 취소 및 해산 사유, 지배구조, 업무 범위, 건전성 규제 등이 포함될 수 있을 것이다.

이 경우 은행법, 한국은행법, 외국환거래법, 예금자보호법 등 관련 법률의 적용을 배제하도록 할 필요가 있다. 입법 방식에서 별도의 법률을 제정하거나 제주특별자치도법을 개정하는 방식을 취할 때에는 그 법에 배제 조항을 두면 될 것이고, 조례 제정 방식을 취하게 되는 경우는 해당 관련 법률들에 배제 조항을 두면 될 것이다.

4. 특수관계자 대상 전속보험업(Captive Insurance Business)

특수관계자 대상 전속보험회사(captive insurance company)는 "비거주자 등 제한된 범위의 고객만을 상대로 제한된 범위의 보험업을 영위하는 회사"를 말한다.[39] 비거주자인 계열회사만을 상대로 하여 보험업을 영위하는 보험회사가 해당될 것이다. 따라서 특수관계자 대상 보험회사의 설립 인가 기준, 지배구조, 업무 범위, 자산 운용 규제, 건전성 규제 등의 내용이 포함될 수 있을 것이다.

이 경우 보험업법, 외국환거래법, 예금자보호법 등 관련 법률의 적용을 배제할 필요가 있다. 입법 방식과 관련해서는 위의 특수관계자 대상 은행업과 마찬가지의 설명이 적용될 것이다.

5. 역외자산운용업(Offshore Asset Management Business)

역외자산운용회사는 비거주자 등 제한된 범위의 고객만을 대상으로 하여 자산운용업(asset management)을 영위하는 회사를 말한다. 따라서 역외자산운용회사의 설

---

38) 위의 보고서, 161면.
39) 위의 보고서, 161면.

립 인가 기준, 인가 취소 및 해산 사유, 지배구조, 자산 운용 규제 등의 내용이 포함되어야 할 것이다. 그리고 관련 법률들인 자본시장법 및 외국환거래법의 적용을 배제할 필요가 있다. 입법 방식과 관련해서는 위와 같다.

6. 펀드등록업(Fund Registration Business)

제주국제금융센터 내에 유치할 수 있는 역외금융업으로서 고려할 수 있는 것은 투자기구(investment vehicle)인 집합투자기구의 등록 업무를 유치하는 것이다. 예를 들어, 현행 자본시장법에서 인정되고 있고 회사 형태를 취하고 있는 투자회사(mutual fund)나 기관전용 사모집합투자기구(private equity fund: PEF)를 유치하는 것이다. 이들 회사는 임직원이 없는 사실상의 명목회사(paper company)이므로 이러한 펀드 회사에 대하여 취득세, 재산세, 등록세 등을 감면하는 혜택을 부여하여 제주도에 유치함으로써 등록에 따른 수입을 올릴 수 있는 기회가 된다. 물론 해외 펀드 등록도 가능하도록 할 필요가 있는 것은 물론이다.

이러한 펀드 등록 업무는 제주도가 하고 있는 국제선박 등록[40] 및 선박투자회사(펀드) 등록 업무의 연장선상에 있는 것으로 단계적인 추진을 할 때 가장 먼저 시행할 수 있는 역외금융업의 하나라고 본다.

7. 역외회사(Offshore Company) 설립

제주국제금융센터 내에 설립되는 역외회사(offshore company)에 관한 내용도 포함시킬 필요가 있다. 이러한 역외회사는 명목회사로서 투자기구(investment vehicle)로 이용되므로 역외금융업에 있어서는 필요한 회사 형태이다. 역외은행, 역외보험회사

---

[40] 국제선박 등록 업무의 법적 근거 조항은 제주특별자치도법 제443조 참조.
제주특별자치도법 제443조(선박등록특구의 지정) ① 선박등록을 활성화하기 위하여 「선박의 입항 및 출항 등에 관한 법률」 제2조에 따른 제주자치도 내 무역항을 선박등록특구로 지정한다. ② 「국제선박등록법」 제4조에 따라 해양수산부장관에게 등록한 선박으로서 제1항에 따른 무역항을 선적항으로 하는 선박과 대통령령으로 정하는 외국선박에 대해서는 「조세특례제한법」, 「지방세특례제한법」 및 「농어촌특별세법」에서 정하는 바에 따라 취득세, 재산세, 「지방세법」 제146조제3항에 따른 지역자원시설세, 지방교육세 및 농어촌특별세를 면제할 수 있다. ③ 선박등록특구의 지정과 운영 등에 필요한 사항은 대통령령으로 정한다.

등 금융기관들도 역외회사의 형태로 먼저 설립한 후 해당되는 금융업 인가를 받도록 할 필요가 있다. 설립 절차, 주식의 종류 및 발행, 이사회 구성, 주주총회 소집, 주주총회 결의 사항 등의 내용이 포함될 것인데, 국내 회사와는 차별화할 필요가 있으므로[41] 국내 상법의 적용을 배제할 필요가 있다. 외국환거래법도 적용되지 않도록 할 필요가 있다.

입법 방식에 있어서는 별도의 법률을 제정하거나 제주특별자치도법 개정 방식을 이용할 수 있으며, 제주도 조례 제정의 방식도 가능할 것이다.

V. 맺음말

이상에서 제주국제금융센터를 설립하기 위한 법적 기반 구축 방안에 대해 살펴보았다. 정리하면, 우선 입법 방식과 관련해서는 제주국제금융센터 설립과 관련한 내용을 법률이 아닌 제주도 조례에 직접 규정하는 것이 가능한지에 대한 법적 분석을 해보았는데, 이견(異見)이 있을 수도 있겠지만, 가능한 방법이라고 생각된다. 이 경우에는 제주도 당국이 중앙정부의 지원 없이도 주체적으로 추진할 수 있다는 장점이 있게 된다. 그리고 관련 법률을 별도로 제정하거나 제주특별자치도법을 개정하는 경우, 법에는 기본적인 사항만 규정하고 자세한 사항은 직접 제주도 조례에 규정하는 포괄적 위임도 가능하다는 점을 살펴보았다.

한편 제주국제금융센터의 설립과 관련된 입법 내용은 제주국제금융센터의 정의 조항, 설립 근거 조항, 개발·운영 기구의 설치 조항, 규제감독기구의 설치 조항 등이 필요함을 살펴보았다. 특히 개발·운영 기구의 설치와 관련해서는 별도의 기구 설립 방안도 제시될 수 있겠지만 제주도 전역의 국제자유도시 개발 업무를 책임지고

---

41) 같은 논의는 강철준, "제주국제금융센터의 최적 모형 설계 방향," 역외금융연구 제1권 창간호(사단법인 제주금융포럼, 2008. 12), 99면. 예를 들어, 역외금융센터에서 널리 사용되는 역외회사의 요건은 "Annual meeting에 대한 제약이 없고, multiple class stock 발행 가능, 최소 이사 수 제한이 1명, 주주·임직원의 국적 제한이 없고, 법인·신탁·역외회사 등이 임원으로 가능하고 겸직 제한이 없으며, 임원 이름의 비공개 가능, 실제 영업을 [역외금융센터] 지역 밖에서 하거나 회사 장부 유지 가능" 등이다. 위의 글, 100면.

있는 제주국제자유도시개발센터(JDC)가 담당하는 것이 효율적인 방법이라고 결론지었다. 한편 제주국제금융센터 내에서 영업 활동을 하는 금융기관을 규제·감독하는 금융감독기구의 설치 방안과 관련해서는 가장 바람직한 방안으로서 중앙정부 산하의 공적 민간기구로 설치하는 방안을 제시했고, 그다음 대안으로서 제주도 산하의 공적 민간기구로 설치하는 방안을 제시했다.

또한 제주국제금융센터 내에서 영위 가능한 역외금융업에 관한 입법 방안에 대해서도 살펴보았는데, 영위 가능한 역외금융업으로서 인터넷종합금융업, 특수관계자 대상 전속은행업(captive banking), 특수관계자 대상 전속보험업(captive insurance business), 역외자산운용업, 펀드등록업 등을 제시해보았으며, 입법 방식과 관련해서는 별도의 법률 제정이나 제주특별자치도법 개정 또는 조례 제정의 방식이 가능함을 살펴보았다. 물론 위의 제주국제금융센터의 개발·운영기구, 규제감독기구의 내용 등을 포함하는 단일 통합법 내지 조례 제정의 방식도 가능할 것이다.

참고문헌

강철준, "제주국제금융센터의 최적 모형 설계 방향,"「역외금융연구」제1권 창간호(사단법
　　　인 제주금융포럼, 2008. 12).
박상수, "제주역외금융센터의 필요성과 추진전략,"「역외금융연구」제1권 창간호(사단법인
　　　제주금융포럼, 2008. 12).
제주발전연구원·한국채권연구원,「제주국제금융센터 추진 방안에 관한 연구」, 제주특별자
　　　치도 연구용역보고서, 2006. 10.
제주일보 2010. 1. 6. 기사.
제주특별자치도, "제주특별자치도 제2단계 제도 개선 추진 계획," 2006. 11.
홍정선,「행정법원론(하)」제12판, 박영사, 2004.

제6절

케이만 아일랜드 금융감독기구 체제와 제주국제금융센터(JIFC) 금융감독기구 설립에 대한 시사점*

고동원**

Ⅰ. 머리말

　제주특별자치도(이하 "제주도"라 한다)에 역외금융업(cross-border financial business or offshore financial business)[1]을 주 영업으로 하는 제주국제금융센터(Jeju International Financial Center: JIFC)를 설립하자는 주장이 제기되고 있고, 이에 관한 연구가 추진되고 있다. 이러한 주장은 1980년대부터 제기되어 왔으나[2] 아직 구체적인 추진 계획이

---

　* 「국제자유도시연구」 제2권 제2호(2011. 12. 31)에 실린 글이다.
　** 성균관대학교 법학전문대학원 교수, 법학박사.

　1) "역외금융"이라 함은 "비거주자 간의 자금 거래가 이루어지는 시장, 즉 비거주자로부터 자금을 조달하여 비거주자를 대상으로 자금을 대출하거나 혹은 투자하는 금융 활동을 지칭한다." 박상수, "제주역외금융센터의 필요성과 추진 전략," 「역외금융연구」 제1권 창간호(사단법인 제주금융포럼, 2008. 12), 56면.
　2) 최초의 제주국제금융센터 설립 추진 논의는 1984년 장기신용은행이 발간한 「지역 경제 발전도 패턴과 제주도의 산업 개발 전망」을 든다. 제주발전연구원·한국채권연구원, 「제주국제금융센터 추진 방안에 관한 연구」, 제주특별자치도 연구용역보고서, 2006. 10, 7면. 이후의 연구 동향과 최근의 연구 동향에 대해서는 위의 연구보고서, 7-10면 및 고동원, "제주국제금융센터(JIFC)의 설립과 운영을 위한 입법 추진 방안," 「역외금융연구」 제3권(사단법인 제주금융포럼, 2010. 12), 4면 각주 1) 참조.

나오지 않고 있다. 이는 아마 중앙정부가 역외금융센터에 대한 부정적인 인식(즉 역외 금융센터가 불법적인 자금세탁(money laundering)에 이용될 수 있는 가능성)[3]을 갖고 있고, 특히 역외금융센터에 대해서는 조세 혜택을 부여하게 되어 다른 지역과 차별 문제가 제기될 수 있어, 중앙정부가 그 추진에 소극적인 것도 부진한 이유 중의 하나로 들 수 있다. 그러나 이에 관한 연구가 본격적으로 진행되고 있고,[4] 제주국제금융센터 설립의 타당성과 가능성에 관한 긍정적인 국제 연구 용역 결과[5]가 발표되고, 제주도도 크게 관심을 갖고 추진하고 있어,[6] 시간이 걸릴지는 모르겠지만 장래에 제주국제금융센터가 설립될 가능성은 열려있다고 할 수 있다.

　제주국제금융센터를 설립하기 위해서는 많은 문제를 해결해야 하지만, 그중에서 법제도를 마련하는 것이 제일 중요한 작업 중의 하나이다. 특히 법제도 중에서 규제감독기구를 어떻게 설립하고 어떤 기능을 수행하도록 하여야 하는지도 중요한 문제이다. 이런 점에서 역외금융센터를 잘 운영하여 모범적인 사례로 꼽히고 있는 케이만 아일랜드(Cayman Islands)의 금융감독기구 체제 내용에 대해서 살펴봄으로써 제주국제금융센터를 본격적으로 추진하게 될 때 필요하게 될 규제감독기구가 어떤 방향으로 설립되어야 하는지에 대한 것을 알아보고자 한다. 이를 위해서 II.에서는 케이만 아일랜드 금융감독기구의 법적 설립 형태, 지배구조, 기능, 주요 업무, 재원 조달 등을 중심으로 해서 살펴보며, III.에서는 그러한 검토 결과를 토대로 제주국제금융센터 금융감독기구에 대한 시사점, 즉 어떤 점에 유의해서 금융감독기구 체제를 가져가야 하는지에 대한 것을 알아본다.

---

3) 역외금융센터가 불법적인 자금세탁에 이용될 수 있다는 주장에 관한 자세한 논의는 박상수, 앞의 글, 65면 참조.
4) 사단법인 제주금융포럼이 창간하여 발간하고 있는 학술지 「역외금융연구」(Journal of Offshore Financial Services)를 들 수 있다.
5) 제주도와 제주국제자유도시개발센터(JDC)는 공동으로 2009년 11월 국제 연구 용역 입찰을 공고해서 2009년 12월 30일 영국계 자문회사인 PWC(Price Water house Coopers)와 삼일회계법인을 공동으로 용역 시행 업체로 선정하였고(제주일보 2010. 1. 6. 기사), 이 연구 용역 결과는 2010. 8. 25.에 개최된 국제 세미나에서 발표되었다(「G20 체제에 부응하는 제주국제금융센터 신모델 개발」, (사)제주금융포럼 주최).
6) 제주도 당국도 2010년 '5단계 제도 개선 과제'의 하나로서 제주국제금융센터 설립을 설정하여 추진한 바 있다. '5단계 제도 개선 과제'라 함은 「제주특별자치도 설치 및 국제자유도시 조성을 위한 특별법」 제20조 및 제22조에 근거하여 제주특별자치도 완성을 위하여 중앙행정기관의 권한 중 일부를 제주도로 이양하는 것과 제주도를 규제 자유화 지역으로 발전시키기 위하여 단계적으로 추진하는 과제로서 5단계 제도 개선 과제라는 것을 의미한다.

II. 케이만 아일랜드(Cayman Islands) 금융감독기구 체제

1. 개관

케이만 아일랜드의 금융감독기구는 '케이만 아일랜드 통화감독원'(Cayman Islands Monetary Authority: CIMA)(이하 "통화감독원"[7])이라 한다)이다. 통화감독원의 설립 근거 법은 1997년 제정된 「통화감독원법」(Monetary Authority Law)[8])이다. 통화감독원은 금융감독 업무뿐만 아니라 통화 정책 업무도 수행한다. 통화감독원은 1997년 설립되었는데, 종전의 정부의 금융서비스감독국(Financial Services Supervision Division)과 통화 정책 업무를 수행하고 있던 통화위원회(Currency Board)가 통합하여 설립된 기구이다.[9]) 통화감독원은 케이만 아일랜드 정부로부터 운영상의 독립성(independence)을 확보한 기구이며,[10]) 그 업무 수행과 관련해서는 정부와 의회(Legislative Assembly)에 책임을 지는 구조로 되어 있다.[11])

통화감독원의 주요 감독 업무는 은행법 등 관련 법률에 따라 은행 등 금융기관의 영업 인가를 담당하며, 금융기관이 자금세탁 관련 법령을 준수하는지 여부에 대한 감시 규제를 한다.[12]) 또한 통화감독원의 이사회(Board of Directors)는 케이만 아일랜드에서 규제를 받는 금융기관이나 회사에 대한 등록(registration) 업무도 담당한다.[13])

통화감독원의 주요 임무는 다음과 같다. 첫째, 케이만 아일랜드 통화의 가치를 유지하는 임무가 있으며, 둘째, 금융산업을 규제할 뿐만 아니라 국제 감독 기준에 맞

---

7) '통화청'이라고 번역할 수도 있으나, 통화 정책 수행 업무뿐만 아니라 감독 업무도 수행하고, 더 나아가 정부 조직이 아닌 민간 조직이라는 점을 고려하여 '통화감독원'으로 번역하여 사용한다.
8) 2011년 개정된 '통화감독원법'(2011 Revision)을 분석 대상으로 하였다. 이 법의 전문은 http://www.cimoney.com.ky/regulatory_framework/reg_frame_law_reg.aspx?id=372에서 찾아볼 수 있다.
9) http://www.offshore-library.com/banking/cayman_islands/page_4#banking_in_cayman
10) 2003년에 정부로부터 운영상의 독립성을 확보하였다("[CIMA] gained operational independence from the Government in 2003.") http://www.cimoney.com.ky/about_cima/about_ra.aspx?id=2432
11) http://www.offshore-library.com/banking/cayman_islands/page_4#banking_in_cayman
12) Id.
13) Id.

추고 시장의 신뢰와 케이만 아일랜드의 명성(reputation)을 높일 수 있도록 외국 금융감독기구를 지원하고 협력하는 임무를 수행하며, 셋째, 건전하고, 정직하고, 경쟁력이 있고, 혁신적인 금융산업과 시장을 강화하는 임무를 수행하며, 넷째, 케이만 아일랜드 최대의 경제적 이익을 위해서, 그리고 공정하고, 개방적이고, 효과적이고, 비용 효율적인 방법으로 업무를 수행할 임무를 갖고 있다.14)

통화감독원이 규제감독하는 금융기관은 금융업을 수행하는 모든 기관인데, 은행, 신탁회사, 투자회사(mutual funds), 보험회사, 금전서비스회사(money services business), 회사사무관리기관(corporate services providers)을 포함한다.15)

특히 통화감독원은 금융기관을 감독하는데 있어서 다음과 같은 점에 중점을 두고 있다. 즉, 금융에 관한 국제적인 기준을 제시하고 있는 '바젤은행감독위원회'(Basel Committee on Banking Supervision: BCBS), '국제보험감독기구협회'(International Association of Insurance Supervisors: IAIS), '국제증권감독자기구'(International Organizations of Securities Commissions: IOSCO)가 제시하는 국제적인 감독 기준과 자금세탁 방지에 관한 국제자금세탁방지기구(Financial Action Task Force: FATF)의 40개 권고 기준(Forty Recommendations) 및 신탁과 회사사무관리(corporate services) 부문에 있어서 모범 규준(best practice)을 반영하는 감독 체계를 갖춘 금융센터를 유지하는 데 감독의 중점을 두고 있다.16)

감독은 상시감독(off-site) 체제와 임점 검사(on-site) 체제로 이루어진다. 상시감독 체제는 금융기관의 정기적인 보고서, 재무제표, 정기적인 금융기관 담당자와 회의(meetings) 등을 통해서 얻어지는 정보를 이용하여 금융기관을 평가 분석하는 체제로 이루어지며, 임점 검사 체제는 해당 검사국 인력이 하는 정기적인 검사를 통해 이루어지는데, 특히 금융기관의 위험 관리(risk management)에 중점을 두어 이루어진다.17)

특히, 통화감독원은 통화감독원법에 따라 외국의 금융감독기구와 국제적인 협력을 유지하는 데 중점을 두고 있다. 이에 따라 통화감독원은 '바젤위원회 국경간 실무자단'(Basel Committee Cross Border Working Group), '보험감독기구역외단'(Offshore

---

14) Id.
15) Id.
16) Id.
17) Id.

Group of Insurance Supervisors), '카리비안자금세탁방지기구'(Caribbean Financial Action Task Force) 등 국제감독기구가 개최하는 정기적인 회의(forum)에 참석하고 있다.[18]

2. 통화감독원의 법적 성격

통화감독원은 정부기구가 아닌 민간기구(body corporate)이다(Section 5(1)). 따라서 통화감독원은 자본금을 갖고 있는데, 최저 자본금 100백만 달러를 유지하여야 한다(Section 7(1)). 통화감독원의 최초 자본금은 정부가 전액 출자하였으며(Section 7(2)), 추가 자본금 증액은 통화감독원의 준비금(general reserve)으로 충당된다(Section 7(4)). 따라서 정부가 통화감독원에 전액 출자하여 소유하고 있다고 볼 수 있다.[19]

3. 통화감독원의 주요 기능

통화감독원법 제6조는 통화감독원의 주요 기능을 규정하고 있다. 첫째, 통화감독원은 법정통화를 발행하고 통화준비금(currency reserve)을 관리하는 통화 정책 업무를 수행한다(Section 6(1)(a)). 둘째, 통화감독원은 금융감독 업무를 수행한다. 즉 통화감독원은 통화감독원법과 관련 법률[20]에 의거하여 금융업을 영위하는 금융기관을 규제하고 감독하며, 금융기관이 자금세탁 방지 관련 규정을 준수하는지 여부를 감시(monitor)하며, 기타 관련 법률에 의해 부여된 규제 감독 업무를 수행한다(Section

---

18) Id.

19) "The Government of the Cayman Islands wholly owns the Cayman Islands Monetary Authority." <http://www.cimoney.com.ky/about_cima/about.aspx?id=64>.

20) 관련 법률(regulatory laws)은 다음과 같다. 즉 은행 및 신탁회사법(Banks and Trust Companies Law), 건설조합법(Building Societies Law), 회사사무관리법(Companies Management Law), 조합법(Cooperative Societies Law), 보험법(Insurance Law), 자금서비스법(Money Services Law), 투자회사법(Mutual Funds Law), 증권투자업법(Securities Investment Business Law) 및 기타 내각 수상이 제정한 관련 법률을 말한다(Section 2). 이 법들의 전문은 http://www.cimoney.com.ky/regulatory_framework/reg_frame_law_reg.aspx?id=372에서 찾아볼 수 있다.

6(1)(b)). 셋째, 통화감독원은 통화감독원법에 의거하여 외국 금융감독기구를 지원하고 협력하는 업무를 수행한다(Section 6(1)(c)). 넷째, 통화감독원은 업무 수행과 관련하여 필요한 경우에 정부에 자문을 하는 업무를 수행한다(Section 6(1)(d)).

여기서 특이한 점은 금융규제감독 업무뿐만 아니라 자금세탁 방지 업무와 외국 금융감독기구와 협력 업무를 그 주요 기능 중의 하나로 규정하고 있다는 점이다. 이는 다른 일반적인 금융감독기구와 달리 역외금융센터가 자금세탁에 이용될 수 있고 금융거래의 비밀을 과도하게 보호함으로써 범죄의 온상이 될 수 있다는 비판을 염두에 두고 이러한 부정적인 인식을 불식시키기 위해 명시적으로 규정한 것으로 이해할 수 있다. 이는 향후 제주국제금융센터에 금융감독기구를 설립할 때 눈여겨보아야 할 점이다.

통화감독원법은 더 나아가 통화감독원이 부여된 업무를 수행함에 있어서 중점을 두어야 하는 사항을 규정하고 있다. 즉 통화감독원은 케이만 아일랜드의 최대의 경제적 이익을 위해서 업무를 수행하여야 하며, 케이만 아일랜드의 건전한 금융제도(financial system)를 유지하고 증진하여야 하며, 가장 효율적이고 경제적인 방법으로 자원(resources)을 활용하여야 하며, 일반적으로 받아들여지는 건전한 지배구조(good governance)를 중시해야 하며, 관련 법률과 규정을 준수하여야 하며, 이러한 업무를 수행하기 위해 필요한 부수적인 권한(ancillary powers)을 갖고 있어야 한다(Section 6(2)).

특히 통화감독원은 금융규제감독 업무 수행과 외국 금융감독기구와 협력 업무를 수행함에 있어서는 추가적으로 다음과 같은 점에 중점을 두고 필요한 노력을 기울여야 한다. 즉 통화감독원은 국제금융센터로서 케이만 아일랜드의 명성(reputation)을 높이고, 금융소비자를 보호하며, 시장의 신뢰를 증진하는 데 노력을 기울여야 하며, 금융업이 자금세탁이나 기타 다른 범죄에 이용될 수 있지 않도록 노력을 기울여야 하며, 금융서비스의 소비자 및 공급자 입장에서 케이만 아일랜드의 경쟁력 유지와 금융산업 및 시장의 국제적인 특성을 인식하여야 할 뿐만 아니라 국제적인 규제 감독 기준을 준수하여야 하며, 규제에 따른 부담이나 제한은 그러한 부담이나 제한으로부터 발생하게 되는 혜택(benefits)을 고려하여 부과되어야 한다는 것을 인식하여야 하며, 금융산업의 혁신(innovation)이 바람직하다는 것을 인식하여야 하며, 금융감독에 있어서 공정성과 투명성의 필요성을 인식하여야 한다(Section 6(3)).

4. 통화감독원의 지배구조

통화감독원의 지배구조(corporate governance)는 최고 의사 결정 합의제 기구인 이사회(board of directors)와 이사회의 지시를 받아 일상 업무를 집행하는 운영이사(managing director)로 이루어져 있다.

(1) 이사회

통화감독원의 최고 의사 결정 기구로서 이사회가 설치되어 있다. 즉 이사회는 통화감독원의 지배구조, 정책, 업무 수행을 결정하고, 통화감독원의 업무를 관할한다(Section 11(1)). 이사회는 당연직 이사인 운영이사(managing director)와 9인 이내의 이사로 구성되는데,21) 이사회 의장과 부의장은 9인 이내의 이사 중에서 선임된다(Section 11(2)). 9인 이내의 이사는 내각 수상(Governor in Cabinet)이 임명하며(Section 12(1)), 이사회 의장과 부의장은 선임된 이사들과 협의하여 내각 수상이 임명한다(Section 11(3)). 9인 이내의 비상임 이사의 임기는 3년이며, 재임할 수 있다(Section 12(2)(b)(c), 12(3)).

운영이사를 포함한 모든 이사는 다른 이해 집단(상업계, 금융업계, 농업계 및 산업계 등)의 영향을 받지 않고 중립적으로 업무를 수행하여야 한다(Section 12(2)(a), (3)). 운영이사를 포함한 모든 이사는 통화감독원 업무 수행과 관련한 상당한 수준의 지식과 경험을 갖고 있는 적격자(fit and proper person)이어야 한다(Section 11(2)). 의회의원이나 정부 공무원은 이사로 임명될 수 없도록 명시적인 규정을 두어(Section 14(1)), 정부나 정치권으로부터 영향을 받지 않고 독립적으로 업무 수행을 할 수 있도록 하고 있다.

내각 수상은 다음과 같은 사유가 발생한 경우에는 이사를 해임할 수 있다. 즉 이사가 사임한 경우, 의사 능력을 상실한 경우, 기타 업무 수행을 할 수 없는 경우, 파산하거나 채무 조정 절차에 들어간 경우, 사기 등의 사유로 기소된 경우, 업무 수행 관련 중대한 범죄 행위를 한 경우, 연속 3번 이사회 회의에 불참한 경우, 이사의 이

---

21) 상임직인 운영이사 이외에 상임직인 3인의 부운영이사(deputy managing director)와 6인의 비상임이사(의장 및 부의장 포함)로 구성되어 있다. http://www.cimoney.com.ky/about_cima/about_ra.aspx?id=128

해상충(conflicts of interest)에 따른 기피 의무(이사회 불참 의무 등)를 이행하지 않은 경우가 해당된다(Section 14(2)). 이외에도 내각 수상은 공공의 이익을 위해 언제든지 이사를 해임할 수 있다(Section 14(3)).

이사회는 의장이 소집하는데, 정기 이사회는 3개월에 1회 이상 개최되어야 하며, 의장이 필요하다고 판단하는 경우에는 언제든지 임시 이사회를 소집할 수 있다 (Section 15(1)). 이사회는 적어도 5인 이상이 참석하여야 하며, 의결은 출석한 이사의 과반수로 결정되며, 가부동수인 경우에는 의장이 결정한다(Section 15(2)). 이사가 음성 회의(conference telephone)나 그 밖의 다른 회의 방법으로 회의에 접근(access)할 수 있으면 출석한 것으로 간주된다(Section 15(6)).

이사회는 통화감독원법이 명시적으로 이사회의 권한으로 규정한 것 이외에는 운영위원회(Managing Committee)에 그 권한을 일부 위임할 수 있으며, 영업 인가권 및 감독권 이외에는 그 권한의 일부를 이사회가 임명한 다른 산하 위원회[22]에도 위임할 수 있다(Section 15(4)). 운영위원회 및 다른 위원회가 내린 결정은 이사회가 내린 결정으로 간주된다(Section 15(4)). 이사회의 권한 위임은 언제든지 취소할 수 있으며, 이사회가 위임된 권한을 직접 행사할 수도 있다(Section 15(5)). 운영위원회는 운영이사(managing director), 부운영이사(deputy managing director), 통화감독원의 각 규제감독담당 최고임원(head)[23] 및 이사회의 승인을 얻어 운영이사가 지명하는 기타 상급임원(senior officer)으로 구성된다(Section 16(2)). 운영위원회의 주요 결정 사항은 금융기관의 영업 인가나 등록 신청에 대한 심사 업무이다.[24]

그리고 해당 관련 이사나 운영위원회 위원 등이 이사회나 운영위원회 및 기타 산하 위원회 결의에 이해 관계를 갖고 있는 경우에는 이사회나 운영위원회 등의 출석 기피 사유가 된다. 즉 이사, 운영위원회 위원, 기타 다른 산하 위원회의 위원이 관련 계약, 영업 인가나 기타 사항에 직간접적인 금전적인 이해 관계(pecuniary interest)가 있고 해당 회의 결의 사항이 되는 경우에는 해당 회의에 이러한 사실을 밝히고, 그

---

22) '감사·재정위원회'(Audit and Finance Committee) 및 '정책·전략·규정위원회'(Policy, Strategic and Legislative Committee)가 하부 관련 위원회(sub-committee)이다. <http://www.cimoney.com.ky/about_cima/about_ra.aspx?id=134>.

23) 은행, 보험, 신탁(fiduciary), 투자·증권의 담당 최고 임원(head)이다. <http://www.cimoney.com.ky/about_cima/about_ra.aspx?id=130>.

24) <http://www.cimoney.com.ky/about_cima/about_ra.aspx?id=134>.

러한 심의나 토론 및 투표에 참가해서는 안 되고, 심리나 토론 및 투표하는 기간 동안 회의에 출석할 수 없다(Section 18(1)). 그리고 이러한 기피 의무를 위반하면, 해당 이사 등이 금전적 이해 관계가 있는 안건이었다는 사실을 몰랐다는 것을 증명하지 못하는 한, 형사 처벌 대상이 되어 5만 달러의 벌금과 5년의 징역형 대상이 된다(Section 18(2)).

(2) 운영이사(Managing Director)

운영이사는 통화감독원의 임원으로서 이사회의 지시를 받아 통화감독원의 일상 업무를 수행하는 자이며(Section 13(2)(3)), 업무 행위 및 결정과 관련하여 이사회에 책임을 지는 자이다(Section 13(4)). 운영이사는 내각 수상이 이사회와 협의를 하여 임명하며(Section 13(1)), 이사회의 권고에 따라 해임할 수 있다(Section 13(6)). 운영이사는 정직하고, 고결하며(integrity), 명성이 있는 자이어야 하며, 일정한 능력(competence and capability)을 가져야 하며, 재정적으로 건전한 자이어야 한다(Section 3, 13(1)). 운영이사가 결위된 경우나 업무 수행을 하지 못하는 경우에는 내각 수상은 이사회와 협의를 하여 그 기간 동안에 운영이사의 업무를 대신 수행할 대행자를 선임할 수 있다(Section 13(5)).

5. 통화감독원의 규칙 등 제·개정권

통화감독원은 업무 수행과 관련하여 규칙(rules), 원칙(statements of principles), 지침(guidance) 등을 제정하고 개정할 수 있는 권한이 있다(Section 34(1)). 특이한 점은 이러한 규정 등을 제·개정할 때는 관련 업계나 협회(private sector)25)와 협의

---

25) 관련 협회는 다음과 같다. 대체투자운용협회(Alternative Investment Management Association), 보험·금융자문업자협회(Association of Insurance and Financial Advisors), 은행연합회(Banker Association), 회사사무관리기관협회(Company Managers Association), 이사협회(Directors Association), 금융서비스협회(Financial Services Association), 펀드관리업자협회(Fund Administrators Association), 보험협회(Insurance Association), 법조협회(Law Society), 전문회계사협회(Society of Professional Accountants), 변호사협회(Bar Association), 금융분석가협회(Chartered Financial Analysts Society), 준법감시협회(Compliance Association), 보험운용업자협회(Insurance Managers Association), 신탁상속실무가협회(Society of Trust and Estate Practitioners)이다(Third Schedule).

(consultation)를 하여야 한다는 점이다(Section 34(1)). 이것은 규제감독을 받는 기관들의 의견을 수렴하여 합리적인 규칙 등을 제·개정하고자 함에 있다. 이는 향후 제주국제금융센터의 금융감독기구가 관련 감독규정이나 지침을 제·개정할 때 참고해야 할 중요한 사항이다. 그 이유는 이렇게 될 때 업계의 입장을 반영한 현실적인 규제가 이루어질 수 있기 때문이다.

통화감독원법은 이러한 관련 민간 협회와 협의 절차에 대해 자세히 규정하고 있다. 즉 통화감독원은 규칙 등의 제·개정안 초안을 관련 민간 협회에 송부하는데, 이 경우 제·개정의 목적 설명, 그러한 제·개정 조치가 통화감독원의 업무 수행에 부합한다고 판단하는 근거 설명, 그러한 제·개정 조치가 다른 국가에도 이미 실행되고 있다는 설명, 제·개정 조치가 이루어지는 경우에 가져올 수 있는 있는 편익(benefits) 분석과 발생할 수 있는 추정 비용, 제·개정안에 관한 의견은 통지서에 기재된 기간(통상 30일을 초과하는 기간) 이내에 통화감독원에 할 수 있다는 통지를 같이 하여야 한다(Section 4(1)(a)). 그리고 통화감독원은 이러한 제·개정 조치를 실행하고자 하는 경우에는 관련 협회의 의견을 최대한 반영하여야 하며, 관련 협회의 의견에 대한 서면 답변서를 관련 협회에 송부하여야 한다(Section 4(1)(b)). 특히 이러한 제·개정 조치는 내각 수상의 승인을 얻어야 하는 사항이므로, 관련 협회의 의견서 사본과 통화감독원의 답변서를 재무부장관(Financial Secretary)을 경유하여 내각 수상에게 제출하여야 한다(Section 4(2)). 다만 통화감독원이 제·개정 조치가 일반 공중(public)을 보호하기 위해서 긴급히 시행될 필요가 있다고 판단하는 경우에는 내각 승인의 승인을 얻어 의견 제출 기간을 30일 이내의 기간으로 단축할 수 있으며, 관련 조치를 취한 후에 관련 협회와 협의를 할 수도 있다(Section 4(3)).

규칙 등의 제·개정 절차를 구체적으로 살펴보면, 통화감독원은 관련 업계 및 협회와 협의한 후,[26] 영업 인가를 받은 금융기관의 영업과 그 임직원의 행위와 관련된 규칙, 원칙 및 지침을 제정하거나 개정할 수 있으며(Section 34(1)(a)), 자금세탁 방지 관련된 지침을 제정하거나 개정할 수 있으며(Section 34(1)(b)), 금융업이 자금세탁이나 기타 다른 범죄에 사용되는 위험을 줄이기 위한 규정, 원칙 또는 지침을 제정하거나 개정할 수 있다(Section 34(1)(c)). 그리고 이러한 규칙, 원칙, 지침은 상위 관련 법률이나 규정(regulations) 또는 지시(directions)에 어긋나서는 안 된다(Section

---

26) 2010년 전에는 내각 수상의 승인을 얻도록 하였으나 폐지되었다.

34(3)). 통화감독원은 그러한 규칙 등의 제정 및 개정 사실을 관보를 통해 지체 없이 공시하여야 하며, 제·개정된 규칙 등의 사본을 재무부장관에게 송부하여야 한다(Section 34(5)). 이와 관련하여 2010년 통화감독원법이 개정되면서 종전에 규칙 등의 제·개정 시 내각 수상의 승인을 얻도록 한 것(Section 34(2))을 폐지하여 통화감독원의 자율성을 높인 것은 주목할 필요가 있다.

그러나 그러한 규칙 등을 위반했다고 해서 형사 처벌 대상이 되는 범죄 행위(offence)가 되지는 않으며, 위반 자체로서 관련되는 자의 권리에 영향을 미치지도 않으며, 위반되어 이루어진 거래가 무효로 되지도 않는다(Section 34(6)). 다만 그러한 규칙 등의 위반은 통화감독원의 과징금(penalty)의 제재 조치 대상이 될 수 있는데, 그 최고 금액은 5천 달러이다(Section 34(7)).

6. 통화감독원에 대한 내각 수상의 감독권

내각 수상은 이사회와 협의한 후 공중(public)의 이익을 위하여 필요하다고 판단하는 경우에 통화감독원에 지시(direction)할 수 있는 권한이 있다(Section 33(1)). 즉 내각 수상이 통화감독원에 대한 감독권을 갖고 있으며, 통화감독원을 견제할 수 있는 기관이 필요하다는 점을 고려할 때 타당하다. 향후 제주국제금융센터의 금융감독기구에 대한 감독권을 제주도나 중앙 정부가 갖는 것이 필요하다.

7. 내각 수상에 대한 법령 등의 개정 요청권

통화감독원은 관련 법령이나 규정 및 규칙 등이 통화감독원의 금융규제 감독 업무 수행을 하는 데 적합하지 않다고 판단하는 경우에는 내각 수상에게 필요한 권고(recommendation)를 할 수 있는 요청권이 있으며, 재무부장관이 요구하는 경우에는 그러한 권고에 대하여 민간 관련 업계와 협의하여야 한다(Section 33(2)).

우리나라의 경우에도 제주국제금융센터의 금융감독기구가 법령 제정권을 가질 수 없다는 점을 고려할 때 규제감독 업무의 수행에 필요한 경우에는 관련 업계와 협의를 통하여 관련 법령의 제·개정에 대한 의견을 법령 제정권을 갖고 있는 정부 당국에게 요청할 수 있는 권한을 갖도록 하는 것이 필요하다.

8. 금융기관 등에 대한 자료 제출 및 정보 제공 요구권

통화감독원은 규제감독을 받는 금융기관 및 관련자 등에 대하여 업무 수행에 필요하다고 판단되는 정보나 자료를 제공 내지 제출하도록 요구할 수 있는 권한이 있다(Section 34(8)). 통화감독원이 요청할 수 있는 대상 기관은 규제감독 관련법에 따라 규제를 받는 금융기관, 관련자(connected person), 통화감독원이 요청 대상 정보를 보유하고 있다고 합리적으로 인정되는 자인데(Section 34(8)), 그 범위가 상당히 광범하다. 그러한 정보나 자료는 통화감독원이 특정한 자료나 정보에 한한다(Section 34(8)). 이러한 통화감독원의 요구에 대하여 3일 또는 통화감독원이 정하는 기일 이내에 응하지 않을 때는 통화감독원은 그러한 요구에 응하도록 하는 명령을 법원에 신청할 수 있다(Section 34(10)). 또한 통화감독원은 자료 제출과 정보 제공 요구와 관련하여 관련자를 검사할 필요가 있다고 판단하는 경우에는 법원이 그러한 관련자를 심문(examination)해서 결과를 통화감독원에 제공하도록 하는 약식명령(summary jurisdiction)을 법원에 신청할 수 있다(Section 34(11)).

우리나라의 경우에도 감독 업무 수행의 효율성을 도모하기 위해서는 제주국제금융센터의 금융감독기구가 금융기관 등에 대하여 필요한 정보나 자료를 제공 내지 제출하도록 요청할 수 있는 권한을 가질 필요가 있다.

9. 외국 금융감독기구의 자료 제출 및 정보 제공 요청에 대한 협조 의무

통화감독원은 외국 금융감독기구가 금융기관에 대한 자료 제출 및 정보 제공 요청에 대하여 협력이 필요하다고 판단하는 경우에는 해당하는 금융기관 등(즉 규제받는 금융기관, 관련자, 관련 법률에 의거하여 규제받는 업무를 영위하는 자, 관련되는 정보를 보유하고 있다고 합리적으로 판단되는 자)에 대하여 특정한(specified) 정보를 제공하도록 지시하거나 특정한 자료를 제출할 것을 지시할 수 있으며, 통화감독원에게 이와 관련한 협조를 하도록 지시할 수 있다(Section 34(9)). 이러한 통화감독원의 요구에 대하여 3일 또는 통화감독원이 정하는 기일 이내에 응하지 않을 때는 통화감독원은 그러한 요구에 응하도록 하는 명령을 법원에 신청할 수 있다(Section 34(10)). 또한 통화감독원은 자료 제출과 정보 제공 요구와 관련하여 관련자를 검사할 필요가 있다고 판단하는 경우에는 법원이 그러한 관련자를 심문해서 결과를 통화감독원에 제공하도록 하는 약식명령(summary jurisdiction)을 법원에 신청할 수 있다(Section 34(11)).

특히 통화감독원은 외국 금융감독기구의 정보 제공 요청에 대하여 제공할 수 없는 사유(Section 50(8))를 제외하고는 정보 제공의 협력이 필요하다고 판단하는 경우에는 해당 외국 금융감독기구가 법령이나 규칙을 집행하기 위한 민사적 또는 행정적 절차의 수행 등 해당 규제 감독 업무를 수행하는 데 필요한 요청 정보를 해당 외국 금융감독기구에게 공개할 수 있다(Section 50(3)(a)). 이 경우 통화감독원은 그러한 요청과 공개된 정보 자료를 잘 보관하여야 한다(Section 50(3)(b)). 또한 통화감독원은 외국 금융감독기구의 정보 제공 요청에 대하여 ① 민사적 또는 행정적 집행 절차를 위한 목적, ② 감시(surveillance)와 집행 업무 권한을 갖고 있는 자율규제기구 (self-regulatory organization)를 지원할 목적, ③ 정보 제공 요청서에 기재된 범죄 혐의(charge)를 조사하고 소추하기 위한 목적을 위해 정보 제공 요청 시 또는 그 이후에 외국 금융감독기구가 그러한 정보를 사용하는 것에 동의할 수 있다(Section 50(3)(c)).

통화감독원이 외국 금융감독기구의 이러한 요청에 대하여 협력할지 여부를 판단하는 데 있어서 통화감독원은 다음과 같은 사항을 고려하여야 한다. 첫째, 해당 외국 금융감독기구가 통화감독원에 대하여 동일한 협력을 할 수 있는지 여부, 둘째, 관련 조회(inquiries)가 해당 법령이나 다른 필수 요건에 위반될 수 있는지 여부와 관련 조회가 케이만 아일랜드가 인정하지 않는 관할권(jurisdiction)을 주장하고 있는지 여부, 셋째, 이러한 협력을 하는 것이 공공 이익(public interest)에 반하는지 여부를 고려하여야 한다(Section 50(4)).

다만 다음과 같은 경우에는 통화감독원은 외국 금융감독기구의 정보 공개나 정보 접근 허용 협조 요청을 거부할 수 있다. 첫째, 정보를 제공받게 되는 외국 금융감독 기구가 추가적인 정보의 공개와 관련하여 적정한 법적 제한(예를 들어, 외국 금융감독 기구의 비밀 유지 의무 약정)을 받지 않는 경우, 둘째, 정보를 제공받는 외국 금융감독 기구가 통화감독원의 동의 없이는 제공된 정보를 공개하지 않는다는 약정을 하지 않는 경우, 셋째, 외국 금융감독기구의 정보 제공 요청 이유가 그 해당 국가의 관련 법 령에 따라 법 집행 과정에서 필요하거나 민사적 또는 행정적 조사를 수행하기 위해서 필요한 경우 등 규제 감독 업무 수행을 위해서 필요한 것이 아닌 경우, 넷째, 통화감독원의 외국 금융감독기구에 대한 정보 제공이 그 해당 정보를 제공하는 자에 대한 형사 절차(위증죄(perjury) 절차 제외)에 이용되는 경우이다(Section 50(8)).

통화감독원은 외국 금융감독기구와 정보 제공 협력 업무 수행과 관련하여 해당 외국 금융감독기구의 연결 감독(consolidated supervision) 수행을 지원하기 위해서 또는 통화감독원이 적정하다고 판단하는 다른 목적을 위해서 재무부장관과 협의를 한 후 해당 국가의 금융감독기구와 양해협의서(MOU)를 체결할 수 있다(Section 51(1)). 양해협의서가 체결되면 통화감독원은 재무부장관에게 통보하고 즉시 관보(Gazette)에 공고하여야 한다(Section 51(3)).

이처럼 케이만 아일랜드 금융감독기구 체제의 특징 중의 하나는 통화감독원법에 명시적으로 외국 금융감독기구에 대한 협력 의무를 규정하고 있다는 점이다. 이는 역외금융센터가 불법적인 자금세탁으로 이용될 수 있는 가능성이 있고, 그러한 비판이 제기되고 있다는 점을 고려하여 외국 금융감독기구가 관련 자료 요청이나 정보 제공 요청에 대하여 최대한 협조를 하여 그러한 부정적인 인식을 해소하기 위한 목적에서 둔 규정이라고 이해할 수 있다. 우리나라의 경우에도 제주국제금융센터를 설립하는 경우에 관련 감독규제법에 이러한 조항을 명시적으로 규정함으로써 제주국제금융센터가 불법적인 자금세탁에 이용되는 곳이 아니라는 것을 대외적으로 알리는 것이 중요할 것이다.

10. 통화감독원 임직원의 비밀 유지 의무

통화감독원법은 통화감독원 임직원의 비밀 유지 의무를 규정하면서 이 의무 위반 시 형사 처벌 대상이 될 수 있음을 규정하고 있다. 그 대상이 되는 임직원의 범위는 이사, 임원, 직원, 통화감독원의 대리인(agent) 또는 자문인(adviser)이다(Section 50(1)). 즉 통화감독원의 임직원 등은 그 업무 수행 중 알게 된 통화감독원의 업무에 관한 사항, 관련 법률에 따라 통화감독원이나 정부에 제출한 신청 내지 신고에 관한 사항, 영업 인가를 받은 금융기관의 업무에 관한 사항, 그러한 금융기관의 고객이나 보험가입자 또는 금융기관이 운용하는 투자회사(mutual fund)에 관한 사항에 관련된 정보를 공개해서는 안 되며, 그러한 정보를 공개한 임직원 등은 형사 처벌 대상이 되어 5만 달러의 벌금(fine)과 3년의 징역형을 받을 수 있다(Section 50(1)).

다만 다음과 같은 경우에는 이러한 비밀 유지 의무가 적용되지 않는다. 첫째, 케이만 아일랜드 관할 법원이 적법하게 요구하거나 허락한 정보의 공개, 둘째, 관련 법령이나 규정에 의해 임직원이 행하도록 한 업무를 수행하기 위해서 통화감독원을 지원하는 목적으로 하는 정보 공개, 셋째, 영업 인가를 받은 금융기관, 그 금융기관의 고객이나 보험가입자, 금융기관이 운용하는 투자회사(mutual fund)가 자발적으로 동의를 하여 그러한 금융기관이나 고객 등에 관한 사항의 공개, 넷째, 통화감독원법이나 관련 규정에 따라 내각 수상이 수행하도록 되어 있는 업무를 지원할 목적으로 하는 정보 공개, 다섯째, 공개된 정보가 공중(public)이 기타 다른 방법이나 수단으로 이미 접하게 된 경우, 여섯째, 공개된 정보가 영업 인가를 받은 금융기관, 그러한 금융기관의 고객이나 보험가입자 또는 그러한 금융기관이 운용하는 투자회사(mutual fund)를 식별할 수 없도록 만든 통계나 요약 자료인 경우, 일곱째, 형사 절차 목적으로 검찰총장(Attorney-General)이나 법 집행기관에게 적법하게 이루어진 정보의 공개, 자금세탁 방지 관련 규정에 따라 이루어진 정보의 공개, 외국 금융감독기구의 요청에 따라 외국 금융감독기구에게 제공된 정보의 공개, 여덟째, 영업 인가받은 금융기관의 해산이나 청산 또는 파산한 금융기관의 관재인(receiver)의 임명과 업무에 관련된 법적 절차를 위한 정보의 공개는 허용된다(Section 50(2)).

11. 통화감독원의 재원 조달 – 수수료 징구 등

통화감독원의 재원(財源)은 관련 법률이 통화감독원의 목적을 위해서 책정한 (appropriated) 자금, 통화감독원의 자금으로 운용한 수익·이자·임차료 등으로 조달된 자금 및 재산, 통화감독원이 소유한 부동산 및 동산의 처분 자금, 통화감독원법에 따라 통화감독원이 차입한 자금, 기타 통화감독원이 적법하게 취득한 재산으로 구성된다(Section 38). 특히 통화감독원의 업무 수행과 관련하여 부과하는 수수료(fee)(영업 인가 수수료 등)도 통화감독원의 중요한 수입원이 되고 있다. 즉 내각 수상은 통화감독원의 행정적 업무 수행(영업 인가 등)과 관련하여 통화감독원이 부과할 수 있는 수수료에 관한 규정(regulation)을 제정할 수 있다(Section 46). 통화감독원법 부칙(Schedule)에 그러한 수수료에 대하여 규정하고 있는데,[27] 내각 수상은 이러한 수수료의 내역을 변경할 수 있는 권한이 있다(Section 46(1)). 그리고 그러한 수수료 부과 관련 규정의 제·개정은 의회(Legislative Assembly)의 다수결 결의(affirmative resolution)를 얻도록 함으로써(Section 46(2)), 금융기관 등에 부담이 되는 수수료 부과와 관련해서는 의회의 견제를 통해 보다 신중한 절차를 거치도록 하고 있다.

12. 통화감독원 임직원에 대한 면책 규정

통화감독원법은 통화감독원 자체뿐만 아니라 통화감독원의 이사나 직원이 관련 법률에 따라 수행한 업무와 발생한 손해에 대해서 책임을 면제시키는 규정을 두고 있다(Section 43). 다만 악의(bad faith)로 인한 행위에 대해서는 이러한 면책 규정이 적용되지 않는다(Section 43). 특히 통화감독원법은 통화감독원으로 하여금 이사가 업무 수행을 하면서 발생하게 된 청구(claims), 손해, 비용 등에 대해서도 보상을 해 주도록(indemnify) 규정하여(Section 44), 이사가 적극적으로 업무 수행을 할 수 있도록 보호하고 있다. 다만 이사가 악의로 업무 수행을 하는 경우에는 이러한 보상 규정이 적용되지 않는다(Section 44).

이렇게 통화감독원 임직원이 선의로 행한 업무 수행 중에 발생한 손해에 대해서는 면책시켜 줌으로써 임직원이 적극적인 업무 수행을 할 수 있도록 법적으로 보장하고 있는 점이 특징적이다. 우리나라도 입법을 할 때 참고할 만한 규정이다.

---

27) 등록이나 영업 인가 상태 또는 신고에 관한 확인서는 400 달러, 영업 인가를 받은 금융기관의 신임 이사 임명에 대한 통화감독원의 승인은 400 달러, 영업 인가 또는 등록 증명서의 자발적인 반납(surrender)은 400 달러, 인가받은 금융기관의 주주 비율 변경 신청은 400 달러, 인가받은 금융기관의 상급 임원 임명 신고는 400 달러, 영업 인가 기간의 변경 신청은 200 달러, 영업 인가를 받은 금융기관의 업무 계획의 변경 신청은 200 달러, 영업 인가서나 등록서 사본 발급 신청은 200 달러, 감사재무제표의 신고 기한 연장 신청은 200 달러, 면제나 포기 요청(exemption or waiver request) 신청은 200 달러, 제한된 단어(restricted word) 이용에 관한 신청은 200 달러, 영업 인가받은 금융기관의 지명 사무 관리 기관(appointed service provider)의 변경 신청은 200 달러를 각각 부과하고 있다(Second Schedule). 이러한 수수료 종류는 계속 늘어가고 있으며 수수료 금액도 증가하는 추세이다. 2004년 개정법 이전에는 앞에서부터 열거한 세 가지 종류의 수수료밖에 없었다.

Ⅲ. 제주국제금융센터 금융감독기구 설립에 대한 시사점

1. 공적 민간기구로 설립

제주국제금융센터 금융감독기구를 설립한다고 할 때 가장 크게 쟁점이 되는 사항이 금융독기구의 법적 형태 내지 법적 성격이다. 즉 금융감독기구를 공적 민간기구 형태로 둘 것인지, 아니면 정부 조직 형태로 둘 것인지의 문제이다. 두 가지 조직 형태가 다 장단점이 있지만, 금융감독의 중립성 내지 전문성 확보, 그리고 효율성을 고려한다면 공적 민간기구 형태가 좋을 것이다. 이런 점에서 역외금융센터를 운영하고 있는 케이만 아일랜드도 금융감독기구인 통화감독원을 민간기구(body corporate)로 두는 것으로 이해된다. 또한 역외금융센터를 운영하고 있는 말레이시아 라부안(Labuan)의 경우도 금융감독기구가 민간 기구 형태로 되어 있다는 점[28]을 고려할 때 세계적인 추세는 금융감독기구를 민간 조직으로 두는 것을 알 수 있으므로 제주국제금융센터의 경우에도 금융감독기구를 설립할 때 공적 민간기구로 설립하는 것이 바람직하다.

그렇다고 해서 아무런 통제나 관리를 받지 않아서는 안 될 것이다. 케이만 아일랜드의 경우에도 통화감독원이 내각 수상의 감독을 받고(Section 33(1)), 정부와 국회에 책임을 지고 있다는 사실에 비추어 보아, 제주국제금융센터의 경우에도 민간 조직으로 출범하되 제주도나 중앙 금융감독기구의 관리 감독을 받도록 해서 금융감독기구를 통제하고 견제할 필요가 있다.

2. 최고 의사 결정 합의제 기구 설치 필요

케이만 아일랜드 통화감독원은 최고 의사 결정 합의제 기구로서 이사회를 두고 있다(Section 11(1)). 그 이유는 보다 중립적이고 전문적인 의사 결정을 하기 위한 것으로 볼 수 있다. 또한 이사는 통화 금융에 대한 전문적인 지식과 경험을 가진 자이

---

28) 라부안금융감독원(Labuan Financial Services Authority: LFSA)은 1996년 2월에 설립된 금융규제감독기관으로서 민간 기구이다. (http://www.labuanibfc.my/cms/index.php?option=com_flexicontent&view=items&cid=51&id=90&lang=en).

어야 한다는 규정을 둠으로써(Section 11(2)), 전문성을 강화하고 있다. 특히 민간기구로 운영하는 경우에는 이러한 최고 의사 결정 합의제 기구를 둘 필요성이 크며, 합의제 기구 위원의 전문성 규정을 둘 필요가 있다.

우리나라의 경우에도 제주국제금융센터 금융감독기구를 설립할 때 이러한 최고 의사 결정 합의제 기구를 설치하는 것을 고려할 필요가 있다. 특히 금융감독기구의 업무가 전문성과 독립성이 요구되는 업무라는 점을 고려할 때, 최고 의사 결정 합의제 기구를 두는 것은 더욱 필요하다. 그리고 최고 의사 결정 합의제 기구의 위원은 민간 전문가가 다수를 차지하게 함으로써 보다 독립적이고 전문적인 의사 결정을 하도록 할 필요가 있다.

3. 자금세탁 방지 감시 업무의 강화

케이만 아일랜드 금융감독기구 체제에서 또 하나 시사점으로 얻을 수 있는 것은 금융감독기구의 주요 임무 중의 하나로서 자금세탁을 방지하기 위한 감시 업무를 통화감독원법에서 명시적으로 규정하고 있다는 점이다. 즉 이는 역외금융센터 금융감독기구가 그만큼 자금세탁 방지 업무를 주요한 기능 중의 하나로 수행하여야 한다는 점을 의미한다. 이것은 역외금융에 대한 부정적인 인식 중의 하나가 역외금융센터가 불법적인 자금세탁에 이용될 수 있는 가능성이라는 점을 염두에 두고, 이러한 인식을 불식시키기 위하여 통화감독원법에 명시적인 규정을 둔 것으로 이해된다. 따라서 역외금융업을 주 영업으로 하게 되는 제주국제금융센터의 경우에도 금융감독기구의 주요 임무 중의 하나로서 자금세탁 방지 감시 업무를 관련 법률에 명시적으로 규정할 필요가 있다.

4. 외국 금융감독기구와 협력 강화

또 하나 케이만 아일랜드 금융감독기구 체제의 시사점은 통화감독원이 외국 금융감독기구와 업무 협력(cooperation)과 더 나아가서 외국 금융감독기구를 지원(assist)해야 한다는 명시적인 규정을 통화감독원법에 두고 있다는 점이다. 즉 외국 금융감독기구가 케이만 아일랜드에서 영업을 하는 금융기관 등에 대한 자료 제출이나 관련 정보를 요청할 때는 통화감독원은 특별한 이유가 없는 한 이러한 요청에 대해서 협조 내지 지원해야 한다는 규정을 통화감독원법에 두고 있다(Section 34(9)). 이는 역외금융센터가 불법적인 자금세탁에 이용되거나 조세 회피(tax evasion)[29]나 마약 범죄나 폭력(terror) 범죄 등 범죄 자금 은신처로 이용될 수 있는 가능성이 있으므로 이러한 외국 금융감독기구의 요청에 대해서 적극적인 협조 의무를 규정함으로써 이러한 부정적인 인식을 불식시키고 더 나아가서는 투명성을 확보하게 하는 긍정적인 효과를 가져올 수 있다는 점을 인식한 것으로 파악할 수 있다.

따라서 우리나라도 제주국제금융센터를 설립할 때 금융감독기구가 외국의 금융감독기구의 자료 제출 요청이나 정보 제공 요청에 대해서 적극적으로 협력하고 필요한 경우에는 지원을 하도록 하는 명시적인 규정을 관련 법률에 둠으로써 제주국제금융센터가 자금세탁에 이용되는 곳이 아니라는 점을 적극적으로 인식시킬 필요가 있고 투명성을 강화할 필요가 있다. 이는 특히 제주국제금융센터 설립의 부정적인 이유 중의 하나인 자금세탁 이용 가능성을 미리 차단함으로써 역외금융센터에 대한 부정적인 인식을 없애고, 진정한 의미에서의 역외금융업이 이루어질 수 있도록 할 필요가 있기 때문에 더욱 필요한 규정이다.

5. 재원 조달과 관련한 수수료(fee) 징구 필요

제주국제금융센터 금융감독기구를 신설한다고 할 때 고려해야 할 것 중의 하나는 운영 재원을 어떻게 조달하느냐 하는 문제이다. 특히 공적 민간기구로 설립하는 경우에 더 문제가 되는데, 기본적으로는 규제 감독을 받는 금융기관 및 회사가 부담하는 것(즉 분담금)이 필요할 것이고, 일정 부분 정부나 지방자치단체의 출연을 받는 것도 필요할 것이다. 이외에 케이만 아일랜드 통화감독원처럼 업무 수행과 관련하여 영업 인가 등에 부과하는 수수료(fee)도 그 재원 조달 방법의 하나로서 고려할 필요가 있다. 이렇게 함으로써 금융감독기구의 재원 조달을 보다 많이 할 수 있게 되어

---

[29] 역외금융센터가 조세 회피 지역으로 이용될 수 있다는 점에 관한 자세한 논의는 박상수, 앞의 글, 66−67면. 그리고 조세 회피 지역에 관한 경제협력개발기구(OECD) 등 국제기구의 규제 강화 조치 내용에 대해서는 강철준, "제주국제금융센터의 최적 모형 및 설계 방향,"「역외금융연구」제1권 창간호(사단법인 제주금융포럼, 2008. 12), 84−91면.

그만큼 규제받는 금융기관의 부담을 줄여줄 수 있는 것이다.

6. 임직원에 대한 면책 규정 신설 필요

또 하나의 시사점은 통화감독원법은 통화감독원 임직원이 선의로 업무 수행을 하면서 발생한 손해에 대해서는 책임을 면제시키는 명시적인 조항을 두고 있다는 점이다(Section 43). 물론 악의로 발생한 손해에 대해서는 면책되지 않는다. 이것은 우리나라의 경우에도 시사점이 있는 사항이다. 이런 조항이 있을 때 금융감독기구 임직원이 보다 적극적인 업무 수행을 할 수 있어서 업무의 효율성을 더 도모할 수 있는 장점이 있기 때문이다. 우리나라의 경우에도 제주국제금융센터를 설립할 때 관련 법률에 이러한 면책 조항을 명시적으로 두어 이러한 효과를 도모할 필요가 있다.

IV. 맺음말

역외금융센터를 성공적으로 운영하고 있다고 평가되는 케이만 아일랜드 금융감독기구 체제에 대해서 살펴보면서, 제주국제금융센터 금융감독기구를 설립할 때 얻을 수 있는 시사점을 고찰해보았다. 중요한 시사점은 케이만 아일랜드 금융감독기구가 민간 기구로 운영되고 있다는 점이다. 이는 민간 기구가 정부 조직보다도 금융감독의 독립성과 전문성을 확보하기가 더 수월하다는 점을 고려한 것으로 판단된다. 우리나라도 참고해야 할 사항이다. 특히 규제감독기구를 어떤 법적 형태로 가져가야 할 것인가가 제일 중요한 쟁점 사항 중의 하나라는 점을 고려할 때 좋은 시사점을 주고 있다. 또한 역외금융센터가 자금세탁의 온상이 될 수 있다는 부정적인 인식을 없애기 위해 금융감독기구의 중요한 기능 중의 하나로서 자금세탁 방지 감시 업무를 규정하고 있는 점도 주지할 필요가 있다. 이것 또한 우리나라에 좋은 시사점을 주는 점이다. 특히 외국 금융감독기구가 케이만 아일랜드 금융기관 등의 정보 제공이나 자료 제출 요청을 할 때 통화감독원이 이에 대해서 협조해야 한다는 의무 규정을 두고 있는 점은 다른 일반 금융감독기구와 달리 역외금융센터의 금융감독기구가 유념

해야 할 사항이다. 왜냐하면 역외금융센터가 각 국가의 마약 범죄나 폭력(terror) 범죄 등 범죄 자금 도피처로 이용될 수 가능성이 있다는 부정적인 인식을 고려할 때 외국 금융감독기구의 정보 제공 협조 요청에 대한 적극적인 지원 의무를 명시적으로 규정함으로써 이를 불식시킬 수 있는 좋은 방법이 될 수 있기 때문이다. 이처럼 역외금융센터의 금융감독기구가 갖고 있는 특이한 점을 잘 숙지하여 제주국제금융센터 설립 시 금융감독기구 관련 법률을 제정할 때 참고한다면 시행착오를 줄여 성공적인 역외금융센터를 설립할 수 있는 법적 기반을 갖출 수 있을 것이다.

참고문헌

강철준, "제주국제금융센터의 최적 모형 및 설계 방향," 「역외금융연구」 제1권, 사단법인 제
　　　주금융포럼, 2008. 12.
고동원, "제주국제금융센터(JIFC)의 설립과 운영을 위한 입법 추진 방안," 「역외금융연구」
　　　제3권, 사단법인 제주금융포럼, 2010. 12.
박상수, "제주역외금융센터의 필요성과 추진 전략," 「역외금융연구」 제1권, 사단법인 제주
　　　금융포럼, 2008. 12.
제주일보 2010. 1. 6. 기사
제주발전연구원·한국채권연구원, 「제주국제금융센터 추진 방안에 관한 연구」, 제주특별자
　　　치도 연구용역보고서, 2006. 10.
＜http://www.offshore－library.com/banking/cayman_islands/page_4#banking_in_ca
　　　yman＞
＜http://www.labuanibfc.my/cms/index.php?option＝com_flexicontent&view＝items&
　　　cid＝51&id＝90&lang＝en＞
＜http://www.cimoney.com.ky/about_cima/about_ra.aspx?id＝128＞
＜http://www.cimoney.com.ky/regulatory_framework/reg_frame_law_reg.aspx?id＝372＞

제7절
제주 금융허브 육성을 위한 세제 전략*

류지민**

Ⅰ. 서론

2003년부터 시작된 한국 정부의 동북아 금융허브 추진 전략의 일환으로 2007년 「금융중심지의 조성과 발전에 관한 법률」(이하 '금융중심지법'이라 한다)이 제정되었고,[1] 금융당국인 금융위원회는 2010년 1월 금융중심지법 제5조 제5항에 근거하여 서울 여의도와 부산 문현동을 금융중심지로 지정하였다.[2] 2011년 9월 30일 금융중심지법의 일부 개정으로 신설된 제12조의2는 금융중심지의 시·도지사가 금융기관 유치에 필요한 자금 지원을 요청할 경우 정부가 예산 범위 내에서 이를 지원하도록 규정하여 금융중심지 육성 노력에 힘을 실어주고 있다. 금융중심지에 입주하는 금융기관에 대하여 「조세특례제한법」에 따라 법인세, 소득세, 취·등록세, 재산세 등의

---

* 「조세학술논문집」 제28집 제1호(한국국제조세협회, 2012)에 실린 글을 수정·보완한 것이다.
** 변호사, 법학박사.
1) 「금융중심지의 조성과 발전에 관한 법률」은 2007년 12월 21일에 제정, 2008년 3월 22일부터 시행되었다. 이 법은 금융중심지의 조성과 발전에 필요한 사항을 규정하여 금융산업의 경쟁력을 강화하고 금융시장을 선진화함으로써 국민경제의 발전에 기여함을 목적으로 한다 (법 제1조).
2) 금융위원회 고시 제2010-1호(2010. 1. 6). 서울 여의도는 금융기관이 집적되어 있고 높은 수준의 경영 인프라를 보유하고 있다는 점을 고려하여 한국을 대표하는 종합 금융중심지 육성을 목표로 선정되었고, 부산의 경우 한국거래소와 기술보증기금이 자리 잡고 있는 등 금융공기업이 밀집해 있고 금융단지가 조성 중이라는 점이 고려되었다.

감면 역시 가능하게 되었다(제121조의21).

금융위원회의 2010년 금융중심지 선정 당시 제주특별자치도(이하 '제주도'라 한다) 역시 유력한 후보지 중 하나였다. 제주도는 완전한 국제자유도시의 실현을 위해서는 국제금융센터의 설립이 필요하다는 점을 인식하고 금융중심지에 선정되기 위하여 적극적으로 노력하였다. 당시 제주도가 제시한 역외금융센터 모델이 국가간 과도한 조세 특례 경쟁을 금지하는 국제 기준과 상충될 수 있다는 이유로 금융중심지 선정에서 탈락하였으나,[3] 제주도는 위 선정 결과에도 불구하고 제주도에 역외금융으로 특화된 국제금융센터(이하 '제주국제금융센터'라고 한다)를 설립·육성하는 방안을 계속 추진하고 있다.

이러한 노력의 일환으로 제주도는 PWC 런던과 삼일회계법인이 공동으로 수행하는 연구 용역을 의뢰하여 그 결과가 2010년 8월 25일 발표되었다. PWC 런던이 제주도와 제주국제자유도시개발센터에 제출한 「G20 체제에 부응하는 제주국제금융센터 개발계획 연구」 용역보고서에서는 제주에 국제금융센터를 설립한다면 세계 수준의 역외금융센터로 발전할 잠재력이 충분하고, 국제 비즈니스 산업 발전을 통해 제주는 물론 국가 경쟁력 강화에도 도움을 줄 수 있다고 판단하였다.[4] 언론에 공표된 바에 따르면, 이 용역보고서에는 "정부가 OECD와 협의, 사전에 투명성과 건전한 금융정보의 교환을 가능하게 한다면 제주국제금융센터의 설립에 장애 요인도 없다"는 내용과 "역외금융활동에 대해 낮은 법인세율을 적용하더라도 OECD가 규제하는 유해 조세에 해당되지 않으며 한국 정부의 조세 수입 감소도 거의 발생하지 않는 대신 외국 역외금융센터를 이용하는 국내 기업까지 유치할 수 있다"는 내용이 포함되어 있다고 한다. 또한 용역보고서는 제주국제금융센터가 설립된다면 국제선박등록제도의 확대, 금융기관들을 위한 정보기술(IT) 서비스 지원 기능 유치, 개인자산관리와 법인등록 업무 등을 추진할 것을 권장하고, 아울러 제주국제금융센터의 단계별 추진 전략으로서 별도의 금융감독기관을 설립하여 독립적으로 국제금융센터의 관리 행정

---

3) 머니투데이(2009.1.21.) <http://news.mt.co.kr/view/mtview.php?no=2009012117182320469&type=2;>. 디지털타임즈(2009.1.21.) <http://www.dt.co.kr/contents.htm?article_no=2009012202151657729002>.

4) 매일경제(2010.8.25.) <http://news.mk.co.kr/v3/view.php?sc=30200029&cm=%C7%E0%C1%A4%A1%A4%C1%F6%C0%DA%C3%BC%year=2010&no=458863&relatedcode=&sID=302>.

및 감독 기능을 수행할 것을 제안하고 있다.

이하에서는 제주도의 금융허브 발전 가능성과 관련하여 금융허브의 유형, 특히 역외금융센터 모델에 대하여 살펴보고, 우리와 동북아 금융허브 경쟁에서 실질적인 경쟁관계로 인식되는 홍콩과 상하이의 조세 정책에 대하여 검토한 뒤 현재 제주국제금융센터의 추진 현황과 향후 가능한 발전 전략을 중심으로 살펴보기로 한다.

II. 금융허브의 정의 - 제주국제금융센터 모델의 검토

1. 금융허브의 개관

금융허브(financial hub)[5]는 일반적으로 금융거래의 중개와 결제가 대량으로 이루어지는 중심지(hub)를 의미한다. 금융중심지법상 금융중심지 역시 금융허브를 지칭하는 용어라고 하겠는데, 이 법에서는 금융중심지를 "다수의 금융기관들이 자금의 조달, 거래, 운용 및 그 밖의 금융거래를 할 수 있는 국내 금융거래 및 국제 금융거래의 중심지"라고 정의하고 있다(법 제2조 제1호). 즉 금융허브에서는 국가와 지역 단위의 금융거래를 취급하는 다수의 금융기관들이 활동하고, 자금 수요자 및 공급자간 연계를 통해 금융 자원의 효율적 배분을 담당하게 된다. 금융허브는 지리적 범위와 사업 영역에 따라 다양한 형태로 분류될 수 있는데, 역외금융시장(offshore financial markets)과 역내금융시장(onshore financial markets)의 통합의 정도에 따라 그 특성이 달라질 수 있다. 여기서 역외금융시장은 국내금융기관에 부과되는 규제로부터 자유로운 금융시장을 의미한다.

제주도는 완전한 국제자유도시의 조성을 위해서는 국제금융센터의 개발이 반드시 필요하다고 인식하고 금융허브 전략을 추진하면서, 그 모델로 국제비지니스 및 관광과 접목시켜 틈새 시장을 공략하는 '특화된 역외금융센터'를 염두에 두고 있다.[6] 그러나 금융위원회의 금융중심지 후보지 선정 과정에서도 본 바와 같이 '역외금융센터'

---

5) 금융허브(financial hub)는 통상적으로 금융센터(financial centre)로도 지칭한다. 여기서는 위 용어를 구분 없이 사용하기로 한다.

6) 제주일보(2006.11.1.) <http://www.jejunews.com/news/articleView.html?idxno=167246>.

모델에 대하여는 부정적으로 인식하는 경향이 지배적이다. 이는 전통적으로 해외 역외금융센터들이 조세피난처(tax haven)의 역할을 주로 담당하였다는 사실과 오늘날 OECD 및 G20 등 주요 국제기구들이 역외 탈세에 대하여 단호한 입장을 보이면서 국제조세규제 공조를 강화하고 있다는 점에 기인한다. 여기서는 우선 금융허브 모델 일반에 대하여 보고, 역외금융센터의 개념 및 운영 현황을 검토하기로 한다.

2. 금융허브의 유형

세계에는 많은 종류의 금융허브가 있다. 글로벌 금융허브가 있는가 하면 지역금융 허브도 존재한다. 따라서 여러 나라에서 돈이 모이는 도시만이 금융허브가 되는 것이 아니다. 예컨대 샌프란시스코(San Francisco)는 글로벌 금융허브는 아니지만 미국 서부에서는 중요한 금융허브의 역할을 한다. 한편, 스위스의 취리히(Zurich)나 제네바(Geneva)는 유럽 대륙의 중요한 금융허브이다. 이는 글로벌 금융시장에서 서로 다른 수요(needs)가 존재하기 때문이다. 따라서 아시아 지역의 경우도 금융허브는 하나가 아니라 여러 개가 될 수 있다.[7] 이렇게 금융허브의 유형은 다양하고 하나로 정의하기 어렵지만, 이를 이해하기 위한 방법으로 IMF와 Z/Yen(영국계 금융분야 싱크탱크)의 금융중심도시 평가기준을 참고할 수 있다. IMF 및 Z/Yen 등은 금융허브 유형의 일정 평가 기준을 마련하였고, 그 기준을 충족하는 도시를 국제금융도시로 정의하고 있다.

(1) IMF의 분류기준(2000년)[8]

IMF는 금융센터로 기능할 수 있는 도시를 관할 범위, 금융·법률 인프라의 구비 정도, 금융시장 심도 및 유동성의 정도에 따라 국제(International)금융센터, 지역(Regional)금융센터 및 역외(Offshore)금융센터로 분류했다. 당시 IMF는 뉴욕, 런던과 도쿄를 국제금융센터로 분류하였으나, 홍콩은 한 단계 아래인 지역금융센터로 분류하고 상하이는 분류 대상에 포함하지 않았다.

---

7) 조선일보(2007.11.23.), <http://news.chosun.com/site/data/html_dir/2007/11/23/2007112300648.html>.
8) IMF(2000).

▌표 1 IMF (2000년) 금융센터 정의[9]

종 류	정 의
국제금융센터(IFCs)	국제적인 대규모 종합서비스센터로 "① 선진적 지급·결제시스템, ② 주주 및 투자자의 권익 보호와 원활한 금융중개를 보장하는 법률·규제 인프라, ③ 다양한 자금 조달처와 사용처가 있는 심도가 깊고 유동성이 높은 시장(Deep and liquid market)"을 구비
지역금융센터(RFCs)	발전된 금융시장과 인프라, 지역자금의 중개 측면에서 IFCs와 동일하나 관할 범위가 인근 지역에 한정
역외금융센터(OFCs)	IFCs와 RFCs보다 제한적이고 전문적인 서비스를 제공

(2) Z/Yen의 분류기준(2011.9)[10]

Z/Yen은 2007년 3월 이래 매년 반기마다 국제금융센터지수(Global Financial Centres Index, 이하 "GFCI")를 공표하는데, GFCI의 목표는 세계의 주요 금융센터들을 경쟁력의 측면에서 평가하고자 함에 있다. 여기서 Z/Yen은 연결성(Connectivity), 다양성(Diversity) 및 전문성(Specialty)이라는 3가지 기준에 근거하여 금융센터를 12가지 유형으로 분류한다. '연결성'은 금융센터의 인지도 및 다른 금융센터들과의 연결 정도를, '다양성'은 금융센터를 뒷받침하는 산업 영역의 범위(breadth)를 의미한다. 그리고 '전문성'은 자산관리·투자은행·보험·전문서비스 등 금융의 특화 정도(depth)를 의미한다. 금융센터는 '연결성'의 정도에 따라 Global, Transnational, Local로, '다양성'과 '전문성'의 정도에 따라 Broad & Deep, Relatively Broad, Relatively Deep, Emerging으로 분류된다. 이 기준에 의한 최근의 평가에서 런던, 뉴욕, 홍콩과 싱가포르는 가장 우수한 국제금융센터의 리더(Global Leader)로 평가받았고, 상하이와 서울은 이에 다소 못 미치는 다국적금융센터(Established Transnational)로 분류되었다. 한편, Z/Yen은 금융센터를 정의함에 있어 따로 역외금융센터를 구별하지 않고, 위의 기준에 같이 포함하여 분류하고 있다. 예컨대 저지(Jersey)는 특화된 국제금융센터(Global Specialist), 영국령 버진아일랜드(British Virgin Islands)와 케이만 아일랜드(Cayman Islands)는 특화된 다국적금융센터(Transnational Specialists) 유형에 포함하고 있다.

---

9) 배상인(2011), 3면.
10) Z/Yen(2011).

	Broad & Deep	Relatively Broad	Relatively Deep	Emerging
Global ("G")	G Leader (뉴욕, 런던, 홍콩, 싱가포르, 도쿄 등)	G Diversified (파리, 더블린, 암스테르담)	G Specialist (베이징, 두바이, 저지 등)	G Contender (모스크바)
Transnational ("T")	Established T (서울, 상하이, 시드니 등)	T Diversified	T Specialist	T Contender
Local ("L")	Established L	L Diversified	L Specialist	Evolving

※ ( ) 내는 주요 도시.

3. 역외금융센터

(1) 개관

앞의 분류기준에서도 본 바와 같이 역외금융센터 또한 금융허브의 일종이다. 역외금융(offshore finance)의 개념에 대하여는 많은 논의가 있으나, 대체로 비거주자로부터 자금을 조달하여 비거주자를 상대로 대출 또는 투자하는 금융활동으로 정의되고, 역외금융센터(Offshore Financial Center: OFC)는 이러한 역외금융활동이 집중적이고 전문적으로 이루어지는 곳으로 정의될 수 있다. 그러나 사실 구체적인 지역을 대상으로 역외금융센터를 정의하는 것이 쉬운 일은 아니다. 예컨대, 홍콩과 싱가포르도 넓게 보아서는 이 역외금융센터의 정의 개념에 포함될 수 있다.[12] 그러나 일반적으로 저지(Jersey), 건지(Guerney), 맨섬(Island of Man), 버뮤다(Berumda) 및 케이만 아일랜드(Cayman Island)와 같이 비거주자, 특히 역외금융회사의 금융 활동이 집중적으로 이루어지는 독립된 작은 관할권으로 조세피난처(tax haven)로 널리 알려진 섬 국가들이 전형적인 역외금융센터로 널리 알려져 있다. 역외금융센터의 주요 속성은 낮은 조세와 약한 규제, 그리고 은행거래 비밀보장(banking secrecy or privacy)이라

---

11) 배상인(2011), 4면.
12) IMF(2000); Ahmed Zeromé(2007).

고 할 수 있다. 역외금융센터는 낮은 법인세율 제도로 금융기관들을 유치하고 있고, 투자자의 소득에 대하여는 면세가 관행으로 되어 있다.[13]

(2) 국제금융센터(International Financial Center)와 역외금융

제주도에 역외금융센터를 설립하자는 논의는 2001년 제주국제자유도시의 추진 계획과 더불어 시작되었다. 그러나 이 논의는 제주국제금융센터 육성을 위한 조세 감면 등에 대한 문제 제기로 난항을 겪으면서 유보되었다가 재검토되는 등 본격적인 실행에 어려움을 겪고 있다. 역외금융센터를 조세피난처로 보는 정부의 부정적인 인식을 상쇄하고 조세 혜택과 관련된 제반 형평 문제를 해결하지 않는 한 역외금융을 접목한 제주국제금융센터의 추진은 쉽지 않을 것이다.[14]

제주국제금융센터의 모델은 정확하게 말하면 위에서 본 저지, 맨섬이나 케이만 아일랜드 등의 전형적인 역외금융센터는 아니다. 당시 제주도는 아일랜드 더블린, 말레이시아 라부안, 마데이라 등을 염두에 두고 제주국제금융센터를 구상하였다. 이들 지역의 공통점은 내용과 정도에서 차이가 있기는 하지만 자유무역지구(Free Trade Zone)를 설립하여 하나의 집적단지(Cluster)를 구축하고 비거주자들에게 국제무역과 해운업 등 관련 서비스와 더불어 역외금융서비스를 제공한다는 점이다. 즉, 비조세회피(non-tax haven) 국가들이 특별법에 의거하여 자국 내에 자유무역지구를 조성하고, 해당 지구에 입주하는 국내외 기업들에게 조세 감면 등의 혜택과 편의를 제공하는 경우가 늘고 있는데, 이 자유무역지구에서 금융업으로 특화 지정된 지역을 보통 국제금융센터(International Financial Center: IFC)라고 부르고 있다. 대부분의 국제금융센터들은 역외금융센터에 대한 부정적인 인식을 의식하여 역외금융센터라는 표현을 사용하는 것을 자제하고 있지만, 이들 역시 비거주자를 위한 금융서비스를 전문적으로 제공하고 각종 국제 금융거래의 중개기지 역할을 하고 있다는 점에서 또다른 형태의 역외금융센터로 인식되고 있다. 아래에서는 잘 알려진 해외 국제금융센터들의 운영 현황에 대하여 간략하게 보기로 한다.

---

13) 박상수·강철준(2008), 58-59면.
14) 제주일보, <http://www.jejunews.com/news/articleView.html?idxno=159148>.

1) 더블린 국제금융센터(Dublin's International Financial Services Centre: IFSC)[15]

아일랜드는 더블린을 세계적인 금융산업의 중심지로 육성한다는 취지에서 유럽연합(EU)의 승인을 받아 1987년 국제금융센터를 설립하고 외국 금융기관의 더블린 진출을 지원하였다. 더블린은 외국계 금융기관에 대하여 파격적인 세제 혜택을 부여하는 것으로 유명하다. IFSC에 입주하는 외국 금융기관들에 대하여 12.5%의 법인세를 부여하고 있다(유럽에서 가장 낮은 수준으로, 2003년 이전에는 10%였다). 아일랜드에도 금융감독원(IFSRA: Irish Financial Services Regulatory Authority)이 있지만, IFSC에 사무실을 두고 있는 금융기관들에 대해서는 그 규제를 최소한으로 제한하고 있다. 2004년에는 「금융법」(Finance Act 2004)을 제정하여 외국 자본 기업이 연구 및 개발을 위해 진출하는 경우에는 지출액의 20%에 달하는 금액을 법인세에서 공제하고 있다. 또한 아일랜드 내의 외국 자본 기업에게 자본 보조금, 임대 보조금 및 고용 보조금 등의 혜택도 제공하고 있다.[16]

2) 두바이 국제금융센터(Dubai International Financial Centre: DIFC)

아랍에미리트(UAE)는 탈석유 산업화를 목적으로 특정자유지역(free zone)을 산업 분야별로 집중 개발하고 있다. 이와 관련하여 금융업의 특정자유지역인 DIFC가 2004년 관련법 통과 후 두바이에 설립되었고, 2005년 9월에는 DIFC 내에 두바이국제금융거래소(Dubai International Finance Exchange)가 개설되었다.[17]

DIFC에서는 UAE의 형법만 적용될 뿐 독립된 사법기관의 운영 및 민법과 상법의 제정으로 독립된 역외금융센터의 역할을 수행하고 있고, 외국인의 100% 지분소유 인정, 50년간 법인세 및 소득세의 면제 등 다양한 혜택을 부여하고 있다. 외환 및 과실송금(果實送金) 또한 무제한으로 허용되며, 거래 통화 역시 자국통화 대신 미국 달러를 채택하고 있다.[18]

---

15) Dublin's International Financial Services Center, < http://www.ifsc.ie/page.aspx?idpage=6>.
16) 전병목 외 4인(2007), 12－13면.
17) http://www.dubai－stockexchange.com/
18) 매일경제(2006.5.8.), http://news.mk.co.kr/newsRead.php?year=2006&no=168240

3) 라부안 국제업무금융센터(Labuan International Business and Financial Center: LIBFC)[19]

말레이시아 정부는 1991년 라부안섬 개발 계획을 수립하면서 라부안의 자유무역항으로서 이점을 충분히 살릴 수 있는 역외금융센터를 조성하기로 하고 같은 해 10월 라부안역외금융법(Labuan Offshore Finance Act)을 제정하여 국제금융센터 개발을 시작하였다. 이후 말레이시아 정부는 라부안을 이슬람 역외금융허브로 육성하기 위하여 9개의 관련 법률[20]을 제·개정하고, 섬 전체를 자유무역지역(free trade zone)으로 지정하는 등 라부안섬 개발 계획을 적극 추진하였다.

감독기구인 라부안금융감독원(Labuan Financial Services Authority: LFSA)은 라부안을 국제금융센터로 육성하기 위한 모든 활동을 선도하고 조정한다. LFSA는 역외금융서비스업 활동에 대한 감독기관 조직을 효율적으로 개편하고 연구 개발 과제를 수행하며, 국제금융센터의 발전 계획을 수립한다. 회사의 설립과 등록은 LFSA의 관할이고, 라부안국제금융거래소(LFX)[21]와 은행, 보험, 증권, 신탁과 펀드 관리업 등 역외산업 역시 LFSA의 감독을 받는다.

한편, LIBFC는 입주 기업에게 금융거래상 많은 인센티브를 제공하는데, 배당소득세는 물론 이자소득, 특허권 사용료 등에 대한 세금은 완전히 면제되며, 영업이익에 대하여 3%의 소득세만 부과하고 있다.[22][23]

---

19) http://www.labuanibfc.my/site/index.php/about-labuan-ibfc
20) LIBFC에 적용되는 법률들은 다음과 같다. Labuan Business Activity Tax Act 1990; Labuan Companies Act 1990; Labuan Trusts Act 1996; Labuan Financial Services and Securities Act 2010; Labuan Islamic Financial Services and Securities Act 2010; Labuan Foundations Act 2010; 그리고 Labuan Limited Partnerships and Limited Liability Partnerships Act 2010.
21) 라부안국제금융거래소(Labuan International Financial Exchange: LFX)는 역외(offshore) 환경에서 다양한 다중통화(multi-currency) 금융상품을 거래하는 데 편의를 제공하고 있다. LFX는 통상적인 원칙과 이슬람 원칙에 바탕을 둔 상품을 모두 취급하고, 주식, 채무증권, 채권, 자산담보부 증권과 투자회사(mutual fund) 등 금융상품의 웹 기반 거래 및 온라인상 제출 시스템을 제공한다. 재래식 발행 채권 13개 종목, 투자기금 5개 종목 및 이슬람계 기업발행 중기채(Islamic Notes) 5개 종목이 상장되어 있다(국세청(2008), 60면).
22) 국세청(2008), 62-65면.
23) 제주일보(2002.10.13.), http://www.jejunews.com/news/articleView.html?idxno=8653

4) 마데이라 국제업무센터(Madeira International Business Center: MIBC)[24]

마데이라 국제업무센터(MIBC)는 1980년 설립되어 운영되고 있다. 공공기관인 마데이라개발회사(SDM)가 국제업무센터 설립을 위한 기본 틀을 마련하였고, 자유무역지구입법(the Free Trade Zone Legislation)에 근거하여 역외금융, 국제무역, 국제선박 등록 등의 다양한 업무가 영위되고 있다. MIBC는 입주 기업들에게 세제 혜택을 지원하고 있는데, MIBC가 운영하는 산업자유무역지역(Industrial Free Trade Zone: IFTZ)의 제조업체에게 적용되는 법인세는 4%에 불과하다.[25] 섬 전체적으로 산업·금융서비스업이나 해운업 등의 서비스업의 경우도 MIBC에 등록만 되면 감소된 세율을 적용받을 수 있다. MIBC에 등록된 모든 회사들 역시 포르투갈의 국제조세조약상 혜택을 동일하게 적용받는다.[26]

(3) 역외금융센터와 역외탈세의 문제

OECD는 1998년 이래 조세피난처(tax haven)에 대해서 여러 가지 보고서를 발표하였다. 이들 보고서는 조세피난처가 국제적인 자본의 흐름을 왜곡하고 있으므로 OECD 회원국은 조세피난처와 유사한 세제를 입법하지 않거나 개정할 것을 권유하고 있다. 대표적인 보고서로는 1998년 4월 OECD 재정분과위원회가 발간한 "Harmful Tax Competition — An Emerging Issue"를 들 수 있다.[27] 이 보고서에서 OECD는 조세피난처(tax havens)의 판정 기준과 유해한 차별적 조세 경쟁(harmful preferential tax competition)의 식별 기준을 제시하고 있다.[28]

---

24) http://www.ibc−madeira.com/why_madeira.aspx?ID=43
25) 마데이라국제업무센터에 적용되는 법인세율은 지방정부의 요청에 의하여 중앙정부가 법률을 개정하고, EU로부터 승인을 받아 조정되는데 2013년부터 2020년까지 법인세율은 5%로 상향 적용될 예정이다. 포르투갈의 법인세가 25%인 것과 비교할 때 매우 낮은 세율이다.
26) 제주일보(2007.1.29.), http://www.jejunews.com/news/articleView.html?idxno=174399
27) OECD(1998).
28) 조세피난처(tax haven)의 인식 요소는 다음 4가지이며 이 중 첫 번째 요소를 조세피난처 판정의 필요 조건 기준으로 삼고 있다. ① 소득세율이 영이거나 명목적으로만 존재(No or only nominal income taxation), ② 투명성 결여(Lack of transparency), ③ 효과적 정보 교환체제 미비(Lack of effective exchange of information), ④ 실질적 활동의 부재(Absence of substantial activities). 한편, OECD는 OECD 회원 국가의 유해한 차별적 조세제도(harmful preferential tax regime)를 식별하는 기준으로 다음 4가지 주요 요소를 제시하고 있다. ① 세금이 없거나 낮은 실효세율(No or low effective tax rates), ② 링−펜

역외금융센터는 보통 ① 금융거래 전반의 법률상 또는 관행상의 제약이 거의 없고, ② 조세상의 우대 혜택을 제공하면서 거래 비용이 낮으며, ③ 정치적·경제적으로 안정되어 있고, ④ 국제금융시장과 정보교환체계가 결합된 상태로서 항공로가 확보되어 있으며, ⑤ 고객의 거래 비밀을 유지하고, ⑥ 영어 사용이 용이하다는 특징을 가지고 있는데, 이러한 특징은 OECD에서 제시하는 조세피난처의 특징과 거의 일치한다.29) 특히 두바이국제금융센터(DIFC)의 경우, 역외금융센터로서 투자자에게 두바이의 국내원천소득에 대한 조세 부담이 발생하지 않기 때문에 사실상 조세피난처(tax haven)에 해당되어, 이를 활용한 조세 회피 및 탈세의 행위가 발생할 수 있다.

역외금융센터를 통한 조세 회피는 금융자회사를 통한 조세 회피와 같은 성격을 가지는데, 이는 조세피난처 등에 설립된 복수의 자회사 중 일부가 역외금융센터에 설립됨으로써 역외금융의 특성을 이용하는 특수한 경우라고 할 수 있다. 이렇게 역외금융센터에 설립된 자회사들은 사실상 서류상의 회사로 기장센터로서 역할을 하고 실질적인 역외금융거래는 금융중심지에 설립된 금융센터에서 수행하게 된다.30)

위에서 보는 바와 같이 역외금융센터가 역외탈세 목적의 조세피난처로 활용될 가능성이 높기 때문에 세계 각국들은 역외금융센터를 곱지 않은 시선으로 보고 있다. 이에 대하여 최근 역외금융센터들은 자금세탁과 조세피난처라는 오명을 탈피하기 위하여 국제적 감독기준을 적극적으로 도입·시행함으로써 금융기관 경영건전성 및 금융시장 거래의 투명성을 도모하고, 한편으로는 비약적으로 발전하는 금융 증권화와 개인자산관리(private banking)에 부응하는 신상품 개발 등을 통해 자국 역외금융시장의 경쟁력을 강화하고 있다.31) 예컨대 라부안 국제업무금융센터(LIBFC)를 책임지는 라부안금융감독원(LFSA)은 역외금융센터의 입주 기업의 수를 확대하는 노력을 계속해 나가는 한편, 조세피난처라는 오명을 씻기 위하여 새로운 입법을 통하여 OECD의 「투명성 및 조세정보 교환에 관한 국제기준」을 적극적으로 수용하는 등 역외금융센터의 부정적 이미지에서 벗어나고자 노력하는 모습을 보이고 있다.32)33)

싱("Ring-fencing" of regimes), ③ 투명성 결여(Lack of transparency), ④ 효과적 정보교환체제 미비(Lack of effective exchange of information).

29) 안종석·최준욱(2003), 32면.

30) 안종석·최준욱(2003), 30면.

31) The Economist, "What it takes to succeed — not only low taxes but a great deal besides"(2007.2.22), http://www.economist.com/node/8695187

32) 라부안금융감독원은 역외금융센터의 부정적 이미지를 개선하기 위한 노력의 일환으로

4. 소결

제주도가 추진하는 제주국제금융센터 모델은 '특화된 역외금융센터'로서 라부안이나 마데이라 등 국제금융센터(IFC)의 사례를 벤치마킹한 것이다. 이는 제주국제자유도시 개발 계획의 실현을 위한 가장 현실성 있는 금융허브 모델이라고 하겠다. 위의 해외 사례에서 보는 것처럼, 역외금융업은 국제금융센터의 빠른 성장에 매우 중요한 견인차 역할을 하고 있기 때문에 관련 국가들은 이를 정부 차원에서 최대한 지원하고 있다. 따라서 제주도가 공항·금융 등 사람·상품·자본 이동이 자유로운 완전한 국제자유도시로 기능하기 위해서는 중앙정부가 제주국제금융센터의 설립을 전적으로 지원할 필요가 있다. OECD의 '유해한 조세경쟁' 문제는 중앙정부가 사전에 OECD와 협의를 통해 투명성과 건전한 금융정보의 교환을 가능하게 한다면 크게 문제가 되지 않을 것이다. 이 문제에 대하여는 IV.에서 자세히 살펴보기로 한다.

Ⅲ. 국제금융허브 육성을 위한 중국의 노력 - 홍콩과 상하이

1. 개관

국제도시의 국제금융센터로서의 위상을 평가하는 대표적인 지표로 국제금융센터지수("GFCI")[34]와 국제금융발전지수("IFCDI")[35]가 있다. 이 두 지수에 의한 평가 결과에 의하면, 런던과 뉴욕이 1~2위, 홍콩은 3~4위로 나타났고, 상하이는 2008년 20위권에서 2011년에는 5~6위로 크게 부상하였다. 2000년 당시에는 홍콩과 상하이

Labuan Offshore Financial Services Authority(LOFSA)에서 Labuan Financial Services Authority(LFSA)로 명칭을 변경하였다.

33) "Malaysia(Labuan) White Listed by OECD", News Room(Labuan IBFC, 2010.2.21.), <http://www.labuanibfc.my/site/index.php/news-room/press-releases/107-malaysia-white-listed-by-oecd>.

34) Global Financial Center Index. Z/Yen이 2007년 3월부터 반기마다 발표하는 평가지수이다.

35) International Financial Center Development Index. 미국 Chicago Mercantile Exchange (CME) Group과 중국 신화통신이 2010.7.부터 매년 발표하고 있다.

는 IMF가 홍콩을 지역금융센터로 분류하고, 상하이를 분류 대상에서 제외할 만큼 그 관할 범위가 제한적이었으나, 그 동안 중국 정부의 다양한 지원 정책 등으로 영역의 한계를 극복한 것으로 평가되고 있다. 특히 중국 정부가 상하이를 2020년까지 국제금융센터로 육성하고, 홍콩의 역외위안화 금융센터로서의 역할을 크게 강화하기로 하면서 두 도시의 국제금융센터로서의 위상이 현저히 강화되었다.

▌ 표 3 국제금융센터 경쟁력 평가 결과[36]

	CFCI						IFCDI	
	08.3월	09.3월	10.3월	10.9월	11.3월	11.9월	10.7월	11.7월
홍콩	3	3	4	3	3	3	4	4
상하이	24	30	35	11	6	5	8	6
션전	–	–	–	9	14	15	22	–
도쿄	9	9	15	5	5	5	3	3
서울	43	–	48	28	24	16	31	24

※ 자료: GFCI, IFCDI

홍콩과 상하이는 이미 중국의 대표 금융허브로서 그 이름을 알리고 있었고, 특히 홍콩은 국제금융센터로서 입지를 확고히 하고 있다.[37] 미국과 영국 금융권이 2008년 금융위기의 최전선에서 심각한 타격을 입은 가운데, 중국의 경제 중심인 상하이와 홍콩을 결합한 '샹콩'이 국제 금융질서의 새로운 중심으로 부상할 것이라는 전망도 나오고 있다.[38]

홍콩과 상하이를 국제금융센터로 육성하고자 하는 중국의 적극적인 노력은 제주국제금융센터의 추진과 관련하여 배울 점이 많다고 본다. 특히 국제금융센터로서 홍콩과 상하이의 중국 내에서 역할 정립은 향후 제주국제금융센터와 서울국제금융센터의 관계 설정과 상호 발전 계획의 수립에 있어서 하나의 벤치마킹 모델이 될 수 있다. 홍콩과 상하이는 지리적인 요인 외에도 여러 경제적 측면에서 동북아 금융허

---

36) 배상인(2011), 5면.
37) Dan Steinbock, "Shanghai and Hong Kong: China's Emerging Global Financial Hubs"(the Globalist, 2010.3.23); Keith Broadsher and David Barboza, "Hong Kong and Shanghai vie to be China's financial center"(New York Times, 2007.1.15.)
38) 조선일보(2009.5.11.), http://www.chosun.com/site/data/html_dir/2009/05/11/2009051100774.html

브를 지향하는 서울 등 한국의 금융중심지들과 강력한 경쟁 관계에 있고, 이들과는 앞으로도 해외 금융기관의 유치 등에 있어서 계속적으로 경쟁관계에 놓이게 될 것이다. 그러나 동북아시아에서 주요 금융허브가 반드시 하나만 존재할 필요는 없고, 제주국제금융센터의 발전 및 위상 강화를 위해서는 중국의 금융허브들과 긴밀한 협력관계를 가질 수밖에 없다는 점에서 홍콩과 상하이의 국제금융허브 정책 추진과 발전 현황에 대한 정확한 이해는 매우 중요하다고 하겠다.

2. 홍콩

(1) 금융산업의 발전과 홍콩의 위상

홍콩의 경제정책 최우선 조건은 '국제경쟁력 강화'이다. 미국 헤리티지재단(Heritage Foundation)이 발표하는 세계 각국의 경제자유도 평가에서 홍콩은 2011년까지 17년간 연속 세계 1위를 차지하고 있다.[39] 홍콩은 특별한 조세 및 부지 제공 등의 인센티브 제도는 없지만, 그 밖의 제도를 잘 정비하여 전 세계 기업들에게 주요 투자진출지역으로 인식되고 있다.[40]

홍콩은 영어 및 광동어가 통용되고, 수출입 관세가 없으며, 중국과 육로로 접하고 있기 때문에 대중국사업의 중계창구로서 유리한 입지 조건을 갖추고 있다.[41] 이에 더하여 홍콩의 높은 대외 개방정도, 개방적 M&A 시장, 투명하고 효율적인 정책과 규제 및 선진화된 금융제도 등도 홍콩이 국제금융허브로 발전할 수 있는 핵심 요인이 되었다고 하겠다. 홍콩은 중국의 특별행정구로서 중국과의 관계에서 독자적인 경제체제를 유지하고 있고(1국가 2체제), 조세 제도 역시 '중화인민공화국홍콩특별행정 기본법'에 의하여 제도적으로 뒷받침되고 있다.

---

39) Index of Economic Freedom은 1995년 Heritage Foundation과 The World Street Journal이 창설한 지표로, 10가지 주요 기준의 통계 지표를 고려하여 세계 국가들의 경제 자유의 정도를 측정하여 그 결과를 매년 발표한다. 우리나라는 2011년 기준 35위를 기록하고 있다. http://www.heritage.org

40) 조명환 외 3인(2011), 21면

41) 홍콩이 중국과 2004년 체결한 CEPA협정(Closer Economic Partnership Agreement)은 다양한 홍콩 상품 및 서비스가 중국 본토 시장으로 진입할 때 무관세 혜택을 부여하고 있다. 반면 비홍콩산 제품은 최고 35%의 관세가 부여된다. 제민일보(2012.1.29.), http://www.jemin.com/news/articleView.html?idxno=279303

(2) 홍콩의 조세 체계[42][43]

1) 조세제도 개요

홍콩은 속지주의(territorial principle)에 기초하여 소득세를 과세하고 있다. 즉 소득세 과세 소득은 홍콩에서 발생하였거나 얻은 소득에 한정되며, 홍콩 밖에서 발생하거나 얻은 소득에 대하여는 소득세를 과세하지 않는 것이 원칙이다.[44] 그러나 일부 소득은 이러한 조건에 부합되지 않더라도 홍콩원천소득으로 간주하여 홍콩에서 이윤세를 과세하고 있다. 또한 홍콩에는 원천징수제도가 없다. 다만 특별 사용료나 비거주자인 연예인 또는 운동선수에게 지급하는 공연료에 대해서는 예외적으로 원천징수제도가 존재한다.

홍콩의 조세는 금융·투자를 유인하는 데 초점을 두고 구성되어 있다. 거주자와 비거주자의 과세에 있어 차이가 없고, 이자·배당·양도에 대한 세금이 없어서 은행예금이나 주식 매매와 보유에 대해서는 세금을 부과하지 않는다. 즉, 홍콩에 있는 투자자가 한국 시장의 주식에 투자해서 이익을 얻었다고 해도 세금을 부과하지 않는 것이다. 다른 지역에서 벌어들인 소득에 대해 세금을 부과하지 않음으로써 주요 금융기관이 아시아 지역 본부를 홍콩에 두고 있는 것이다. 이외에 홍콩은 자산운용의 육성을 위하여 2006년 상속증여세를 폐지하기도 하였다.

2) 홍콩의 세제

홍콩은 급여소득세(salaries tax)와 이윤세(profits tax) 그리고 재산세(property tax) 등이 있으며 세법(Inland Revenue Ordinance: IRO)에 근거하여 부과와 징수가 이루어진다. 홍콩의 조세제도에서 주목할 것은 부가가치세가 없다는 것이다. 일부 품목에 대해서만 개별소비세를 부과하고 있다. 한편, 홍콩 정부는 세원 확보를 위하여

---

42) 조명환 외 3인(2011), 27-34면.
43) 중화인민공화국홍콩특별행정구정부 사이트 참조(http://www.gov.hk/)
44) 과세소득을 결정하는 방식에는 전 세계 소득 과세방식(Worldwide Tax System)과 원천지국 과세방식(Pure Territorial Tax System)이 있다. 전 세계 소득 과세방식에 의하면 소득의 원천이 국내인지 국외인지를 불문하고 거주자의 전 세계 소득에 대해 과세한다. 반면 원천지국 과세방식에 의하면 국내원천소득만 과세대상으로 삼는다. 이에 대해 홍콩은 원천지국 과세방식을 채택하고 있다. 즉, 원천지국 과세방식에 따라 국내원천소득에 대해 과세하며, 홍콩 이외의 지역에 원천을 둔 소득은 홍콩에서 과세하지 않는다는 것을 의미한다.

5%의 판매세(Goods and Services Tax)를 도입하려는 시도를 하였으나, 무효화한 바있다. 그러나 홍콩의 세원이 한정되어 있기 때문에 현재도 판매세 도입 여부는 지속적으로 논의되고 있다.

홍콩은 분류과세체제(schedular system)를 시행하고 있다. 즉, 급여소득에 대해서는 급여소득세, 사업소득에 대해서는 이윤세, 부동산소득에 대해서는 재산세가 부과된다. 개인의 경우에는 소득종류별 분류과세와 종합과세 중 하나를 선택할 수 있다. 보통 일반 종합과세의 취지는 개인의 소득을 모두 합하여 보다 높은 누진세율을 적용하고자 함이 그 목적이지만, 홍콩은 이와 반대로 개인의 급여소득과 사업소득 그리고 부동산소득을 합하여 다양한 혜택을 주고자 하는데 그 목적이 있다. 2008/2009 과세연도[45] 이후 소득종류별 분류과세를 선택하는 경우 법인은 16.5%, 비법인은 15%의 단일세율이 적용된다.[46]

요컨대 홍콩이 국제금융허브로 발전하게 된 데에는 다음의 조세 요인들이 기여하였다고 볼 수 있다. 첫째, 홍콩은 세율이 낮다. 법인세가 2011년 기준 16.5%로 다른 아시아 국가들과 비교할 때 최저 수준이다. 둘째, 금융소득 비과세원칙을 준수하여 자본이득세, 배당소득세 및 이자소득세가 전혀 없다. 셋째, 해외소득의 비과세원칙으로 법률상 홍콩 내에 발생한 국내원천소득에만 과세하도록 규정되어 있어 해외원천의 소득에 대하여는 과세하지 않는다.[47]

3. 상하이

(1) 상하이의 국제금융허브 추진현황

1) 상하이의 부상 배경

상하이는 중국에서 가장 국제적인 경제도시라고 할 수 있다. 1990년경 중국 정부는 상하이-푸동지구를 경제특구로 지정하고, 상하이를 동북아 경제의 무역·물류·

---

45) 과세연도는 매년 4월 1일부터 개시하여 익년 3월 31일에 종료하는 12개월의 기간을 말한다. 예를 들면, 2010년 3월 31일로 종료되는 회계연도에 대해서는 2009/2010 과세연도 (year of assessment 2009/2010)라고 부른다.
46) 홍콩특별행정자치구정부 국세청(Inland Revenue Department) 사이트 참조(http://www. ird.gov.hk)
47) 전병목 외 4인(2004), 75면.

금융 중심지로 육성하겠다는 야심찬 계획에 따라 동 분야의 인프라 구축에 지원을 아끼지 않았다. 특히 상하이시 정부는 10차 5개년 개발계획(2001년~2005년) 당시 금융부문의 발전을 기본적으로 완성하였고, 현재는 주요 국내외 금융기관이 상하이에 집중되어 있어 금융허브로서 입지가 이미 확립되어 있다.

상하이를 구성하는 20개의 구 중 하나인 푸동신구는 동북아의 무역·물류·금융 중심의 경제특구로 지정되어, 텐진의 빈하이신구와 함께 중국 양대 경제특구에 해당하는 지역이다. 푸동신구는 단계적으로 개발된 4개의 개발구로 구성되어 있고,[48] 각각 금융, 수출, 보세 및 첨단과학기술 공단으로 분류되어 유치산업을 특화하는 전략을 구사하고 있다. 상하이－푸동신구의 4개의 개발구 중 육가취금융무역개발구(Lujiazui Finance and Trade Development Zone)는 푸동신구의 중심지역으로 최근 CBD(Central Business District) 기능에 필요한 금융보험업과 정보서비스업, 유통업 발전에 중점을 두고 개발되고 있다. 동 개발구에는 다국적 기업 지역본부 및 대표 34개와 은행·보험·증권 등의 금융기관 143개를 포함하여 금융·보험·투자·무역부문의 기업이 약 1,000여 개가 설립되어 있다.[49] 육가취금융무역개발구는 특히 실물시장이 잘 발달되어 있어 증권, 선물, 재산권(property right), 금, 다이아몬드 등 6대 금융시장이 가장 잘 완비되어 있는 곳이다.[50]

2) 2020년 상하이 국제금융허브 육성 전략

중국 정부는 2020년까지 상하이를 국제적인 금융허브로 육성한다는 목표를 달성하기 위한 구체적인 과제를 발표하였다. 2009년 3월 25일 국무원은 "상하이 국제금융 및 국제물류 중심지 육성을 위한 의견(이하 "국무원 의견"이라 함)"을 발표하고 상하이시 정부가 중앙정부와의 공조하에 2020년까지 상하이를 국제적인 금융허브로 육성한다는 전략적 목표를 밝혔다.[51] 여기서는 금융시장 체계, 법률체계, 금융인력

---

48) 푸동신구는 육가취(陸家嘴) 금융무역개발구, 외고교(外高橋) 보세구, 금교(金橋) 수출가공개발구 및 장강(長江) 하이테크개발구로 구성되어 있음.

49) "Shanghai Lujiazui Finance and Trade Development Zone － Facts & Figures(2010)"(Hong Kong Trade Development Council(HKTDC), 2011.9.12.), <http://www.hktdc.com/info/mi/a/mpcn/en/1X071WIU/1/Profiles－Of－China－Provinces－Cities－%20%20And－Industrial－Parks/Shanghai－Lujiazui－Finance－And－Trade－Development－Zone－Shanghai－Lujiazui－FTDZ.htm>.

50) 정형곤 외 3인(2007), 119－122면

육성 방안 등 금융허브 경쟁력 제고를 위한 구체적인 과제를 제시하고 있다. 국무원 의견은 정부 차원에서 상하이 국제금융센터 발전 전략을 공식적으로 표기한 최초의 자료로서, 이 발표를 계기로 하여 상하이 국제금융센터 추진 계획이 중국의 공식 국 정과제로 지정된 것으로 평가된다.52)53)

(2) 상하이의 조세 체계

중국의 법인세율은 25%로 홍콩의 법인세율과 비교하여 높을 뿐만 아니라 세제 내 용도 매우 복잡하고 다양하다. 따라서 조세 측면에서는 중국의 조세 체계를 따르는 상하이가 홍콩에 비하여 불리하다고 하겠다. 그러나 중국 정부와 상하이시 정부는 상하이 국제금융센터 육성을 위한 정책의 일환으로 여러 가지 세제 혜택을 부여하고 있다.

2009년 위 국무원 의견 발표로 '상하이를 국제금융과 물류 중심지로 키우기 위한 로드맵'을 승인받은 후, 상하이시 정부는 이에 근거하여 같은 해 5월부터 외국 금융 기관들에게 2년간 법인세를 면제, 이후 3년간은 법인세의 50%를 감면하고, 푸둥 금 융지구에 입주하는 외국은행에게 위안화 소매영업을 허가하는 등 파격적인 혜택을 제공하고 있다. 상하이는 이미 상장기업 시가총액 기준 세계 6위(아시아 최대)인 상 하이증권거래소가 있고, 관내에만 1,049개에 달하는 금융기관이 들어서 국제금융의 중심지로서 조건을 갖추었음에도 불구하고, 추가 투자 유치를 위하여 규제 완화와 세제 혜택, 금융 인력 우대정책을 지속적으로 강화하고 있다.54)

---

51) "Turning Shanghai into a Global Financial Hub: So Much to Do, So Little Time", Knowledge@Wharton, the Wharton School of the University of Pennsylvania(2010.7.), <http://www.knowledgeatwharton.com.cn/index.cfm?fa=viewfeature&articleid=2257 &languageid=1>.
52) 김한수(2009), 4면.
53) 중국 국무원 의견에서는 또한 상하이와 홍콩의 상호협력의 의의를 강조하고 있다. 즉, 상하 이가 홍콩의 선진 금융 노하우를 전수받기 위한 작업이 준비 중이고, 상하이 금융허브 계획 에는 홍콩과 상하이가 공동으로 증권상품을 개발하는 방안도 포함하고 있다. 상하이에 외국 기업의 IPO(기업 공개)를 비롯한 환율, 주식, 채권 등을 기반으로 한 금융파생상품을 허용 한 뒤 홍콩의 노하우를 접목시킬 계획인 것으로 알려지고 있다.
54) 조선일보(2011.7.21.), <http://biz.chosun.com/site/data/html_dir/2011/07/21/20110721 00159.html>.

4. 시사점 및 향후 전망

홍콩과 상하이가 국제적인 금융허브로 발전하는 과정은 동북아 금융허브 전략을 추진하는 우리에게 다음과 같은 시사점을 준다.[55]

첫째, 금융허브의 구축은 다원화된 금융시장의 육성과 교육을 통하여 금융자원의 효율적인 배치를 촉진하고 국가경제 발전에 도움을 준다. 따라서 정부는 국가 차원의 장기 발전 전략의 일환으로 금융허브 정책을 추진하여야 한다.

둘째, 금융허브는 다국적 금융기관들의 집합체로서 국내외 금융기관 간 경쟁과와 협력을 유발하고, 국내외 자본의 집중과 배분, 투자 확대, 무역 집중, 고용 기회 창출 등을 통하여 경제중심지의 지위와 기능을 강화한다. 따라서 정부는 세제혜택 또는 정부자산의 위탁관리 등의 방법으로 외국금융기관의 국내 진출을 적극 유도하여야 한다.

셋째, 금융허브의 구축을 위해서는 금융서비스와 관련된 인프라를 국제화시키는 작업이 병행되어야 한다. 정부는 이와 관련하여 금융규제 완화, 법률·회계 등 금융 관련 전문서비스시장의 국제화, 금융 전문인력 양성 등을 포함하는 금융허브 관련 인프라를 정비하여야 한다.

상하이는 지난 10여 년의 개혁과 발전을 거쳐 이미 중국의 대표 금융허브로 성장하였고, 중국의 경제 발전과 시장 개방 속도를 고려할 때 10년 내에 런던이나 뉴욕에 필적하는 국제금융허브로 발전할 가능성이 높다. 상하이는 중국경제의 고성장을 뒷받침하는 세계적인 무역항으로서 금융 수요가 빠르게 창출되고 있고 중국 정부의 각종 지원이 추진되면서 국제금융센터로서 위상 역시 급속도로 높아지고 있으나, 아직까지 외국인의 중국 내 주식시장 투자가 매우 제한적으로 허용되는 등 중국 자본시장의 자본유출입에 대한 각종 규제가 많고[56] 관련 행정 절차가 복잡하기 때문에 홍콩에 비하여 그 발전에 한계가 있는 것으로 평가되고 있다.

종합적으로 살피건대, 홍콩과 상하이는 배타적인 경쟁을 펼치기보다는 상호 단점을 보완하면서 모두 국제금융센터로 위상이 강화될 것으로 전망된다. 중국의 경제규

---

55) 장원창(2003), 4-5면.
56) 외국인의 중국내 주식시장 투자는 QFII(Qualified Foreign Institutional Investors, 2002년 도입)을 통해서만 가능한데 총한도(2011년 4월 기준 206.9억 미달러)가 상하이증권거래소 시가총액의 0.71%에 불과하다.

모 및 성장 기반에 비추어 볼 때 홍콩과 상하이의 두 개의 국제금융센터가 충분히 공존하면서 상호 발전할 가능성이 높다. 기능적으로 상하이는 국제무역·해운중심지로서의 기능과 국제금융센터로서의 기능이 연계된 실물·금융의 혼합형 센터로서, 홍콩은 역외금융센터로서의 기능과 자산관리에 중점을 둔 순수 금융도시로 병행 발전해 나갈 것으로 전망된다.[57]

Ⅳ. 제주국제금융센터의 추진 및 발전 전략

1. 제주국제금융센터의 진행 현황

제주특별자치도를 추진하기 위하여 2006년 제정된 「제주특별자치도 설치 및 국제자유도시 조성을 위한 특별법」(이하 '제주특별자치도법'이라고 한다) 제1조는 "… 제주특별자치도를 설치하여 실질적인 분권을 보장하고, 행정규제의 폭넓은 완화 및 국제적 기준의 적용을 통하여 국제자유도시를 조성함으로써 국가발전에 이바지함을 목적으로 한다."고 규정하고, 같은 법 제2조는 "이 법에서 '국제자유도시'라 함은 사람·상품·자본의 국제적 이동과 기업활동의 편의가 최대한 보장되도록 규제의 완화 및 국제적 기준이 적용되는 지역적 단위를 말한다."고 규정하고 있다.

제주도는 완전한 국제자유도시의 실현을 위해서는 제주국제금융센터의 설립이 반드시 필요하다고 판단하고, 더블린이나 라부안과 마데이라 등 해외 사례를 참조하여 금융업무단지 클러스터를 조성하고, 이를 집중적으로 지원 및 육성하는 방법으로 특화된 역외금융센터를 설립하는 계획을 추진하였다.

역외금융센터(OFC)는 비거주자 간의 금융거래가 중심 기능이 되는 금융센터이다. 외국금융기관이 외국인을 대상으로 금융서비스를 제공하는 영업이 주 형태로 금융 국제화 및 인터넷의 활성화에 따라 국제금융계에서 계속 비중이 높아지고 있는데, 제주도의 경우 국제자유도시로 완전하게 기능하기 위해서는 동북아의 역외금융거래를 집중적으로 유치할 수 있는 국제금융센터를 설립할 필요성이 매우 크다.[58]

---

57) 배상인(2011), 17면.

제주도가 역외금융센터를 설립할 경우 서울을 중심으로 한 '자산운용업 중심의 특화금융허브' 육성 전략과 상호보완적 차원에서 추진할 계획을 세우고 2009년 1월 역외금융센터 설립 계획을 금융위원회에 제출하였으나, 위에서 본 것처럼 제주도의 역외금융센터 모델이 과도한 조세특례 경쟁을 금지하는 국제기준과 상충할 우려가 있다는 이유로 금융중심지 선정에서 제외되었다. 그러나 제주도는 금융중심지 선정 결과에도 불구하고 제주국제자유도시 계획을 추진하는 한편 국제금융센터의 도입을 실현하기 위하여 지속적으로 노력하고 있다.

2. 제주국제금융센터 설립의 당위성

(1) 역외금융센터로서 유리한 여건

제주도는 섬이라는 지리적인 특수성 때문에 분리된 입법이 가능할 뿐만 아니라 2005년 사람·상품·자본의 국제적 이동과 기업 활동의 편의가 최대한 보장되는 국제자유도시로 지정되는 등 역외금융센터 설립을 위한 제반 여건 역시 갖추어 가고 있다. 또한 제주도는 도쿄, 홍콩, 상하이 및 서울과 같은 국제금융시장들로부터 비행기로 두 시간 내의 거리에 위치하고 있는 한편, 한국의 대표적인 청정 관광지로 인지도가 높다는 점에서 금융허브 발전에 필요한 요건들을 구비하고 있다.

역외금융은 국내금융시장이 국제금융시장과 통합되는 과정에 있어서 중간 다리의 역할을 담당하고 있으며, 역외금융의 활성화 없이 금융의 국제화가 이루어질 것을 기대하는 것은 사실상 불가능하다. 이에 따라 세계 각국은 금융 국제화를 촉진하기 위한 방안으로 역외금융 활성화를 도모하고 있고, 이를 위하여 세제혜택 등 각종 유인 정책을 통해 외국 금융기관의 참여를 적극적으로 유도하고 있다.[59]

여기서 제주도와 같이 자유무역지구로 육성되는 지역 내에 역외금융센터를 설립할 필요성이 커지게 된다. 현재 우리나라의 역외금융은 장소적 개념 없이 계정상으

---

58) 제주일보(2008.10.23.), <http://www.jejunews.com/news/articleView.html?idxno=237334>.

59) "Dim Sum's Development: Hong Kong Spurs an Offshore Renminbi Boom", Knowledge@Wharton, the Wharton School of the University of Pennsylvania(2011.2.16.), <http://www.knowledgeatwharton.com.cn/index.cfm?fa=viewArticle&Articleid=2357&languageid=1>.

로만 구분되어 거래가 이루어지고 있다. 그러나 역외금융을 보다 활성화하기 위해서는 정보·통신체계, 금융전문인력의 집중, 무비자 입국 등 하부구조에 대한 획기적인 개선 조치가 필요하다. 따라서 현재와 같이 역외금융을 계정상의 개념으로 유지하면서도 역외금융에 참여하는 금융기관을 집중시킴으로써 기반시설에 대한 투자와 여건 마련을 보다 효율적으로 추진하기 위해서 특정 지역(special zone)을 역외금융센터로 집중 개발시키는 방안을 적극 추진할 필요가 있다.[60]

(2) 유해한 조세경쟁의 문제

2001년 11월 발표된 OECD의 Progress Report에서는, 비협조적 조세피난처의 식별기준으로서 ① 투명성(transparency)과 ② 효과적 정보교환(effective exchange of information) 요소 두 가지만 사용하기로 결정했다고 밝히고 있다.[61] OECD는 이를 위하여 「투명성 및 조세정보 교환에 관한 국제기준」을 정립하였는데, 그 내용은 "과세당국은 상대국이 국내세법 적용과 집행을 위해 제기하는 모든 과세 정보 요청에 대하여 자국 과세상 필요 여부 또는 과세목적상 금융비밀보호법에 관계없이 이에 응해야 한다."는 것이다. 2011년 기준 101개 국가가 국제기준의 이행을 확약하고 조세정보 교환에 관한 글로벌 포럼(Global Forum)에 가입하였다. 글로벌 포럼은 각국의 제도 구비 상황, 실제 정보 교환 이행 상황 등을 상호 평가하는 등 국제기준의 실질적 이행을 담보하고 있다.[62]

2009년 G20 런던 회담 이후로 OECD의 투명성과 효과적 정보교환 기준을 준수하는 것을 내용으로 하는 국가 간 조세조약이 총 300여 건가량 체결되었다. 홍콩과 싱가포르와 같은 국제금융센터들도 OECD 기준을 충족하는 입법을 제정하였고, 조세회피지역으로 알려진 40여 개 이상의 역외금융센터들도 6곳을 제외하고는 모두 위 강화된 조세조약을 하나 이상 체결하였다고 한다.[63][64]

---

60) 김세진(1998), 35 – 36면; Zhixiang Sun, "Offshore Financial Havens: Their Role in International Capital Flows"(Singapore Management University, 2008).

61) OECD(2001).

62) 주 OECD 대한민국 대표부, "국제적 조세정보교환 동향과 미국의 FATCA"(2011.10.), <http://oecd.mofat.go.kr/webmodule/htsboard/template/read/hbdlegationread.jsp?typeID=15&boardid=11315&seqno=825577&c=TITLE&t=&pagenum=1&tableName=TYPE_LEGATION&pc=undefined&dc=&wc=&lu=&vu=&iu=&du=>.

63) OECD, "A progress report on OECD work on tax havens — a progress Media briefing"

최근 OECD가 2011년 12월 15일 발표한 Progress Report는 OECD의 「정보교환에 관한 국제기준」을 실질적으로 이행하는 관할들을 열거하고 있는데, 한국, 말레이시아, 홍콩, 싱가포르, 중국, 말레이시아, 포르투갈, 아일랜드, 저지, 케이만 아일랜드 등을 포함한 대부분의 국가들이 여기에 포함되어 있다. 이 Report에서는 현재 Global Forum에 의하여 조사된 모든 관할이 위 국제 기준을 따르고 있음을 밝히고 있다(2009년 Progress Report에서는 코스타리카, 말레이시아(라부안), 필리핀, 우루과이가 OECD 기준에 따른 협정을 체결하지 않았음을 이유로 국제 기준을 따르지 않는 국가로 분류한 바 있다).

제주국제금융센터가 역외금융센터로 운영되더라도 위 OECD 기준에 따라 정보교환의 투명성과 효율성을 확보하는 한편으로 법인세 인하 등 세제 혜택을 부여한다면, 정부가 우려하는 국제기준과의 상충 문제가 발생하지 않을 것이고, 제주국제금융센터의 설립 추진에도 큰 도움이 될 것이다.

3. 제주국제금융센터의 발전 전략

(1) 국제적인 인프라 구축 – 증권거래소 및 개발·감독기구의 설립

해외 국제금융센터들의 예에서 본 것처럼 제주국제금융센터를 조성함에 있어서 가장 우선적으로 이루어져야 할 사항은 외국 금융기업들의 업무 수행에 필요한 국제적인 금융 인프라를 구축하는 것이다. 금융 인프라는 금융활동의 기반이 되는 금융 관련 법제도와 물적·인적 시스템을 포괄하는 개념인데, 여기서는 증권거래소 및 개발·감독기구의 설립과 관련한 내용을 주로 살펴보기로 하겠다.

1) 제주증권거래소의 설립 필요성

금융허브가 되기 위해서는 주변 다수 국가의 금융 중개 기능을 집중시키는 것이 가능하여야 한다. 제주국제금융센터가 이 기능을 수행하기 위해서는 먼저 제주도에 자본시장이 형성될 필요가 있고, 이를 위해서는 증권거래소를 유치하는 것이 필수적

(2012.1.19.), <http://www.oecd.org/document/42/0,3746,en_2649_33767_44392746_1_1_1_1,00.html>.
64) OECD(2001).

이라고 할 것이다. 중국 정부가 상하이 금융허브 육성계획의 일환으로 가장 먼저 추진한 것은 1990년 증권거래소의 설립이었고, 더블린과 라부안 등 국제금융센터 역시 자체 증권거래소를 통하여 활발하게 역외금융서비스를 제공하고 있다.

제주도에 증권거래소를 유치하는 것은 한국거래소 이외에 또 다른 거래소가 설립되는 것이 되기 때문에 「자본시장과 금융투자업에 관한 법률」은 복수 거래소 설립을 허용하고 있어서(제373조, 제373조의2) 금융위원회로부터 허가를 받으면 가능하다. 그러나 한편 「자본시장과 금융투자업에 관한 법률」상으로 한국거래소가 현재의 코스닥시장에 이어 제3의 증권시장을 제주도에 개설하는 것도 가능할 것이다.[65]

2) 개발·규제감독기구의 설립 필요성

제주국제금융센터를 추진하기 위해서는 제주국제금융용센터를 개발하고 금융기관에 대한 감독 의무를 수행하는 개발·규제감독기구를 설립하는 것이 우선적으로 필요하다.

개발·규제감독기구는 세계 유수의 금융기관을 제주국제금융센터에 유치하는 활동을 주도하고, 제주국제금융센터에서 활동하는 금융 전문 인력의 양성 등 업무를 수행하게 될 것이다. 또한 개발·규제감독기구는 제주국제금융센터 내 금융기관의 영업 활동을 감시하고 자금세탁 등의 부정적 영향을 미리 차단하는 역할도 수행하게 되는데, 이러한 감독기구의 존재는 OECD와 EU 등의 의구심을 해소하고 국제적 금융기관들의 신뢰를 확보할 수 있는 효과적인 방안이 될 것이다.

물론 위의 개발 기능을 제주국제자유도시개발센터(JDC)[66]에 부여하고, 한편으로 규제감독기능을 금융위원회 및 금융감독원이 수행하도록 하는 방안도 고려해 볼 수 있으나, 제주국제금융센터의 특수성 및 금융의 전문성 등을 고려할 때 별도의 개발·감독기구를 설립하여 독립적으로 업무를 수행하도록 하는 것이 보다 효율적이라고 판단된다.[67]

---

65) 이철송(2011).
66) 제주국제자유도시개발센터(Jeju Free International City Development Center: JDC)는 「제주국제자유도시기본계획」 및 「제주특별자치도 설치 및 국제자유도시 조성을 위한 특별법」에 따라 제주도를 지원하고 제주국제자유도시 개발을 촉진시키기 위하여 설립된 국토교통부 산하의 특수법인이다.
67) 고부언 등(2006), 144-145면.

(2) 특화 금융업의 선정 및 육성

제주특별자치도법 제443조는 제주자치도 내 개항을 선박등록특구로 지정하도록 규정하고, 제주로 국제선박이 등록되면 「지방세특례제한법」 등이 정하는 바에 따라 취득세와 재산세 등을 면제하여 국제선박 등록을 활성화해 오고 있다.[68] 제주도는 2002년 제주항이 선박등록특구로 지정된 이후 국제선박 등록을 제주도로 유치한 결과, 2011년 7월까지 1017척의 선박이 등록하고 총 192억 5,400만 원의 지방세 수입을 기록하였다.[69]

제주도는 현행 선박등록특구 제도를 활용하여 선박금융에 특화된 역외금융센터를 육성하는 방안을 적극 검토할 필요가 있다. 중앙정부가 제주도의 종합적인 역외금융센터 모델 도입을 주저하는 이상, 이와 같이 긍정적인 평가를 받고 있는 선박등록특구 제도를 이용하여 선박 특화 역외금융을 우선 도입하는 것이 바람직하다. 특화 역외금융센터의 육성을 위해서는 기존의 국내해운사 소속 운항선박 외에 외국해운사 소속 운항선박의 등록을 유치하는 방안을 검토하고, 각종 선박펀드 및 관련 금융기관을 유치하여 선박금융업을 활성화하는 방안을 마련하여야 할 것이다.

(3) 제주국제금융센터 추진을 위한 입법의 필요성

제주국제금융센터 설립을 본격적으로 추진하기 위해서는 설립에 관한 근거 조항을 두는 것이 필요하다. 입법 방안으로는 첫째, 제주특별자치도법의 개정을 통하여 근거 조항을 신설하는 방안, 두 번째는 제주국제금융센터 개발 및 금융감독기구 설치에 관한 법률을 별도로 제정하고 그 법에 근거 조항을 두는 방안을 생각해 볼 수 있다.

---

68) 제443조(선박등록특구의 지정) ① 선박등록을 활성화하기 위하여 「선박의 입항 및 출항 등에 관한 법률」 제2조에 따른 제주자치도 내 무역항을 선박등록특구로 지정한다. ② 「국제선박등록법」 제4조에 따라 해양수산부장관에게 등록한 선박으로서 제1항에 따른 무역항을 선적항으로 하는 선박과 대통령령으로 정하는 외국선박에 대해서는 「조세특례제한법」, 「지방세특례제한법」 및 「농어촌특별세법」에서 정하는 바에 따라 취득세, 재산세, 「지방세법」 제146조제3항에 따른 지역자원시설세, 지방교육세 및 농어촌특별세를 면제할 수 있다. ③ 선박등록특구의 지정과 운영 등에 필요한 사항은 대통령령으로 정한다.

69) 제주투데이(2011.8.11.), < http://www.ijejutoday.com/news/quickViewArticleView.html?idxno=127798 >; 제주매일(2011.9.6.), < http://www.jejumaeil.net/news/articleView.html?idxno=82004 >.

우선 제주특별자치도법을 개정하는 경우에는 별도의 장을 신설하여 제주국제금융센터의 설립과 운영 및 금융감독기구 설치에 관한 사항을 규정하는 방안을 생각해 볼 수 있다. 그러나 제주국제금융센터의 특수성 및 전문성, 개발 및 감독과의 연관성 등을 고려할 때 새로운 특별법을 제정하여 제주국제금융센터 설립의 근거 조항을 신설하는 것이 바람직하고 보다 실효성이 있다고 판단된다.[70]

(4) 제주국제금융센터의 발전을 위한 세제 지원 방안

제주국제금융센터의 발전을 위해서는 적극적으로 외국 자본을 유치할 필요가 있는데, 이를 위하여 가장 효과적인 유인 요소들 중 하나가 세제상 혜택이다. 조세 제도의 경우 다른 요인들에 비해 정부의 정책 의지에 따라 단기간에 변화시킬 수 있으며, 또한 기업 부문에 영향이 직접적으로 나타나기 때문이다.

1) 세법의 검토

「조세특례제한법」 제121조의21은 금융중심지법에 따라 지정된 금융중심지에 대하여 해당 구역 안의 사업장에서 일정 기준을 충족하는 금융업 및 보험업을 영위하는 경우 법인세, 취득세 및 재산세를 각각 감면하는 규정을 두고 있다. 제주도는 금융중심지로 지정되지 않았기 때문에 위 조항이 제공하는 혜택을 받을 수 없다.

한편, 「조세특례제한법」에서는 제주국제자유도시 육성을 위한 조세 특례 또한 규정하고 있다. 같은 법 제121조의9에서는 제주특별자치도법 제162조의 규정에 의하여 지정되는 제주투자진흥지구 및 「자유무역지역의 지정 및 운영에 관한 법률」 제4조에 의하여 제주도에 지정되는 자유무역지역에 2023년 12월 31일까지 입주하는 기업에 대한 법인세, 소득세, 취득세 및 재산세 감면(법인세 또는 소득세, 취득세, 토지에 대한 재산세는 3년간 100%, 그 후 2년간 50% 감면, 취득세는 100% 감면)을 규정하고 있는데, 이 경우에도 금융업이 그 대상에 포함되지 않기 때문에(조세특례제한법 시행령 제116조의15) 제주국제금융센터는 이 조항의 혜택을 받을 수 없다.

요컨대, 현행법상으로는 제주도가 역외금융센터를 도입하고자 하더라도 달리 특별한 조세 혜택을 받기는 어려울 것으로 보인다.

---

70) 고부언 등(2006), 142-144면.

2) 구체적인 세제 지원 방안

① 제주국제금융센터가 역외금융센터로 기능하기 위해서는 우선 이자소득, 배당소득 및 양도소득에 대하여 조세혜택을 부여하는 조세조약망을 이용 가능하도록 할 필요가 있다. 역외금융센터의 경우 다른 일반적인 조세피난처와는 달리 광범위한 조세조약망을 보유하는 특징을 가지고 있다.71) 제주도 역시 기존의 조세조약망을 이용하면서 추가로 조세조약망을 구축하는 전략을 추진하는 방안을 고려하여야 할 것이다.

② 제주도가 증권거래소를 개설하는 경우 투자자를 위한 가장 기초적인 혜택으로 증권거래세의 면제 또는 세율의 인하가 고려될 수 있다.

③ 위에서 본 바와 같이 「조세특례제한법」에서 다루는 제주도의 일부 산업에 대한 법인세, 소득세, 취득세 및 재산세 등에 대한 과세 특례는 특정 조세의 감면 형식으로 되어 있다. 제주국제금융센터에 입주하는 금융기관들에 대해서도 위 과세 특례가 적용되도록 관련 법률이 개정될 필요가 있다. 다만 자본시장 관련 특례와 같은 것은 감면 형식으로 다루기에는 적당하지 않고 별도의 과세 요건으로 다루어야 하는 경우도 있다. 이 점을 포함하여 제주도에서 과세 요건으로 장기간 안정적으로 유지하기 위해서는 필요한 특례들을 모아 별도의 법률을 제정하여 관리하는 것이 바람직하다고 본다.72)

---

71) 예컨대 아랍에미리트(UAE)는 2010년 7월 기준 52개국과 조세조약을 체결하고 있는데, UAE의 조약체결국 수는 계속 증가하는 추세이다. 조세조약의 체결로 UAE 거주자는 해외 원천소득에 대하여 조세조약에 규정한 제한세율(일반적으로 원천국가의 세율보다 낮음)을 적용받을 수 있다. 두바이국제금융센터는 이러한 UAE의 조세조약망의 혜택을 활용하여 국제적인 역외금융센터로서의 입지를 강화하고 있다.
(http://www.dubaifaqs.com/double-taxation-treaties-uae.php, http://www.lowtax.net/lowtax/html/dubai/jdb2tax.html)
72) 이철송(2011).

V. 결론

국제금융센터의 설립은 미래의 금융환경을 결정지을 수 있는 중요한 사안이므로 실행 방안의 설정과 이행이 신중하고 체계적으로 이루어져야 한다. 그러나 이로 인해 국제금융센터의 설립이 지나치게 지연되어서는 안 된다. 조속한 국내 여건의 조성과 세계적인 금융시장 개방 흐름에 조기 편승을 통해서만이 국제금융센터의 설립이 가지는 성공적인 가치를 기대할 수 있기 때문이다.

PWC 런던 등의 연구용역보고서에서는 제주도에 국제금융센터를 설립한다면 세계 수준의 역외금융센터로 발전할 잠재력이 충분하고, 국제 비즈니스 산업 발전을 통하여 제주도는 물론 국가 경쟁력 강화에도 도움을 줄 것이라고 제시하고 있다. 이미 더블린, 두바이, 라부안 등 국제금융센터들은 정부의 적극적인 역외금융허브 발전 계획에 힘입어 세계 금융시장에 그 이름을 알리고 있고, 우리와 실질적인 경쟁관계에 있는 홍콩과 상하이도 중국 정부의 적극적인 지원하에서 외국기업에 대한 각종 세금 우대 및 지원 정책을 바탕으로 뉴욕 및 런던과 어깨를 겨루는 글로벌 금융허브로 빠르게 성장하고 있다.

아직 우리 정부는 OECD의 유해한 조세경쟁 지침을 이유로 제주국제금융센터에 대한 지원을 주저하는 입장을 보이고 있지만, 이 점은 OECD의 「투명성 및 조세정보 교환에 관한 국제기준」을 제주국제금융센터에 적용한다면 문제가 되지 않을 것이다. 예컨대 홍콩과 더블린 등은 낮은 법인세율을 적용하고 있음에도 불구하고 위 OECD 기준의 적극적인 도입으로 OECD Progress Report 2011에서 국제조세기준을 준수하는 국가들로 분류되고 있다. 향후 제주국제금융센터가 동북아 역외금융허브로 성공하기 위해서는 국제기준의 법률과 제도, 세제 개선 정책이 지속적으로 추진되어야 할 것인데, 이를 위해서는 중앙정부의 확고한 지원 의지와 협력이 필수적으로 요청된다.

고부언 등, 『제주국제금융센터 추진 방안에 관한 연구』(제주발전연구원·한국채권연구원, 2006. 10).

국세청, "말레이시아 진출기업을 위한 세무 안내," 2008.

김세진, "한국 금융의 선진화 전략 – 국제금융센터 육성"(한국경제연구원, 1998).

김정한, "국제금융센터와 금융서비스의 국경간 공급,"『주간금융동향』제11권 35호(한국금융연구원, 2002. 9).

김한수, "국제금융중심지로서의 상해의 위상 및 향후 과제,"『중국 금융시장 포커스』2009년 10월호(자본시장연구원, 2009).

박상수·강철준, "역외금융센터의 금융시장 발전효과,"『경제발전연구』제14권 제1호(한국경제발전학회, 2008).

배상인, "국제금융센터로서 홍콩·상하이 평가 및 전망,"『국제경제정보』제2011–44호(한국은행, 2011. 9. 28).

안종석·최준욱,『국제조세 회피의 행태 및 효과분석』(한국조세연구원, 2003).

이철송, "제주특별자치도의 전환발전기 세제전략 기조발표," (제주발전연구원·국제조세협회, 2011.10.14.).

장원창, "상해 금융발전과 동북아 금융허브," 주간금융동향 제12권 41호(한국금융연구원, 2003).

전병목·기은선·정희선·조진권·박임수,『금융허브 국가들의 조세제도』(한국조세연구원, 2007).

정형곤·오용협·원동욱·나승권,『한·중 금융·물류 허브 경쟁과 한국의 선택–빈하이신구 확대 개발에 따른 인천경제자유구역에 대한 시사점을 중심으로』(대외경제정책연구원, 2007).

조명환·정재호·이정미·정경화,『주요국의 조세제도 – 홍콩편』(한국조세연구원, 2011. 4).

Ahmed Zeromé, "Concept of Offshore Financial Centers: In Search of Operational Definition," IMF Working Paper" (2007. 4).

IMF, "Offshore Financial Centers – IMF Background Paper" (2000. 6).

OECD, "The OECD's Project on Harmful Tax Practices: The 2001 Progress Report" (2001. 11).

OECD, "Harmful Tax Competition – *An Emerging Issue,*" 1998.

Z/Yen, "International Financial Centres Index 10" (2011. 9).

제3장

자가전속보험(Captive Insurance)회사의
제주 유치 방안

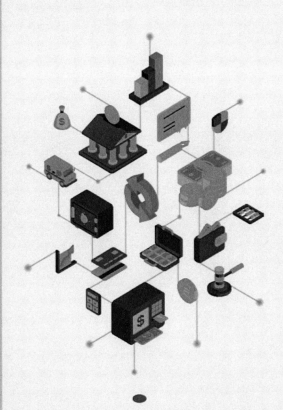

제8절

글로벌 캡티브 허브 비교를 통한 제주의 성장가능성 탐색*

김헌수**

Ⅰ. 연구배경과 목적

국내에 역외금융이 영위된 적은 아직 없지만 지방자치단체, 연구소, 금융회사와 금융당국 및 학자들이 이 문제에 지속적인 관심을 보여왔다. 1984년 장기신용은행이 발간한 '지역경제발전의 패턴과 제주도 산업개발 전망'이 공식자료로는 처음으로 제주도에 제주국제금융센터(JIFC) 설립을 제안하였다(윤석헌, 2022). 그 이후로 학계와 연구원 등 에서 JIFC 설립에 대한 다양한 제안이 제시되었다. JIFC 내 영위될 대표적인 보험사업이 캡티브(captive insurance company)이다.[1] 캡티브는 모회사의 리스크를 인수하는 자회사 보험회사이다. Ⅲ.에서 논하겠지만 캡티브는 미국처럼 역내에 있는 경우도 있지만 역외금융지에 있는 경우가 많다. 현재 우리나라 법제는 캡티브 제도를 허용하지 않고 있다. 이 글에서는 우리나라에 이 제도가 도입된다면 역외금융지에 설립된다고 가능하다고 가정하고 JIFC가 캡티브 허브로 성장할 가능성을 논한다.

---

* 「국제자유도시연구」 제14권 제1호(2023. 6. 30)에 실린 글이다.
** 순천향대학교 IT금융경영학과 교수, 경영학박사.
 1) 캡티브는 자가전속보험이라 주로 번역된다. 하지만 다른 회사의 위험도 인수하는 캡티브가 많아 이 글에서는 '캡티브'라는 용어를 그대로 사용한다.

금융중심지 노력을 서울로 집중하는 게 효율성 면에서 유리하다는 주장이 있다. 그러나 그동안의 금융중심지 정책의 미미한 성과에 비추어 설득력이 높지 않다. 특히 디지털 전환 등으로 재택근무가 일상화되어 가는 상황에서 지리적 위치의 중요성을 강조하는 것만으로는 설득력이 적다. 오히려 서울과 지방이 심각하게 기울어진 운동장으로 남아 있다는 점에서 늦기 전에 정부의 역외금융에 대한 전향적인 결정이 필요하다. 이 연구는 지역균형발전이 중요성을 인지하고 제주에 캡티브 허브를 설립하는 경우 제주의 성공가능성을 평가한다. 제주도는 크기 1,833.2km²로 우리나라 국토의 1.83%이다. 제주 인구는 672,948명인데 20대가 차지하는 비중이 점차 축소되고 있다. 2022년 20대 유출인구는 1,500명이 넘으며 15년 만에 가장 많은 해로 나타났다. 20대의 제주 탈출은 진학과 직장이다. 제주는 농어업과 관광업이 주된 일자리로 부가가치가 높은 금융 일자리는 매우 제한적이다.

이 연구의 구체적인 목적은 첫째 대표적인 글로벌 캡티브 허브인 버뮤다, 건지, 두바이, 싱가포르, 라부안의 현황과 특성을 비교·분석한다. 둘째 제주의 캡티브 허브로서 성장가능성을 평가하고 마지막으로 이에 대한 시사점을 도출하는 것이다.

이 절은 다음과 같이 구성된다. II.에서는 캡티브 제도를 소개하고 캡티브 국내 도입과 관련된 기존 연구를 살펴본다. III.에서는 글로벌 캡티브 허브 현황을 살펴보고 글로벌 허브의 대표적인 5개 지역, 버뮤다, 건지, 두바이, 싱가포르, 라부인을 비교하여 분석한다. IV.에서는 제주의 캡티브 허브로서 성장가능성을 분석하고 V.에서 글을 마무리한다.

II. 캡티브 개요와 문헌 연구

1. 캡티브 개요

캡티브(Captive Insurance Company)는 자가전속보험회사로 번역되는데 개념은 간단하다. 모회사의 리스크에 대해서 전부 또는 일부 보험을 제공하는 자회사인 보험회사를 의미한다. 모회사의 리스크만을 받아들이는 순수 캡티브(Pure Captive)도 있지만 그렇지 않은 회사도 많다. 'captive insurance'라는 용어는 미국 오아이오주의 재물보험 엔지니어(property-protection engineer)인 프레드릭 레이스(Frederic Reiss)에 의해서 1955년 최초로 사용되었다. 프레드릭 레이스는 1962년 버뮤다에 최초의 캡티브회사를 설립하였다.[2]

캡티브가 성장한 이유는 두 가지다. 수요자인 기업의 입장에서 스스로 리스크를 보다 잘 파악하고 보유를 증대시켜 지출되는 보험료 비용을 줄일 수 있다는 장점 때문이다. 둘째는 전통 보험시장에서 필요한 보험 보장을 합리적 가격으로 제공되지 못했기 때문이다. 특히 1980년대 미국에서 산재보험과 배상책임보험에서 보험요율은 급격히 상승하고 기존 보험시장 공급(capacity)이 줄어들면서 캡티브 형태의 보험이 발달하였다.

전통 보험을 활용하는 경우 비용(보험료)은 높지만 브로커나 보험회사가 대부분 서비스를 대행한다. 모회사가 캡티브를 운영하는 경우 사업비를 절약할 수 있지만 캡티브를 운영하는 노하우가 있어야 한다. 수요자 관점에서 캡티브를 운영하면 몇 가지 장점이 있다. 첫째, 지급 보험료 20~30%에 해당하는 사업비 중 상당 부분이 절감되고 보험시장 사이클에 관계없이 안정적으로 보험 담보를 확보할 수 있다. 둘째, 우량물건은 보유를 늘리고 물량불건은 재보험으로 전가하여 위험관리 효율성을 제고한다. 셋째, 기존 보험회사가 제공하기 어려웠던 리스크에 대한 맞춤형 담보를 제공할 수 있다. 마지막으로 캡티브가 안정화되고 성장하면 모회사에 이익을 제공하는 profit center 역할을 할 수 있다.

수요자 관점에서 캡티브의 단점도 있다. 첫째, 대형사고 발생 시 캡티브 자체 준비금이 부족하면 모기업이 지급보험금을 충당해야 하므로 모기업 재무상태를 악화시킬 수 있다. 둘째, 캡티브는 보험회사로 K-ICS(Solvency II)와 같은 자본규제를 준수해야 하므로 규제 비용이 클 수 있다. 셋째, 캡티브는 재보험이 필수적이며, 원보험회사와도 원만한 협조체계가 필요하다. 나아가 요율산정, 리스크관리 등 캡티브 운영 능력이 필요하고 이에 따른 운영 비용이 발생한다.

<표 1>에서 보듯이 캡티브는 인수리스크에 따라 순수 캡티브(Pure Captive)와 스폰서 캡티브(Sponsored Captive)로 구분된다. 인수 형태에 따라서는 원보험과 재보

---

2) 건지국제보험협회(https://insurance.museum/guernsey-insurance-history)에 의하면 1922년 세계 최초의 캡티브가 건지에 설립되었다고 한다. 누가 설립했는지에 대한 정보는 없다.

험으로 구분되고 소유구조에 따라 단독 캡티브와 복수 소유 캡티브로도 구분할 수 있다.

▌ 표 1 캡티브 종류와 내용

구분	종류	내용
인수 리스크	Pure Captive	• 캡티브가 소유자인 모회사 리스크만 보유
	Sponsored Captive (Rental Captive)	• 소유자가 아닌 자의 위험도 보유 • 캡티브가 시설을 임대하는 개념 • 피보험자는 자본 투여하지않고 acess fee 지불 • 설립·운영 비용이 절약되어 단기간 캡티브를 이용하고자 할 때 유리 • PCC(protected cell captive)처럼 참여자의 계정과 자산이 타 참여자와 혼재되지 않도록 법적 분리
인수 형태	원보험 캡티브	• 캡티브가 원보험을 인수
	재보험 캡티브	• 캡티브가 재보험을 인수 (원보험자가 fronting) • 설립과 운영이 원보험캡티브보다 용이
소유 구조	단독 캡티브	• 소유자가 단독인 경우
	복수 소유 캡티브	• 소유자가 복수인 경우

2. 캡티브 허브 관련 문헌 연구

김평원(1996)은 국내 최초의 캡티브에 대한 연구보고서로 캡티브의 기원, 발전과정, 장단점 등 이론적인 내용을 정리하고, 캡티브의 설립과 운영에 대한 기준을 제시하였고, 나아가 세계 주요 캡티브 시장의 성장과 운영 현황을 정리하였다.

2010년 제주특별자치도는 JIFC 설립 추진을 위한 전략 과제를 설정하고 국제 연구용역을 의뢰한 바 있으며, 고동원(2010)은 JIFC의 법적 기반 이슈를 정리하였고, PWC(2010)은 JIFC의 잠재적 성공가능성을 상세히 분석하였다. 이유영(2012)은 캡티브 유치자로서 제주의 경쟁력이 우수하다고 분석하면서 제주가 캡티브를 유치하는 경우 캡티브 보험업 초기 모델을 제시하였다. 김준호(2012)는 캡티브 장단점 등을 소개한 후 제주 캡티브 사업모델과 경제적 기대효과를 분석하였다. 고동원(2013)은 자가전속보험(captive insurance) 제도를 도입하기 위한 입법 방식을 연구하였다. 새로운 법률 제정, 보험업법 개정, 제주특별자치도법 개정 및 제주도 조례 제정 등 4가지 방안을 제시하면서 이 중 제주특별자치도법 개정 방식이 가장 바람직하다고 주장하였다.

김헌수(2014)는 싱가포르의 재보험 현황을 분석하여 재보험 허브 성공요인과 우리나라가 재보험 허브로 발전하기 위해 개혁해야 하는 제도와 관행을 연구하였다. 김석영(2016)은 제주 경제 현황과 해외 사례를 기초로 제주의 캡티브 허브 가능성을 제시하고, JIFC가 캡티브 허브로 진출하는 경우 외국 기업을 대상으로 하는 한정하는 캡티브 제도를 권고하였다. 윤석헌(2022)은 제주국제금융센터의 비전과 과제를 재정리하여 향후 JIFC의 발전방향을 제시하였다.

III. 글로벌 캡티브 허브 비교

1. 글로벌 캡티브 현황

Business Insurance에 의하면 2021년 말 기준으로 5,985개의 캡티브가 세계 각지에서 운영되고 있다. 이 통계에 미국 조세당국에서 과세하지 않는 작은 microcaptive나 소규모 캡티브PCC(prtected cell captive) 내의 cell은 포함되지 않는다.[3]

<표 2>에 보듯이 2021년 캡티브 수는 2020년의 5,879개에 비해서 상당히 증가하였다. 이 숫자는 2015년 6,851개에서 지속적으로 감소했던 추이가 2021년에 증가로 전환했다는 의미다. <표 3>은 2021년 전 세계 캡티브의 지역별 분포를 보여준다. 미국이 가장 많은 3,133개(52.45%)를 차지하였고 그 뒤를 북미 off-shore시장이 33.1%(1,980개), 유럽시장 10.9%(651개) 아시아-태평양 3.3%(195개), 아프리카 0.1%(7개)로 구성되어 있다.

---

3) <https://www.businessinsurance.com/article/20230302/NEWS06/912355797/Research-&-Rankings-Captive-Insurance>.

▌ **표 2 전세계 캡티브 수 추이**

2014	2015	2016	2017	2018	2019	2020	2021
6,739	6.851	6.700	6,454	6,359	6,160	5,879	6,985

출처: 2022년 Business Insurance (microcaptives, series captives, PCC 내의 individual cell은 불포함)

▌ **표 3 세계 시장별 캡티브 수**

지역	캡티브 수 (%)	
미국	3,133	(52.4)
카나다	19	(0.2)
북미 역외시장	1,980	(33.1)
유럽 전체	651	(10.9)
아시아−태평양	195	(3.3)
아프리카	7	(0.1)

출처: 2022년 Business Insurance (microcaptives, series captives, PCC 내의 individual cell은 불포함)

<표 4>는 2021년 말 기준으로 글로벌 주요 시장별 캡티브 분포를 보여준다. 미국은 역내(on−shore)에 캡티브가 많다. 주별 캡티브 수는 Vermont가 620개로 가장 많았고 그 뒤를 유타, 델라웨어, 노스캐롤라이나, 하와이가 차지했다. 북미 역외시장에는 버뮤다가 670개로 가장 많았고 케이만 아일랜드가 661개로 바싹 추적하고 있다. 유럽시장에서는 건지와 룩셈부르그가 각각 192개로 선두이다. 최근에는 건지가 성장하는데 Guernsey Finance LBG에 의하면 2022년 말 건지에서 허가받은 캡티브는 201개로 유럽 최대의 캡티브보험 시장이 되었다고 한다.4) 아시아시장에서는 싱가포르 84개, 라부안 63개로 선두에 있다.

---

4) https://www.businessinsurance.com/article/20230222/STORY/912355720/Guernsey−named− Europes−largest−captive−insurance−domicile

미국 Top 10 State	캡티브 허가 주(State)	2021년	2020년
	Vermont	620	589
	Utah	384	396
	Delaware	313	288
	North Carolina	257	250
	Hawaii	251	242
	South Carolina	183	175
	Nevada	161	166
	Tennessee	153	145
	Arizona	149	131
	District of Comulbia	112	106

북미 off-shore Top 5	캡티브 허가 지역	2021	2020
	Bermuda	670	680
	Cayman Islands	661	680
	Barbados	253	226
	Nevis	122	116
	Anguilla	77	94

유럽 Top 5	캡티브 허가 지역	2021	2020
	Luxembourg	192	199
	Geurnsey	192	188
	Isle of Man	99	102
	Dublin	68	67
	Sweden	31	37

아시아-태평양 Top 5	캡티브 허가 지역	2021	2020
	Singapore	84	80
	Labuan	63	55
	Micronesia	23	23
	New Zealand	9	11
	Venuatu	5	5

출처: Business Insurance (https://www.businessinsurance.com/article/00010101/NEWS06/912348170/Research-&-Rankings-Captive-Insurance

캡티브는 최소한의 비용과 인원으로 모회사의 위험을 인수하는 보험회사이므로 전문서비스는 외부기관에 의뢰하는 경우가 일반적이다. 그 서비스를 제공하는 기관이 캡티브 매니저 회사인데 보험중개회사의 관계회사인 경우가 많다. <표 5>는 글로벌 Top 10 캡티브 관리회사를 보여준다. 1위는 Marsh 캡티브인데 세계적인 보험중개회사인 Marsh의 계열회사이다. 2위는 Aon 캡티브인데 역시 세계적인 보험중개회사 Aon의 계열회사이다.

▌ **표 5** 글로벌 Top 10 캡티브 관리회사(관리하는 캡티브보험회사 기준)

순위	기업	캡티브 수	2021년 총보험료	domiciles	직원수
1	Marsh Captive Solutions	1,501	67,668	49	487
2	Aon Captive & Insurance Management	990	45,625	51	550
3	Artex Risk Solutions Inc.	822	15,730	34	575
4	Strategic Risk Solutions Inc.	427	7,919	33	209
5	WTW, Global Captive Practice	339	7,101	32	216
6	Risk Strategies Co. Captives	223	884	18	88
7	Davies Captive Management	176	N/A	21	38
8	USA Risk Group	122	1,500	11	26
9	Brown & Brown Inc.	101	6,394	20	39
10	Innovative Captive Strategies/Global Captive Management	94	776	9	26

출처: Business Insurance Survey, 2022. 3. 4.
(https://www.businessinsurance.com/article/00010101/NEWS06/912348170/Research-&-Rankings-Captive-Insurance)

2. 글로벌 캡티브 허브 비교

(1) 버뮤다

▌**그림 1** 버뮤다 지리적 위치

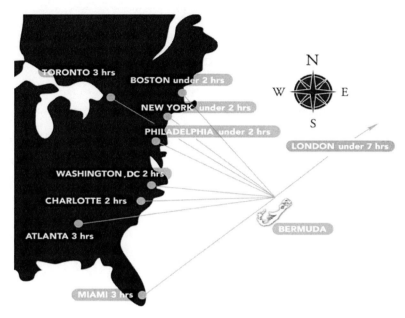

1) 개요[5]

버뮤다는 대표적인 역외 캡티브 허브이다. 영국의 자치령으로 미국 본토 동해안에서 965km에 떨어져 있으며, 크기는 53.6km²이고 인구는 73만 명(2023년 추정치)이다. 북위 32도에 위치하지만 멕시코 만류로 세계에서 가장 높은 위도에 위치한 열대기후 지대로 가장 추운 2월 밤 평균 기온도 14도로 따뜻하다. 1505년 스페인 탐험가 Juan De Bermudez에 의해서 발견되었고 1684년 영국 식민지로 편입되었다. 17세기에는 무역선, 사략선(privateer), 영국해군 등의 주둔지로 활용되었으며 20세기 초 북미, 영국의 겨울 피한지로 유명해지면서 관광이 버뮤다의 주요 산업으로 등장했다. 영국 자치령이므로 법과 제도는 영국과 유사하며 수도는 해밀턴이다. 의원내

---

5) 버뮤다 정부(www.gov.bm), world bank, britannica 및 wikipedia를 기초로 정리하였다.

각제로 양원을 두고 있으며, 영국으로부터 독립을 원하는 주민은 소수이다. 영어가 공용어지만 포르투갈어도 사용하며, 흑인 비중이 55%로 높고 백인 비중은 34%이다. 종교는 성공회(23%)가 가장 많고 그다음이 가톨릭(15%)이다. 16세까지 무상교육을 실시하며 (경제) 생활수준은 매우 높은 편으로 인당 GDP는 114,090달러(World Bank, 2022)이다. 세계 최고의 역외 금융 허브로 GDP에서 금융은 85%, 관광업은 GDP 5%를 차지하고 있다. 조세 중립(tax neutrality)원칙으로 법인세와 소득세는 없으며 급여세(세수의 44%)와 소비세 중심 구조이다. 화폐는 US달러와 연동된 버뮤다 달러를 사용하고 사업이민을 적극적으로 유치하는 정책을 펼치고 있다. 법인세와 개인소득세는 없지만, 고용주에게 총 급여에 대해 1.75%~10.25%를 부과하고, 급여세는 종업원당 최대 BMD 900,000까지 납부하면 그 이상의 보수에 대해서는 급여세를 적용하지 않는다. 피고용자에게도 본인 급여에 대해 2%~9.5%의 급여세를 부과한다.[6]

2) 캡티브[7]

버뮤다는 미국 기업의 캡티브 필요성에 의해서 성장하였다. 버뮤다에 첫 캡티브보험회사는 1962년에 설립되었으며, 기업 친화적이고 글로벌 표준에 맞는 규제와 낮은 세율로 최고의 캡티브 허브로 평가받고 있다. 글로벌 보험 규제 당국의 규제에도 탄력적으로 대응하여 유럽의 Solvency II와 미국 NAIC로 부터 자본규제 적정성을 인정받아 역외 금융센터로서 신뢰성을 강화하였다. 버뮤다에 자리한 캡티브는 버뮤다 보험업법에 의해 버뮤다 통화청(Bermuda Monetary Authority)의 규제를 받는다. 캡티브 관련된 인재 확보가 용이하며 환경과 사회 인프라가 좋아 거주 매력도도 좋은 편이다. 우리나라 SK(유공)가 96년 9월 SK Innovation Insurance 설립하여 지금까지 유지하고 있다(2022년 말 자산 136억 원).

---

6) 고용주 급여세: 1.75% BMD 200,000 이하, 3.5% BMD 200,000~350,000, 6.5% BMD 350,000~500,000, 9% BMD 500,000~1,000,000, 10.25% BMD 1,000,000 이상 피고용자에 대한 급여세: 2% BMD 48,000 이하, 8.5% BMD 48,000~96,000, 9% BMD 96,000~235,000, 9.5% BMD 235,000 이상
7) 버뮤다 통화청(www.bma.bm), https://bermudacaptivenetwork.com, 및 SK Innovation

표 6 캡티브 허브로 버뮤다에 대한 현황과 평가[8]

크기 km²	인구 만 명	인당 GDP 만불	유치 회사 수(개)	주요 시장	성장 방식	규제 특성	거주 매력도	언어	인재 확보
54	6.4	11	670	미국/글로벌	시장 주도	기업 친화적	상	영어	용이

<표 7>은 버뮤다 캡티브 허가 분류를 설명한다. 버뮤다통화청에 의하면, 버뮤다에 유치된 대부분의 캡티브는 순수 캡티브인 Class 1이거나 Class 2가 많다. 비관련 리스크가 20%를 초과하는 Class 3, 생명보험과 같은 장기보험 라이센스에 해당하는 Long−Term Class A, Long−Term도 있다. 지급여력기준이 적용되는 보험회사 라이센스인 Class 3A와 Class 3B도 있다.

표 7 버뮤다 캡티브보험회사 관련 허가[9]

허가 분류	기준	최소 자본금
Class 1	Single Parent Captive(100% 관련 리스크)	120,000
Class 2	Single/Multi Parent Captive (비관련리스크가 순 보험료 20% 이하)	250,000
Class 3	Single/Multi Parent Captive (비관련리스크 순보험료가 20% 초과) Class 1, 2, 3A, 3B, 4에 포함되지 않는 (재)보험사	지정된 공식 이상 (최소 100만 달러)
Long−Term Class A	Single Parent 생명(장기)보험 Captive로 owner와 관련 기업의 생명보험 리스크 인수	120,000
Long−Term Class B	Multi Owner 생명보험 Captive로 owner와 관련 기업의 생명보험 리스크 인수 등	250,000
Class 3A	소규모 보험사로 비관련 사업이 순보험료의 50% 이상이며 비관련사업순보험료가 500만 달러 이하	지급여력기준 (최소 100만 달러)
Class 3B	대형 보험사로 비관련 사업이 순보험료의 50% 이상이며 비관련사업순보험료가 500만 달러 이상	지급여력기준(최소 100만 달러)

---

8) 모든 캡티브 허브 평가는 객관적 자료와 함께 전문가 인터뷰를 통한 주관적 평가가 포함된다.
9) 버뮤다 금융청(www.bma.bm) 자료를 발췌하여 정리하였다.

캡티브보험회사 허가 절차10)를 살펴보면, 버뮤다는 신속하고 합리적인 캡티브 규제로 평판이 높은데, 특별한 문제가 없다면 허가를 신청 후 2주 내에 영업을 개시할 수도 있다. 버뮤다통화청의 ILAC(insurance licensing and authorization)은 매주 보험업 허가를 심사하고 결과를 통보한다. <표 8>은 버뮤다통화청의 캡티브보험회사 설립 절차를 단계별로 설명한다.

┃ 표 8 버뮤다의 캡티브보험회사 설립 절차

신청서 제출 전 업무	설립 신청 1주	설립 신청 2주
전문서비스업체로부터 적격성 확인서(acceptance letters) 확보 －변호사 －감사(auditor) －보험관리인(insurance manager) －은행 －보험계리사(approved actuary)	월요일 －등록(등기)기관에 회사 이름 예약 －신청서류를 BMA에 제출 －법인 신청서류를 등록(등기)기관에 제출	월요일 －incorporate and capitalize 회사 －이사 선임과 이사회 개최 －보험업 인가 신청서류 BMA제출
법인화에 필요한 추가적인 서류 －소유구조 －사업계획서 －자본금 조달 계획 －5년 추정 재무정보	금요일 －추가 서류 요청이 없는 경우 법인 설립 인가됨	금요일 －보험업 허가증 수령 및 보험사업 개시

출처: Bermuda Monetary Authority (bma.bm/insurance-licensing)

캡티브도 보험회사이므로 설립하고 운영하는 데 비용이 든다. 캡티브 설립·운영에는 보험관리자(insurance manager), 감사, 계리사, 변호사, 세금 전문가 등의 서비스 필요하다. Deloitte에 의하면, 버뮤다에 캡티브보험회사 설립 비용은 USD35,000~80,000(4천 500만 원~1억 원), 연간 운영비용은 USD85,000~270,000(1억 원~3.5억 원)로 소요된다. 자세한 비용 항목을 <표 9>와 <표 10>에서 제시한다.

---

10) <https://www2.deloitte.com/content/dam/Deloitte/bm/Documents/audit/bermuda/CaptiveInsurance-in-Bermuda_May2021.pdf>.

표 9 버뮤다 캡티브 설립 비용11)

비용 요소	서비스제공자	Low(USD)	High(USD)
법인화	자문	15,000	20,000
등록비	규제당국	3,000	30,000
법률 자문	변호사	15,000	20,000
FATCA	세금 자문	2,000	5,000
기타	기타	2,000	5,000
합계		37,000	80,000

출처: Deloitte (2021) Captive Insurance in Bermuda (www2.deloitte.com)

표 10 버뮤다 캡티브 연간 운영 비용

비용 요소	서비스제공자	Low(USD)	High(USD)
관리 운영	보험관리자	50,000	150,000
감사	감사인	15,000	45,000
사업/허가	규제당국	3,000	30,000
계리 자문	계리사	10,000	30,000
법률 자문	변호사	6,000	10,000
기타	기타	3,000	5,000
합계		87,000	270,000

출처: Bermuda Monetary Authority (bma.bm/insurance-licensing)

버뮤다를 포함한 역외금융허브는 세금을 회피하는 기업의 피난처라는 비판을 받아왔다. 특히 IT플랫폼 기업이 주로 활동하는 지역에서 본부만 역외금융허브로 이전하여 세금을 회피하는 문제가 글로벌 이슈가 되었다. 이에 대해 EU는 1997년 EU Code of Conduct(business taxation)를 마련하여 EU 내외의 조세 형평성을 도모하였다. 2017년 EU Code of Conduct은 EU 내외 국가 중 조세 형평성 도모에 비협조적인 나라(역외금융허브 포함)를 지정하도록 하였다12) 조세피난처를 제거하여 기업

---

11) <https://www2.deloitte.com/content/dam/Deloitte/bm/Documents/audit/bermuda/CaptiveInsurance-in-Bermuda_May2021.pdf>.

12) <https://www.consilium.europa.eu/en/council-eu/preparatory-bodies/code-cond

에 대한 국가별 조세 형평성을 제고하고자 한 것이다. 이에 따라 버뮤다는 2018년 「경제적 실질법」(Economic Substance Act 2018)을 제정하여 버뮤나 내 유치된 모든 기업이 EU의 기준을 준수하도록 하였다. 이 법에 따라 버뮤다에 있는 모든 회사는 버뮤다에서 실질적인 경제 행위(relevant economic activity)를 해야 한다. 버뮤다에 있는 캡티브보험회사는 다음 다섯 가지 사항을 준수해야 한다.

1. 버뮤다에서 관리되고 운영되어야 한다.
2. 수익을 창출하는 핵심활동이 버뮤다에서 있어야 한다.
3. 버뮤다에 충분한 물리적인 실체(physical presence)가 있어야 한다.
4. 버뮤다에 자격을 갖춘 충분한 정규직원(full-time)이 있어야 한다.
5. 버뮤다에서 하는 보험관련 활동과 관련해서 충분한 운영비가 발생해야 한다.

(2) 건지(Guernsey)

▍ **그림 2 건지 지리적 위치**

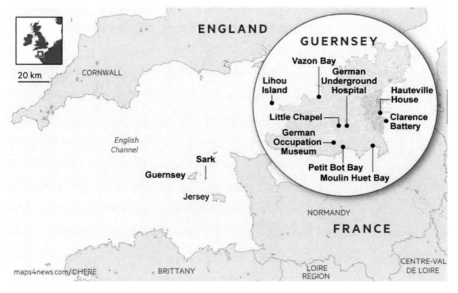

uct-group/>.

1) 개요[13]

건지는 영국 왕실의 직할령으로 노르망디 해안으로부터 48km 떨어진 채널제도의 섬이다. 크기는 78km², 인구는 67,642명(2023년 추청)이다. 지리적으로 영국과 유럽 대륙 중간에 있어 중세에는 해적의 피난처로도 사용되었다. 영국의 일부가 아니며 영국은 건지에 대한 외교와 국방에 대한 권한만을 갖는다. 외교와 국방을 제외한 모든 권한은 건지 자치 의회에 귀속된다. 국적에 관련해서는 영국법이 적용되어 건지 주민들은 영국 본토 거주권이 있으나 투표권은 없고 얻으려면 따로 시민권 취득 절차를 밟아야 한다. 1차 세계대전 시 영국군으로 3,000명이 참전한 후 독일에 점령되었고, 섬의 전략적 위치 때문에 전투가 매우 치열했으며, 2차 세계대전 후 해방되었다. 영국의 법제를 기본으로 정치적, 사회적으로 안정되었다. 기후는 겨울은 춥지 않고 여름은 선선한 온화한 해양성 기후로 빅토리아시대부터 영국의 인기 휴양지이며 지금도 유럽 크루스여행의 중요 기착지이다.

은행업, 펀드 관리, 보험 등 금융업이 GDP 40%를 차지하고 고용의 20%를 차지한다. 관광업은 GDP의 5% 정도를 차지하고 있으며, 원예업도 발달했지만 그 비중은 줄어들고 있다. 2021년 1인당 GDP는 USD75,153(World Bank, 2022)로 세계7위 수준이며, 중앙은행이 없지만, 자체 sterling coinage와 bank note 발행하며 영국의 화폐는 자유롭게 사용한다. 일찍이 낮은 세율로 1970년대부터 유럽의 역외 금융지로 발달하였다. 2008년 1월 1일부터는 0~10% 법인세 제도를 시행해왔는데, 대부분의 회사들이 법인세를 면제받지만 캡티브를 포함한 금융 관련 업종은 10% 법인세를 낸다.

2) 캡티브[14]

전술한 바와 같이 1922년에 첫 캡티브보험회사가 건지에 설립되었다고 한다. 하지만 건지에 캡티브보험회사가 본격적으로 유치되기 시작한 것은 1970년대 이후이다. 1987년 건지에 자치 보험규제당국이 설립되었다. 2002년 보험업법에 의거 캡티

---

13) 건지 정부(www.gov.gg)와 world bank, britannica와 wikipedia를 참고하여 정리하였다.
14) 건지 금융위원회(www.gfsc.gg), Business Insurance, Marsh(www.marsh.com)자료를 기초로 작성

브 관련 법령을 제정하고, 건지금융위원회(Guernsey Financial Service Commission)는 캡티브에 관한 제반 규제와 감독을 하고 있다. 건지는 미국을 제외한 나라들의 캡티브가 가장 많은 허브로 세계 최대 보험시장인 런던시티(the City of London)와 잘 연계되어 있다. 건지는 주로 영국과 유럽의 기업의 캡티브를 유치한다. 건지에 영국 FTSE 100 중 20%가 domiciled하고 있으며 2018년 말 기준으로 644명의 국제보험 관리자(international insurance managers)가 건지에 있다. 건지는 글로벌 표준 규제(Solvency II, IAIS)를 준수하고 있으며, 최근 중국 관련 기관과 양해협의서(MOU)를 체결하였다. 2021년에는 설립 사전승인제를 도입하여 기존 PCC 내 캡티브를 신청하면 신청 즉시 허가(just-in-time)하는 제도를 테스트 중이다. 건지는 영어에 능통한 금융 인력 확보가 용이하며 거주매력도는 높은 편이다.

▌표 11 캡티브 허브로서 건지에 대한 현황과 평가

크기 km²	인구 만 명	인당 GDP 만불	유치 회사 수(개)	주요 시장	성장 방식	규제 특성	거주 매력도	언어	인재 확보
78	6.3	7.5	912	유럽	시장 주도	기업 친화적	상	영어	용이

(3) 두바이-DIFC

▌그림 3 두바이의 지리적 위치

1) 개요[15]

두바이는 UAE(아랍에미리트연합)를 구성하는 토후(Emirate) 7개국 중 하나이다. UAE 최고통치기구는 7국 통치자로 구성된 연방최고회의(Federal Supreme Court)이며, 각 토후국은 토후국 자치권을 보장받고 연방정부는 연방에 관련된 사안에만 개입한다. 두바이는 1971년 아랍에미리트 연방에 가입하기 전까지 영국의 통제 하에 있었다. UAE 전체 인구는 1천만 명에 육박하는데 그중 3분의 1이 두바이에 거주한다.

두바이는 1950년 인구 2만 5천 명 수준의 작은 어촌에서 2020년 300만 명의 중동 최대의 무역허브로 성장하였다. 두바이의 상징이 된 인공섬, 세계에서 가장 높은 빌딜 부르즈 할리파, 세계에서 가장 큰 쇼핑폴 두바이 몰, 인공섬 등으로 주목을 받았다. 두바이는 국가가 개발을 주도하지만 적극적인 투자와 개방정책으로 글로벌 자본주의 생태계를 조성하였다. 지금은 아시아의 싱가포르처럼 중동 최고의 최고 경제 및 관광 허브로 자리매김하였다. 2021년 UAE의 인당 GDP는 44,316달러로 세계 19위 수준인데, 한국 34,998달러(30위)보다 상당히 높다. 기후는 다습한 사막기후라서 여름철에는 낮 평균기온이 40도에 육박하는 매우 무더운 날씨지만 겨울에는 평균기온이 낮 24도, 밤 14도로 온화하다. 두바이 크기는 3,885km^{2}로 제주도(1,848)의 두 배가 조금 넘는다. 2021년 산업별 GDP 공헌비율은 도매와 무역업(자동차수리 등)이 26.2%, 교통과 물류 12.6%, 금융 10.2%, 제조업 9.4%, 부동산 6.9%, 건설 6.6%, 관광 5%를 차지하고 있다.[16] 한때 GDP 50% 이상을 차지했던 원유생산은 이제 1% 이하이다.

2) 캡티브 허브[17]

UAE와 두바이는 중동과 아프리카, 남아시아의 금융 허브가 되겠다는 국가적 비전이 있었다. 연방 헌법을 개정하여 두바이 내 DIFC(Dubai International Financial Centre)에 UAE와 별개로 행정, 사법 체계를 구축할 수 있도록 하여 두바이는 2004년 두바이 내에 1.1km^{2}의 DIFC를 설립하였다. 2004년 연방법 8(Federal Law No. 8)

---

15) world bank, britannica와 wikipedia 자료에 기초하고 있다.
16) <https://www.dsc.gov.ae/en-us/Themes/Pages/National-Accounts.aspx?Theme=24>.
17) 두바이 국제금융센터(www.difc.ae), 두바이 금융청(www.dfsa.ae) difc.ae), Business Insurance, Marsh(www.marsh.com) 자료를 기초로 작성

를 통해서 금융자유지역(Financial Free Zones)을 설치하고 연방법 9(Federal Law No. 9)를 통해서 DIFC의 재정과 운영의 독립성을 인정하고 두바이정부의 형사법, 행정법, 자금세탁방지법(Criminal, Administrative, Anti-Money Laundering Laws)을 제외한 모든 민사적, 상업적 법제에 대해서 예외를 인정하였다. DIFC는 금융 선진국을 철저히 벤치마킹한 후 금융 수요자를 중심으로 국제금융 생태계를 설립하였다. DIFC 법원은 영국 보통법(English common law)이 적용되므로 영국 보통법 관할권 출신 판사가 법정을 이끌며 영어로 진행한다. DIFC 행정은 관리청(DIFC Authority)에서, 금융감독은 두바이금융청(Dubai Financial Services Authority: DFSA)에서 담당한다.

　DIFC 운영의 핵심은 독립적인 규제감독기구인 두바이금융청이다. 두바이금융청은 금융업에 대한 각종 허가와 금융업 운영에 대한 행태 규제를 담당한다. DIFC는 중동과 인근 지역의 부와 투자기회에 접근하는 플랫폼이 목표이다. 100% 해외지분의 금융회사 설립이 가능하며, 기본적으로 금융회사 설립 이후 40년간 소득과 이익에 대해서 0% 세제이다. 하지만 최근까지 캡티브에 대한 규제는 버뮤다, 건지 등에 비해 상당히 엄격했다. 외국인 근로자에 대한 취업, 거주와 관련된 비자 등 모든 법적 문제를 원스톱서비스로 해결하고 있다고 한다. 2021년 두바이금융청은 캡티브보험에 대한 지급여력 규제를 글로벌표준에 맞게 수정하여 버뮤다, 건지 등과 균형을 맞추었다. 변경된 규제의 핵심은 자본요구의 기준을 총보험료(gross written premiums)에서 순보험료(net written premiums)로 변경시켰다. 재보험업을 하는 캡티브의 경우 총보험료로 하는 경우 상당히 불리했기 때문이다.

　UAE의 수도인 아부다비는 ADGM(Abu Dabi Global Market)이라는 역외금융지역을 2015년에 설치하였다. ADGM은 두바이의 DIFC와 마찬가지로 UAE 국내에 있지만 금융자유지역(financial free zone)을 설치하고 이 지역 내에서는 국내법이 아닌 영미법체계를 적용하는 유사한 관계이다. 경쟁관계라도고 볼 수 있다.

　Business Insurance에 의하면 DIFC에 유치되어 활동하는 캡티브는 2개뿐이다. DIFC에 유치된 캡티브가 적은 첫 번째 이유는 일부 규제가 과도하였다. 예를 들면 요구자본 기준을 순보험료가 아닌 총보험료로 해서 재보험 캡티브에 불리한 점, 인수리스크 분산 의무가 있었는데 리스크 분산 비용이 높은 소규모 캡티브는 은행에 담보를 제공해야 하는 문제, 소규모 캡티브에게도 연간 보험계리보고서를 제출하도록 한 것 등이다. 이상 언급된 문제의 규제는 2021년 4월 개선된 것으로 보고되고 있으나 규제가 버뮤다 수준으로 기업 친화적인지 알 수 없다.[18] 두 번째 이유는 중동지역 캡티브 허브 간에 경쟁이라고 추측한다. 미국이나 유럽과 달리 UAE나 중동은 새로운 기업 설립이 많지 않고 사우디 아리비아나 쿠웨이트 등의 글로벌 에너지 기업들은 이미 오래전부터 캡티브를 다른 허브에서 운영하고 있었다. 최근에는 UAE 내 아부다비 ADGM도 캡티브를 유치하겠다고 하여 두바이 DIFC와 경쟁하고 있다. 현재 중동에서는 이집트가 7개 캡티브를 유치하여 최대 허브이다. DIFC는 2023년 3월 세계적인 채굴회사 Ma'aden에게 캡티브 설립을 허가하여 향후 유치 캡티브 수는 다소 증가할 듯하다. 두바이는 DIFC라는 국제금융센터가 있지만 캡티브 근무에 필요한 영어에 능통한 금융인재는 충분하지 않다고 평가하며 이들의 DIFC 거주매력도는 '중' 정도로 평가한다.

▌ **표 12 캡티브 허브로 두바이의 현황과 평가**

크기 km²	인구 만 명	인당 GDP 만불	유치 회사 수(개)	주요 시장	성장 방식	규제 특성	거주 매력도	언어	인재 확보
1.1	3 (근로자)	4.4	2	중동	정부 주도	DIFC 설립	중	비즈니스 영어	중립

---

18) <https://www.captiveinternational.com/contributed−article/dubai−s−captives−offe ring−comes−of−age>.

(4) 싱가포르

▮ 그림 4 싱가포르의 지리적 위치

1) 개요[19]

말레이반도 남단의 섬들로 크기는 719km², 인구는 5,975,383명(2023년 추정)이다. 1965년 말레이시아로부터 독립했으며, 인구 구성의 비중은 중국계(74%), 말레이계(13%), 인도계(9%) 순이다. 공용언어는 영어(48%), 표준중국어(30%), 말레이어(9%), 타밀어(3%)이며 모든 공문은 네 언어로 작성되거나 영어로 작성되어야 한다. 종교는 불교(31%), 기독교(19%), 이슬람(16%), 도교(9%), 힌두교(5%) 비중이다. 날씨는 고온 다습한 열대성 기후를 가지고 있다. 싱가포르는 인종 통합과 영어 공용화 정책을 유지하고 있으며 인재 확보를 위해서 이민자 우대정책으로 외국시민권자 비중도 높은 편이다.

싱가포르는 1959년 말레이시아의 자치주가 되었다가 1965년 독립 국가로 분리되면서 급속한 산업화가 진행되었다. 1959년부터 보수파인 인민행동당이 집권하면서 개인의 자유보다 책임을 강조하였다. 내각책임제로 총리가 실권을 가지며 정치적으로 안정되었고, 우리나라와 75년 수교하였다. 법은 영국 보통법(English Common

---

19) CIA(https://www.cia.gov/the-world-factbook/countries/singapore), world bank, bri
tannica와 wikipedia 자료에 기초하고 있다.

Law)에 기초하지만 태형이 존재할 정도로 제재는 강한 편이다.

14세기부터 무역 중심지로 발달하였고 제조업과 관광업도 균형있게 발달하였다. 1970년대부터 싱가포르는 금융산업을 단순히 무역업과 제조업을 지원하는 산업에서 거대한 글로벌 산업으로 성장할 수 있다는 것을 인식하고 국가적으로 금융허브를 위한 인프라를 개발하였다. 1968년 Asian Currency Units(ACUs)를 창설하여 미국 달러로 저축을 받고 이자를 면세하면서 싱가포르에 아시아 달러 시장을 조성하였다. 1971년 설립된 싱가포르통화청(Monetary Authority of Singapore)은 중앙은행 역할뿐만 아니라 금융허브를 조성하는 전방위적인 정책적 노력을 기울여 왔다. 싱가포르의 1960년부터 시작된 '무역 및 금융 중심지'로 발돋움하기 위한 정책적 목표는 그 당시 '강력한 금융 규제'를 시행했던 우리나라와 상당한 대비를 이룬다. 2021년 기준으로 경제 지표를 살펴본다. GDP는 3,970억 불이며 1인당 GDP는 7만 2795불이다. 경제성장률은 7.6%로 높다. 물가상승률은 2.3%, 실업률은 2.6%로 매우 안정적이다. 화폐는 싱가포르달러(1 미국달러＝1.4 싱가포르달러, 2020 평균, 세계은행)를 사용한다.

2) 캡티브 허브[20]

싱가포르는 개방된 문화, 영어 공용어화, 안정된 정치, 지리적 이점 등으로 우수 인재 확보가 용이하여 아시아의 대표적인 캡티브 허브로 성장하였다. 2021년 말 기준 84개 캡티브보험회사가 운영 중인데 경쟁 도시인 홍콩 4개와 큰 격차를 보인다. 싱가포르 외환시장은 세계 4번째로 큰 시장이며 캡티브 설립 5년간 투자 및 인수이익에 대해서만 10% 법인세를 부과한다. 싱가포르통화청(MAS)은 중앙은행기능과 금융감독 및 금융회사 육성 기능을 동시에 수행한다. 정부는 효율적이고 청렴도가 높다는 평가로 글로벌 금융센터 육성에 긍정적 효과가 있다. 싱가포르통화청은 금융회사에 대한 서비스로 평판이 높은데, 2012년 삼성화재의 자회사인 Samsung Reinsurance가 싱가포르에 설립되면서 싱가포르통화청의 기업친화적 태도를 국내 금융회사도 경험하였다.

캡티브에 대해서 면세하였으나, OECD의 국가별 조세 형평성 가이드라인에 따라 2018년 3월 30일 캡티브에 대한 면세 규정을 철회하였다. OECD의 기본 방침에 따

---

20) 싱가포르통화청(https://www.mas.gov.sg), Business Insurance, Marsh(www.marsh.com) 자료를 기초로 작성하였다.

라 싱가포르통화청은 캡티브에 대해서 2025년까지 10% 세율을 유지한다. 이는 싱가포르에 본부를 두는 경우나 offshore 보험업을 하는 경우에도 10%로 동일하다. 싱가포르는 개인소득에 대해 0~22% 세율을 누진적으로 적용한다. 싱가포프는 영어 공용화로 영어에 능통한 금융 인재확보가 용이하며 싱가포르 거주 매력도는 높다고 평가한다.

▎ **표 13** 캡티브 허브로 싱가포르의 현황과 평가

크기 km²	인구 만 명	인당 GDP 만불	유치 회사 수(개)	주요 시장	성장 방식	규제 특성	거주 매력도	언어	인재 확보
710	563	7.3	84	아시아	정부 주도	기업 친화적	중상	영어 공용	용이

(5) 라부안

▎ **그림 5** 라부안 위치

1) 개요[21]

1963년 영국으로부터 독립한 말레이시아는 13개주와 3개의 연방직할구로 구성된다. 연방직할구인 라부안은 7개의 섬으로 면적은 92km²이다. 1990년 말레이시아 연방정부는 라부안 내에 국제역외금융센터(IOFC)를 설립하였다. 라부안은 홍콩, 싱가포르, 방콕과 항공으로 3~4시간대에 위치하며 이 도시들과 시차가 없다는 장점이 있다. 말레이시아는 입헌군주국으로 국가 원수인 국왕은 9개 주에 있는 술탄에 의하여 5년에 한 번씩 호선으로 선출된다. 정부의 수반은 수상이고, 법제는 영국과 비슷하며 국교는 이슬람교이지만 종교 자유를 인정한다. 날씨는 고온다습한 열대 기후이며 공식언어는 말레이시어이지만 영어와 중국어도 통용된다.

말레이시아의 2021년 인당 GDP는 11,109달러이지만 라부안은 19,629달러로 수도인 쿠알라룸프르를 제외하면 말레이시아 내 주 중에서 가장 높은 수준이다. 말레이지아는 주석, 고무, 철광, 석유를 수출하며, 농업에서 관광업과 제조업 중심으로 변화 중이다. 라부안은 원유와 가스 등의 수출과 국제 금융 서비스의 발달로 다른 주에 비해 빠르게 성장하고 있다.

2) 캡티브[22]

1990년 말레이지아 정부는 라부안에 글로벌금융센터(IBFC)를 설립하면서 IBFC 금융 규제는 라부안 금융청(FSA: Financial Services Authority)이 담당한다. 라부안 금융청은 세계 최초로 이슬람 법률에 부합하는(Shariah-compliant) 옴니버스 금융 규제를 제시하여 이슬람 기업 유치로 경쟁력을 높였다. 라부안에 설립된 은행, 보험회사 등은 거래량(trading activity)의 3%를 법인세로 낸다.[23] 캡티브 법인세도 3%이다. 이러한 업무를 제외한 회사의 법인세는 없다. 라부안은 동남아 주요 도시와 시차가 없어 동남아 기업 유치에 유리하다. 영어에 능통한 전문가도 경쟁 허브에 비해 적지 않다고 평가하며 거주 매력도 '중'으로 평가한다.

---

21) CIA(https://www.cia.gov/the-world-factbook/countries/malaysia), world bank를 중심으로 britannica와 wikipedia 자료로 보충하였다.
22) Business Insurance, 라부안 IBFC(www.labuanibfc.com/) 자료를 기초로 작성하였다.
23) 캡티브에 대한 연 수수료는 순수캡티브 USD3,000, PCC(core)는 9,500, PCC의 셀은 3,000.

표 14 캡티브 허브로 라부안 현황과 평가

크기 km²	인구 만 명	인당 GDP 만불	유치 회사 수(개)	주요 시장	성장 방식	규제 특성	거주 매력도	언어	인재 확보
92	10	2.0	53	아시아 이슬람	정부 주도	IBFC/ 이슬람 특화	중	비즈니 스영어	용의/중립

3. 글로벌 캡티브 허브 비교 시사점

글로벌 캡티브를 비교한 결과 네 가지 시사점을 얻을 수 있다. 첫째, 캡티브 허브는 모회사와 지리적 근접성이 중요하다. 성공적인 캡티브 허브는 주요 시장과 지리적으로 근접되고 있다. 예를 들면, 미국 모회사는 버뮤다 캡티브를 주로 이용한다.

둘째, 캡티브 허브 선발 주자인 버뮤다와 건지는 시장 주도로 성장하였고, 후발 주자인 라부안과 두바이는 정부 주도로 성장한 차이가 있다. 이는 우리나라에 캡티브가 허용되는 경우 초기에는 정부의 역할을 중요하다는 것을 시사한다.

셋째, 캡티브 허브가 되기 위해서는 영어에 능통한 인력을 합리적인 비용으로 확보할 수 있어야 한다. 모든 성공적인 캡티브 허브(버뮤다, 건지, 싱가포르, 라부안)는 영어에 능통한 인재를 합리적 비용으로 확보할 수 있다. 하지만 아직도 성공이라고 확신하기 어려운 두바이 DIFC에서는 그렇지 않을 것이라고 추측한다.

넷째, 캡티브 허브가 되기 위해서는 법제는 물론 감독 행정도 기업 중심적이어야 한다. 규제가 강한 두바이 DIFC는 캡티브를 2개밖에 유지하지 못했다.

마지막으로 캡티브 허브를 포함한 역외금융 지역은 '경제적 실질 규제'를 적극적으로 도입하여 긍정적인 이미지를 구축하고 있다.

지역 (첫 캡티브)	크기 km²	인구 만 명	인당 GDP 만불	유치 회사 수	주요 시장	성장 방식	규제 특성	거주 매력도	언어	인력 확보
버뮤다 (1962)	54	7.1	10	670	미국, 글로벌	시장 주도	기업 친화적	상	영어	용이
건지 (1922)	78	6.3	7.3	192	유럽	시장 주도	기업 친화적	상	영어	용이
두바이 (2004)	1.1	3 (근로자)	4.4	2	중동	정부 주도	DIFC 설립	중	비즈 니스 영어	중립
싱가포르 (1983)	710	563	7.3	84	아시아	시장 정부	기업 친화적	상	영어 공용	용이
라부안 (1998)	92	10	2.0	53	아시아 이슬람	정부 주도	IBFC/ 이슬람 특화	중상	비즈 니스 영어	용의/중 립

IV. 제주의 캡티브 허브 성장가능성

1. 제주 '캡티브 허브' 이해 관계자

제주 캡티브 허브에 대한 이해관계자는 <그림 6>에서 보듯이 제주 외에도, 규제당국인 중앙정부(감독당국), 대체자, 대체재인 보험회사, 수요자 그리고 경쟁 캡티브 허브가 있다.

---

24) 캡티브 허브 평가는 객관적 지표와 함계 전문가 인터뷰 등에 기초한 저자 주관적 평가가 포함된다.

▌**그림 6** 제주(JIFC) 이해관계자

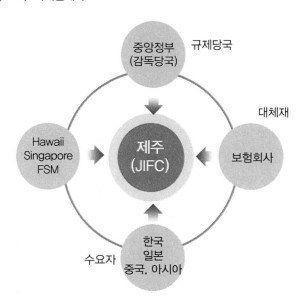

2. 제주의 전략적 현황

제주의 장단점과 긍정적 및 부정적 외부환경은 기존 연구에서 많이 논의되었다.
<표 16>은 캡티브를 유치하는 관점에서 제주를 평가한 결과이다. 기존 연구와
차이가 있는 점은 캡티브 수요자 관점에서 캡티브에 필요한 '영어에 능통한 인재를
합리적 비용으로 확보할 수 있느냐'이다. 제주는 매력적인 지역이고 '영어교육도시'
가 있어 이 부분은 제주의 강점이라고 평가한다.

제주는 농림·어업이 총 생산에서 차지하는 비중은 11%, 숙박·음식업이 6.1%이
며, 금융보험업은 5.7%로 서울 14%, 부산 7%와 큰 격차가 있으며, 전국 평균(5.9%)
보다 낮다. 나아가 제주특별자치도의 2021년 재정자립도는 32.78%로 전국 평균
40.92%에 훨씬 미치지 못하고 있다(지방재정통합공개시스템).

이런 점에서 제주는 농어업과 관광업 외에 금융업 진출이 필요할 것으로 판단된
다. 캡티브 보험은 대규모 자금을 동원하거나 거대한 시설 투자가 필요없는 '틈새 금
융업'이다. 이는 제주에 적절하며 서울이나 부산 금융중심지와 차별화하여 발전할
수 있는 여지가 크다.

제주 강점	제주 약점
자연 매력도 인재 확보 용이 K-문화 인지도	구성원 관심도 기존 사업 중심 운영 비용 증가

제주 긍정적 환경	제주 부정적 환경
기업 규모(수요) 성장 정부의 규제 완화 기조 시민의 리스크 인식 증가	기업 리스크관리 인식 당국의 규제 관행 보험업계 공격적 영업

3. 캡티브 수요자

기업 규모가 어느 정도로 커지면 노출된 리스크가 증가하면서 캡티브 수요가 발생한다. 기업이 직면한 리스크를 스스로 관리하는 것이 더 효율적일 수 있기 때문이다. 한국은 산업화 과정에서 재벌(대기업집단)이 보험회사를 자회사로 다수 보유하면서 그 자회사들이 사실상 모그룹의 캡티브 역할을 하였다. 따라서 삼성화재, 현대해상, DB손보, 메리츠화재, 한화손보는 재벌그룹의 사실상 캡티브로 간주된다면 관련 그룹에서 캡티브를 설립할 가능성은 적다. 하지만 그 외 대기업은 자회사로 보험회사가 없거나 LG그룹처럼 자회사였던 LIG손보를 KB금융지주에 매각한 경우도 있어 캡티브 수요는 있다고 본다. 그 외 우리나라 경제 규모가 증가하고 IT 등 분야에 새로운 기업이 등장하면서 캡티브 수요는 지속적으로 증가하고 있다. 우리나라와 경제 발전 양상이 비슷한 일본을 살펴보자. 일본은 세계 2위의 거대한 보험시장을 가지고 있지만 미국처럼 캡티브 활용이 활발하지는 않다. 그렇지만 Mitsuhisa Ikeuchi (2008)에 의하면 2008년 당시 일본기업은 버뮤다, 하와이, 마이크로네시아에 70~80개의 캡티브보험회사를 설립하였다.

현재 한국 기업은 위험을 재물과 일부 배상책임에 한정하여 리스크로 좁게 인식하는 경향이 있어 전통 보험으로 리스크를 관리하고 있어 캡티브라는 위험 전가 대안(ART)을 고려하지 않고 있다. 다수의 국내 기업들은 지출되는 보험료를 절감하는 것이 중요하다고 생각하며 PML(probable maximum loss)를 자의적으로 조정하여 노출된 위험을 줄이고 보험료를 줄이기도 한다. 또한 우리 기업은 기업휴지보험(Business Interruption Insurance)에 거의 가입하지 않고 있다. 하지만 기업 규모가 점차 증가하면서 직면하고 있는 위험은 같이 증가하고 있어서 제도적으로 캡티브 설립이 가능하다면 기업들의 관심이 클 것이다.[25)]

<표 17>은 2022년 한 해 동안 화재, 태풍으로 국내에 있는 기업이 신청한 보험금 내역이다. 최고 금액은 포항제철로 태풍 피해로 인해 4,733억 원의 보험금을 청구하였다. 효성 TNC도 1,654억 원의 보험금을 청구하였다. <표 17>에서 정리된 대형 피해 16개 업체가 청구한 보험금 총액은 1조 1,579억 원이다.

▌ **표 17** 2022년 한국의 대형 피해 현황과 보험금 청구액

Assured	Line	Nature	Date	Location	Claim Amount (억 원)
포항제철	재물	태풍	22-09-06	한국	4733
효성 TNC	재물	화재	22-01-23	울산	1654
에스 오일	재물	화재	22-05-19	울산	1120
현대프리미엄아울렛	재물	화재	22-09-26	대전	898
에코프로 피엠	재물	화재	22-01-21	청주	830
귀뚜라미	재물	화재	22-01-01	아산	698
평택 팸스	재물	화재	22-01-06	평택	358
크리스에프앤씨	재물	화재	22-05-23	인천	292
LG U+	재물	화재	22-07-05	청주	239
피플웍스	재물	화재	22-05-05	구미	219
Noodle Lovers	재물	화재	22-02-06	충청북도	155
Volvic	재물	화재	22-11-20	충청북도	140
RFHIC	재물	화재	22-06-30	경기도	123
부영주택	재물	태풍	22-09-06	경상북도	55
오피스텔 Tres Belle	재물	화재	22-04-02	서울	48
한화에이로스페이스	PL	부품 불량	22-06-22	한국	17

출처: 보험업계에서 확인된 자료 취합

---

25) 저자의 업계 전문가 인터뷰로 확인한 사항이다.

캡티브는 설립 비용과 운영 비용이 든다. 이 비용을 감당하기 위해서는 어느 정도 사업규모와 보험료 지출이 전제가 된다. 보험료 규모는 노출된 위험 정도에 비례하고 노출된 위험은 생산물, 사업장 특성 등에 의해 결정된다. 관련 정보가 없기 때문에 매출 규모와 업체 성격만을 살펴본다. 국가통계포털에 의하면, 2021년 1000억 원 이상 매출을 올린 국내 기업은 4,472개이다. 이 중 일차적인 대상은 제조업 등 위험에 노출된 기업으로 보면 약 2,500개로 추측된다. 그 구성은 제조업(광업) 1794개, 전기·가스·증기 67개, 환경·원료재생 24개, 건설 343개, 운수·창고 221개이다.[26] 이 기업 중 보험회사와 특수관계에 있는 기업을 제외하고 연간 지출 보험료 규모를 적정(예: 1~3억 원) 이상으로 하면 잠재 수요자를 일차적으로 추출할 수 있다.

캡티브 설립이 제도적으로 가능하다면 이 잠재 수요자들은 지리적 근접성, 법제 편의성, 경제적 효과를 종합적으로 고려할 것이다. 국내 기업의 규모가 점점 증가하는 시점에서 캡티브 수요는 있을 것이고 제주국제금융센터는 국내 기업 수요를 우선적으로 고려해야 한다. 2차적으로 일본, 중국 및 아시아 기업으로 대상으로 수요자를 확대하는 것이 적절해 보인다.

4. 대체자(보험회사)

대체자(보험회사)는 캡티브 제도 도입으로 일반보험 시장 구조가 변화할 것으로 예상하여 캡티브 도입에 소극적이다. 보험회사의 기존 고객이 캡티브를 설립하면 원수보험료는 감소할 것이고, 그 대신 재보험료(수재)는 증가할 것이다. 현재처럼 시장 경화(market hardening)가 유지되거나 더 심화된다면 캡티브 설립 필요성은 증가할 것이다. 시장 경화가 진행되면 일반보험 인수 capacity는 줄어들고 보험료가 인상되기 때문이다. 하지만 시장 경화에도 불구하고 보험회사 간 경쟁으로 요율 덤핑이 지속된다면 캡티브 설립 수요는 약화될 듯하다. 사실 국내 일반보험 시장은 국내 보험회사의 인수 capacity가 충분하지 못해서 상당부분을 출재한다.[27]

2022년 일반보험 총 수입보험료는 12조 7,644억 원으로 전년도 대비 10% 증가하

---

26) 국가통계포털(kosis.kr)에서 산업별, 매출액 규모별 기업 수를 추출하였다.

27) 다른 보험회사에 재보험을 가입하는 것을 출재, 다른 회사로부터 재보험받는 것을 수재라고 하는데, 출재를 하는 경우 수수료를 받는 것이 일반적이다.

였다. 하지만 손해보험회사 상품 구성에서 자동차보험과 장기보험(실손보험 등) 비중
은 증가하지만 일반보험의 상대적 비중은 감소하고 있는 실정이다. 2010년 일반보
험 비중은 13.4%에서 2020년 12.4%로 축소되었다(김세중·김유미, 2022). 현행 보험
업감독규정은 일반보험 최소보유비율을 10%로 정하고 있어 우리나라 보험회사의
출재 비율은 높다. 현행 10% 규정은 보험회사의 자본력, 사업비율, 재보험료 출재수
수료(10~15%)를 고려해서 결정된 것이다. 2022년 4월 25일 보험신보 보도에 의하
면, 2021년 재보험 수지차(손익)가 1조 5,158억 원 적자인 것을 고려하면 일반보험
최소 보유한도를 상향조정하는 것을 감독당국은 고민할 필요가 있다.[28]

5. 규제자(정부)

보험산업은 규제 산업이므로 정부가 법으로 제도를 결정한다. 캡티브를 도입할 것
인가에 대한 결정도 정부의 몫이다. 정부가 캡티브 도입 여부를 결정할 핵심요인은
세 가지다.

먼저 기업의 경쟁력과 효율성이다. 캡티브 제도 도입은 리스크관리 수단을 추가하
여 기업의 경쟁력과 효율성에 크게 기여한다. 현대 기업은 성장을 위해서는 영업과
상품개발이 필요하지만 안정을 위해서는 각종 리스크를 어떻게 관리하느냐가 핵심
이다. 기업이 자신의 리스크를 이해하고 이에 대한 대응과 비용관리를 효율적으로
할 수 있다면, 이는 기업경쟁력 제고에 일조할 것이다.

두 번째 고려 요인은 금융산업 경쟁력이다. 캡티브 제도 도입이 금융산업 특히 보
험산업 경쟁력에 미칠 영향을 고려한다. 미국, 유럽, 아시아 국가들의 사례를 볼 때
캡티브 제도 도입이 자국 보험산업 경쟁력을 약화시킨다는 사례는 찾을 수 없다. 캡
티브가 가장 활성화된 미국, 영국 및 싱가포르가 좋은 사례이다. 국내 보험회사는
일반보험 원수보험료가 감소할 것이라고 우려하지만 캡티브는 당연히 보험회사에
재보험을 가입해야 하는 구조이므로 그 변화는 크지 않을 것이다. 특히 일반보험
capacity를 증가시켜 재보험 해외 출재를 축소시키는 긍정적 효과가 있다는 점도 고

---

28) 재보험수지차(손익)는 국내 기업이 보장받아야 할 위험 규모에 비해서 국내 보험회사의 인수
  capacity가 작기 때문에 발생한다. 이 원인은 국내 보험회사의 자본 규모가 국내 기업의 사
  업(위험) 규모보다 상대적으로 작기 때문에 발생하는 구조적 문제라 일시에 해결이 어렵다.

려해야 한다.

마지막으로 제주 캡티브 허브 도입은 지역균형발전에 긍정적인 역할을 하고 서울 등 국제금융센터 활성화에도 보완적인 역할을 할 것이라는 점을 고려해야 한다.

6. 경쟁 허브

제주에 캡티브 허브가 설립되면 글로벌 주요 허브인 싱가포르, 라부안 그리고 하와이, 버뮤다 등과 장기적으로 캡티브 유치를 경쟁하게 된다. 국내 기업은 지리적 근접성, 언어와 문화 관점에서 제주국제금융센터를 선호하겠지만 일본, 중국, 아시아 기업들이 다른 캡티브 허브 대신 제주에 유치될 것인가는 불확실하다. 이 경우 캡티브 설립, 운영 법제와 운영 서비스가 결정하게 될 것이다. 법적인 준비와 동시에 영어에 능통한 인력을 합리적 비용으로 확보할 수 있는 환경을 조성하는 것이 유리하다고 평가한다.

V. 결론 및 시사점

1. 제주의 캡티브 유치 경쟁력

전술한 내용을 요약하면 법제의 불확실성이 있지만 제주가 캡티브 허브로 성장할 가능성은 높다. 이 결론은 모기업의 캡티브 설립지 결정요인에 기초한다. 모기업이 캡티브 위치를 결정할 때 고려하는 요소는 정치·환경 요소, 법제·세제 요소, 운영 비용·서비스 세 가지이다. <표 18>은 제주의 캡티브 유치 경쟁력을 관련 자료와 보험 전문가 의견을 수렴하여 정리하였다. 제주에 캡티브를 설립할 수 있는 법적 근거가 마련되는 경우 제주는 첫 번째 요소인 정치적·법적 안정성 면에서 높게 평가될 것이다. 특히 한국 모기업의 경우 싱가포르, 라부안, 버뮤다보다 지리적으로 근접하고 동일한 모국어를 사용하는 제주도에 캡티브를 설립할 가능성이 매우 높다. 두 번째 요소인 법제·세제 요소는 국내 제도가 없는 상태에서 평가하기는 어렵지만 캡티브에 유리한 제도적 인센티브를 마련될 필요는 있을 것이다. 그렇다고 경쟁 허브 대비 파격적인 설립 및 운영 혜택을 제공해야 하는 것은 아니다. EU와 OECD는 역외금융지역에서 캡티브가 경제적 실질 행위(relevant economic activity)를 하도록 요구하고 있어 적절한 조세 수준을 제시하여 조세피난처가 아님을 명백히 하는 것이 국내외적으로 필요하다.

세 번째 요소인 운영비용·서비스도 제도가 없는 상태에서 평가하기는 어렵다. 하지만 청정하고 아름다운 환경과 최근 영어에 능통한 국내 인력이 증가한다는 점에서 캡티브 근무자의 제주 거주 매력도는 높을 것이다. 그리고 캡티브 규모가 클수록 허브의 금융 네트워크도 중요하게 고려하는데 우리나라의 금융 인프라와 개방성을 고려하면 좋은 평가를 예상할 수 있다.

▌ 표 18 동북아 수요자 관점에서 제주의 캡티브 허브로서 경쟁력

범주	고려 요소	JIFC	싱가포르	라부안	하와이
정치·환경 요소	정치적, 법적 안정성	H	H	H	H
	사업환경 (지리적 근접성)	H	M	M	M
법제·세제 요소	캡티브 설립·운영 법제	?	H	H	H
	적용 세제 경쟁력	?	H	H	H
운영 비용· 서비스	운영 비용· 서비스 경쟁력	?	H	H	H
	지역의거주 매력도	H	M	M	H
	허브의 금융 네트워크 경쟁력	?	H	M	H

2. 제주의 대응방안에 대한 시사점

제주가 캡티브 허브로 나아가기 위한 방안에 대한 시사점은 지리적 근접성을 제외하고 네 가지로 정리된다. 첫째 법과 제도를 만드는 중앙정부, 의회 및 금융당국에 대한 설득이다. 금융규제가 사업자의 이익을 수요자의 이익보다 우선적으로 고려하는 경우 전체적인 후생은 감소하고 국제경쟁력은 하락할 위험이 있다. 현 정부는 출발하면서부터 규제 완화와 기업의 자유를 강하게 주장하였다. 따라서 금융당국도 보험산업의 진입 규제를 완화하여 모기업이 캡티브를 자율적으로 설립하는 것을 적

■ **그림 7** JIFC 성장가능성

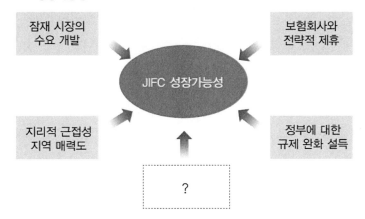

극적으로 검토하도록 설득해야 한다. 현재의 보험 규제 관행보다 한국의 금융경쟁력 제고, 그리고 지역균형발전 차원에서 선진 사례를 참고하여 캡티브 제도 도입을 전향적으로 판단하도록 적극적으로 설득해야 한다.

둘째, 보험회사와 전략적 제휴이다. 캡티브 제도 도입에 대하여 보험회사들이 반대할 수 있지만 모든 보험회사가 동일한 입장은 아니다. 계열기업 부재 등으로 이유로 일반보험 시장에 소극적인 보험회사는 캡티브 제도 도입이 오히려 새로운 기회가 될 수 있다. 일반보험시장에서 높은 점유율을 가지고 있는 보험회사들도 캡티브를 적극적으로 활용하면 스스로 부족한 인수 능력(capacity)을 보완하고 국제경쟁력을 강화할 수 있다. 따라서 제주는 보험회사와 전략적 제휴를 통해서 캡티브 제도 도입에 협력하는 지혜가 필요하다. 제주에 보험회사가 자본을 투자한 스폰서 캡티브를 허용하는 경우에는 보험회사는 새로운 사업 기회를 얻을 수도 있다. 자본금이 많지 않은 한 모기업 위험을 자회사 캡티브가 전부 인수하기 어렵기 때문에 결국 보험회사에 출재해야 하는 상생 대상이다. 캡티브 제도를 마련할 때 제주는 보험회사와 파트너가 되는 것이 유리하다.

셋째, 캡티브에 대한 잠재시장의 수요 개발이다. 자사 리스크 관리와 운영에 관심이 있는 국내 잠재 수요자를 탐색하고 발굴하는 것이 필요하다. 캡티브 제도 도입도 제주는 수요 기업과 함께 바람직한 캡티브 제도 구조를 만들어 갈 필요가 있다.

마지막으로 아무도 가장 중요한 것은 캡티브 허브에 대한 제주도민의 합치된 의

견과 지속적인 대외 설득이 필요하다. <그림 7>에서 보듯이 '?'로 표시되는 제주
도의 합치된 의견과 지속적인 대외 설득은 다른 요인을 견인하며 제주가 캡티브 허
브로 성장하도록 이끌 수 있다. 제주특별자치도는 연구기관, 언론 및 시민단체 등
다른 이해관계자와 지속적으로 소통하여 제주가 캡티브 허브로 나아가길 기대한다.

고동원(2010), 제주국제금융센터 설립을 위한 법적 기반 구축 방안, 국제자유도시연구 1권 1호, 2010.6.(2010), 1－27.

고동원(2013), 자가전속보험(Captive Insurance)회사의 제주 유치를 위한 법제 구축 방안, 국제자유도시연구 4권 1호, 2013.

김석영(2016), 제주, 글로벌 금융허브가 가능한가?, 보험연구원 및 제주CBS 정책세미나 자료집, 2016.4.22.

김세중·김유미(2022) 지난 10년간 손해보험회사 상품구성 변화, Kiri리포트, 2022.1.10.

김준호(2012), Captive(자가전속보험) 도입 및 운영 Model, 2012.5.31.

김평원(1996), 캡티브 보험사 설립에 관한 연구, 보험개발원 보험연구소 96－4.

김헌수(2014), 싱가포르 재보험 허브 성공요인과 시사점, 금융감독원 용역보고서.

윤석헌(2022), 제주국제금융센터 : 비전과 과제, 국제자유도시연구 13권 1호.

이유영(2012), 캡티브 보험산업 제주 지역 도입을 위한 기초연구, 제주발전연구원 2012－12.

Deloitte(2021), Captive Insurance in Bermuda (www.deloitte.com)

Mitsuhisa Ikeuchi(2008), Captive Programs of the Japanese Corporate Insurance Buyers: Why only few of them, 大阪女学 院大学 紀要 5 호(ir－lib.wilmina.ac.jp/dspace/bitstream/10775/30/1/01.pdf)

PWC(2010), Project Report－Development of JIFC, October 11, 2010

Sheng, Jin(2018), Report on Captive Insurance in Singapore and Hong Kong: A Promising Risk Management Solution for Asian Companies, Centre for Banking & Finance Law, University of Singapore CBFL－Rep－1803

Government of Bermuda (www.gov.bm)

Bermuda Monetary Authority (Bma.bm)

Business Insurance (www.businessinsurance.com/article/00010101/NEWS06/912348170/Research－&－Rankings－Captive－Insurance)

Dubai Financial Services Authority (www.difc.ae)

Guernsey Financial Services Commission (gfsx.gg)

Labuan IBFC (www.labuanibfc.com)

Monetary Authority of Singapore (www.mas.gov.sg)

World Bank(https://data.worldbank.org/indicator/NY.GDP.PCAP.CD)

제9절
자가전속보험(Captive Insurance)회사의 제주 유치를 위한 법제 구축 방안*

고동원**

Ⅰ. 머리말

제주특별자치도(이하 "제주도"라 한다)에 자가전속보험회사(captive insurance compan
y)[1]를 유치해 재정 수입 증대와 관광 수입 증대 등을 통해 제주도 지역 경제의 활성
화를 도모해보자는 움직임이 있다. 제주도 당국은 2013년 2월 8일 「제주특별자치도
설치 및 국제자유도시 조성을 위한 특별법」(이하 "제주특별자치도법"이라 한다) '제도
개선 과제'[2]의 하나로서 자가전속보험회사의 제주 유치 방안을 발표한 바 있다.[3] 즉
이 방안은 자가전속보험회사를 제주에 유치함으로써 관광·교육 산업과 함께 제주의
서비스 산업의 경쟁력을 높이고자 함에 있다.[4] 자가전속보험이란 '캡티브 인슈어런
스'(capitve insurance)를 번역한 용어인데, 캡티브란 '전속'이란 뜻을 갖고 있다. 즉

---

* 「국제자유도시연구」 제4권 제1호(2013. 6. 30)에 실린 글이다.
** 성균관대학교 법학전문대학원 교수, 법학박사.
1) "captive insurance"라는 용어는 '자가보험', '종속보험', '전속보험', '자체보험' 등으로 번역
   할 수 있으나, 여기서는 '자가전속보험'이라는 용어를 사용한다.
2) '제주특별자치도법 제도 개선 과제'라 함은 제주특별자치도법 제20조 및 제22조에 근거하여
   제주특별자치도 완성을 목적으로 중앙행정기관의 권한을 제주도로 이양하고 제주도를 규제
   자유화 지역으로 발전시키기 위하여 단계적으로 추진하는 과제를 의미한다.
3) 제주특별자치도, "제주특별법 제도 개선 본격 추진," 보도자료, 2013. 2. 8, 4면.
4) 위의 보도자료, 3~4면.

자가전속보험이란 기업이나 단체가 영업을 하면서 발생하는 위험에 대해 자기 스스로 그 위험을 보유하는 형태의 보험을 말한다. 통상은 자가전속보험회사를 자회사로 설립하여 그러한 위험을 보유하게 된다. 또한 해당 기업 자체는 물론 그 계열회사의 위험도 보유하는 경우도 있다. 제주도의 추진 방안은 우선 외국 기업이나 단체를 대상으로 하여 자가전속보험회사를 제주에 유치하는 전략이다. 또한 자가전속보험회사는 주로 명목회사(paper company) 형태로 설립하게 된다. 따라서 이러한 자가전속보험업은 역외금융업(cross-border financial business or offshore financial business)[5]의 하나로 볼 수 있으며, 이는 제주의 국제금융센터 설립 추진 방향에도 부합한다.

자가전속보험 제도의 도입 필요성이 인정된다면 다음 과제는 이 제도 도입을 위한 법제를 어떻게 잘 구축하느냐 하는 문제이다. 특히 자가전속보험 제도를 전국적으로 도입하는 것이 아니고 제주도에만 도입을 하는 것을 추진한다는 점에서 법제 기반 구축 방안 마련과 관련하여 특수성이 있게 된다. 우선 II.에서 자가전속보험 제도의 개념과 장점 등 일반론에 관한 내용을 먼저 살펴보고, III.에서는 입법 추진 방식에 관한 내용을 고찰하며, IV.에서는 관련 법령이나 조례에 어떤 사항이 담겨져야 하는지에 관한 내용을 살펴본다.

II. 자가전속보험 제도의 개관

1. 자가전속보험의 개념

자가전속보험이란 "기업 또는 단체가 [영업] 활동을 하면서 발생되는 위험에 대해 자신이 해당 위험을 보유하는 [보험]"을 말하는데, 자가전속보험회사란 "기업[의] 경우는 모기업의 위험을 인수하기 위해 자회사 형태로 설립된 보험회사[이며], 단체인 경우는 그 단체에 포함된 개인 또는 집단의 위험을 보유하는 보험회사"를 말한

---

5) "역외금융"이라 함은 "비거주자 간의 자금 거래가 이루어지는 시장, 즉 비거주자로부터 자금을 조달하여 비거주자를 대상으로 자금을 대출하거나 혹은 투자하는 금융 활동을 지칭한다." 박상수, "제주역외금융센터의 필요성과 추진 전략," 「역외금융연구」 제1권 창간호(사단법인 제주금융포럼, 2008. 12), 56면.

다.[6] 즉 불특정 다수를 대상으로 불특정 다수의 위험을 인수하는 일반 보험회사와 다르다. 따라서 자가전속보험은 계열회사를 포함한 기업이나 관련 기업(동일 업종 포함)들의 집합 또는 특정 단체 등의 특정 위험을 보유하는 것[7]으로서 일반 보험과는 구별된다.

자가전속보험의 거래 과정을 살펴보면, 모기업 또는 단체가 자가전속보험회사에게 보험 청약을 하면서 보험료를 납입하면 계약이 성립되고, 자가전속보험회사는 보험 사고가 발생하면 피보험자인 모기업이나 해당 단체에게 보험금을 지급하게 된다.[8] 자가전속보험회사는 인수한 위험을 전가하기 위해 재보험에 가입하는 것이 일반적이다.[9]

2. 자가전속보험과 일반보험의 수익 구조 차이

자가전속보험과 일반보험과의 차이점을 살펴보면, 일반보험의 경우 보험료 수입금의 운용에 따른 손익이 보험회사에게 귀속되지만, 자가전속보험의 경우에는 보험료 수입금의 운용 손익은 자가전속보험회사에게 귀속되고, 이 손익은 결국 위험의 당사자인 모기업이나 단체에게 귀속된다.[10] 조금 더 구체적으로 살펴보면, <그림 1>에서 보는 것처럼, 일반보험회사의 경우에는 순보험료(net premium)[11]에서 발생하는 영업 손익과 부가보험료(loading premium)[12]에서 발생하는 투자 손익 등이 보험회사에게 귀속되지만, 자가전속보험회사의 경우에는 <그림 2>에서 보는 것처럼, 순보험료에서 발생하는 영업 손익과 부가보험료에서 발생하는 투자 손익이 모기업

---

6) 김준호, "Captive Insurance를 통한 제주도 경제적 기대 효과,"「역외금융연구」제4권(사단법인 제주금융포럼, 2011. 12), 121면.
7) 위의 논문, 122면.
8) 위의 논문, 122면.
9) 위의 논문, 122면.
10) 위의 논문, 122면.
11) '순보험료'는 보험계약에 따라 지급해야 할 보험금과 손실 처리 비용(loss adjustment expense) 등을 충당하기 위한 보험료를 말한다. 즉 순보험료는 총 손실 금액을 총 보험 가입 건수로 나눈 것이 된다. 순보험료는 과거의 손해율, 보험 가입 담보 조건 등에 의해 결정된다(위의 논문, 120~121, 124면).
12) '부가보험료'는 보험회사가 보험 사업을 영위하는 데 소요되는 각종 사업비(인건비, 수수료 등)와 이익 등을 충당하기 위한 보험료를 말한다(위의 논문, 120면).

이나 단체에게 귀속된다.[13] 따라서 일반보험회사는 순보험료를 통한 영업 이익과 더불어 부가보험료를 통한 투자 수익이나 사업비 절감 등에 따른 이익을 얻을 수 있는 구조가 되며, 자가전속보험회사의 경우에는 자기 위험에 대한 일부를 보유하게 됨에 따라 발생하는 순보험료의 감소와 사업비 절감 등을 통한 부가보험료의 감소로 인한 이익과 부가보험료의 운용에 따른 수익을 얻게 되는 구조가 된다.[14] 특히 모기업이나 단체가 다양한 위험 관리 기법을 개발하여 스스로 위험 관리를 잘 하게 되면 손해율이 떨어지게 되고, 이에 따라 순보험료도 감소하게 되어 수익을 얻을 수 있게 된다.[15] 즉 모기업이나 단체에게 자체적인 위험 관리의 유인을 제공하게 되는 긍정적인 효과가 있게 된다. <그림 3>은 보험료 절감을 통한 자가전속보험의 수익 발생 구조를 설명하고 있다.

▌ **그림 1 일반 보험회사의 수익 흐름 구조[16]**

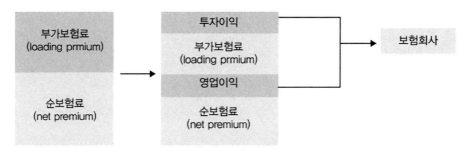

---

13) 위의 논문, 122면.
14) 위의 논문, 124면.
15) 위의 논문, 124면.
16) 위의 논문, 123면.

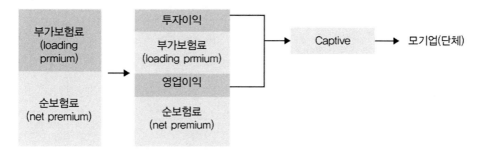

▌ **그림 2** 자가전속보험회사의 수익 흐름 구조[17)]

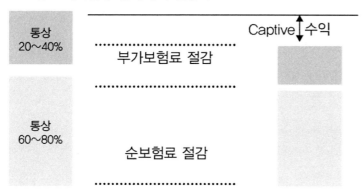

▌ **그림 3** 자가전속보험의 수익 발생 구조[18)]

3. 자가전속보험 제도의 장점

자가전속보험 제도는 일반 보험 제도에 비하여 어떤 장점이 있는가? 이것은 자가전속보험의 수요가 증가할 수 있는 있다는 것을 보여주는 점이기도 하다. 장점을 살펴보면,[19)] 첫째, 모기업이나 단체가 자가전속보험회사를 설립하게 되면 일반 보험회사를 이용하는 경우보다 저렴한 보험료를 납부하게 되므로 비용 절감의 효과가 있게 된다. 둘째, 자가전속보험회사가 보험료 수입금을 투자·운용함으로써 발생하는 이익이나 영업 이익이 있게 되면, 그 이익은 모기업이나 단체에게 이전되므로 모기업

---

17) 위의 논문, 123면.
18) 위의 논문, 125면.
19) 이하는 고동원, "제주도에 자가전속보험회사를 유치하자," 제민일보 시론 담론, 2012. 12.
  29, 14면을 주로 참고하였다.

이나 단체 입장에서는 수익을 확보할 수 있어서 일반보험회사를 이용하는 경우보다 훨씬 유리하게 된다. 셋째, 보험료율 계산이나 투자 결정 시 모기업이나 단체가 자신이 보유하는 위험을 고려하여 결정하게 되므로 자기주도적인 위험 관리가 되어 비용이 절감된다는 면에서 일반 보험을 이용하는 경우보다 유리한 면이 있다. 넷째, 자가전속보험회사는 주로 명목회사 형태로 두게 되므로 최소한의 인력만을 보유하게 되어 유지 비용이 적게 드는 장점이 있다.

Ⅲ. 입법 추진 방식

자가전속보험회사를 제주에 유치한다고 했을 때 법제 구축 방식은 크게 4가지로 나누어 생각해볼 수 있다. 첫째는 새로운 법을 제정하는 방안이다. 둘째는 보험업에 관한 일반법인 「보험업법」을 개정하는 방안이다. 셋째는 제주특별자치도법을 개정하는 방안이다. 넷째는 법에 근거를 두지 않고 바로 제주도 조례를 제정하는 방안이다. 이하에서는 각 추진 방안에 대해 자세히 살펴본다. 또한 법률 제정이나 개정의 경우에, 관련 법률에는 자가전속보험업 도입에 관한 근거 조항만 두고 자세한 사항은 제주도 의회가 제정하는 조례에 포괄적으로 위임할 수 있는지에 관한 쟁점도 있을 수 있으므로 이에 관한 사항도 검토해본다.

1. 새로운 법률 제정 방안

자가전속보험 제도는 일반보험 제도와 다르므로 별도의 새로운 법률을 제정하는 방안을 생각해볼 수 있다. 이 경우에는 정부 제출 법안과 국회의원 발의 법안의 형태를 생각할 수 있다. 정부 제출 법안으로 추진하는 경우에는 주무 부처인 금융위원회와 협의해야 하고, 의원 입법의 경우 국회에서 논의와 의결 절차를 거치는 등 의원들의 공감대를 얻어야 한다. 특히 새로운 법률을 제정하게 되면 공청회 절차를 거쳐야 하는(국회법 제58조 제2항, 제64조) 등 그 절차가 까다롭고, 법률을 제정하는 데 시일이 오래 걸리는 단점이 있다. 더욱이 제주도 지역에만 도입하는 것이라는 점을 고려하면 새로운 법률을 제정해야 할 실익은 크지 않다고 본다. 또한 다른 나라의 입법례를 보더라도 새로운 법률을 제정하는 사례는 많지 않은 것으로 파악된다.

2. 「보험업법」 개정 방안

보험업에 관한 규제법이면서 일반법인 「보험업법」을 개정하여 자가전속보험에 관한 조항을 두는 방안을 고려할 수 있다. 다른 국가의 입법례를 보더라도 이러한 방식이 많다. 이 경우에도 마찬가지로 정부 제출 법안 형태와 의원 발의 법안 형태로 나누어 볼 수 있으며, 주무 부처인 금융위원회와 협의나 국회의원들의 공감대가 필요하다. 그러나 제주도 지역에만 자가전속보험 제도를 도입하는 것이라 굳이 「보험업법」을 개정하는 방안을 추진할 실익이 커 보이지 않는다. 오히려 이 방안보다는 다음에서 보는 것처럼 제주특별자치도법을 개정하는 방안이 추진 전략 면에서는 더 나은 방안이라고 본다.

3. 제주특별자치도법 개정 방안

제주도 지역에만 자가전속보험 제도를 도입하는 것이므로 제주도 지역의 개발에 관련된 것이고, 그렇다면 이와 관련한 제주특별자치도법을 개정하는 방안을 생각할 수 있다. 물론 정부 제출 법안으로 추진하는 경우 관련 주무 부처인 금융위원회와 협의하는 문제는 여전히 있지만, 제주특별자치도법에 의거하여 국무총리 산하에 설치된 '제주특별자치도지원위원회'가 있어서(제17조) 이 위원회의 지원을 받게 되면 이 방안이 추진 전략 면에서는 훨씬 나은 방법이 될 수 있다. 제주도에 자가전속보험회사를 유치하여 제주 지역의 금융산업을 육성한다는 면에서 국제자유도시를 지향하는 제주특별자치도의 취지에도 부합한다. 제주도 당국도 제주특별자치도법 제도개선 과제로 자가전속보험 제도를 도입한다고 발표한 바 있어 이 추진 방안을 고려하고 있는데, 바람직한 방향이라고 본다.

4. 제주특별자치도 조례 제정 방안

관련 법률을 제정하거나 개정하는 경우에는 관계 부처 등 중앙정부와 협의 절차를 거쳐 중앙정부의 협조와 지원을 얻어내야 하는 문제가 생긴다. 관련 소관 부처가 제주도 지역에만 자가전속보험 제도를 도입하는 것에 대해 부정적인 입장을 취한다면, 위에서 논의한 방안들을 추진하는 것이 쉽지 않게 된다. 이 경우에 생각할 수 있는 방안은 제주도 의회가 직접 조례를 제정하는 것이다. 이 방안에 대해서는 아래와 같이 법적 논란이 제기될 수 있지만 가능한 방법이라고 판단된다. 이하에서는 이러한 법적인 쟁점에 대하여 검토해본다.[20]

이 문제에 대해서는「헌법」제117조와「지방자치법」제9조 및 제11조에서 찾아볼 수 있다.「헌법」제117조는 "지방자치단체는 주민의 복리에 관한 사무를 처리하고, 재산을 관리하며, 법령의 범위 안에서 자치에 관한 규정을 제정할 수 있다"라고 하고 있다. 따라서 제주도 지역에 한정한 자가전속보험업 영위에 관련된 사항이 "주민의 복리에 관한 사무"에 해당될 수 있는지 여부가 문제된다. 즉 주민의 복리에 관한 사무에 해당한다고 본다면 제주도 의회가 조례를 제정하면 가능하게 된다. 결국 "주민의 복리에 관한 사무"의 범위 문제가 된다. 이에 관한 구체적인 범위를 알 수 있는 것은「지방자치법」이다.

「지방자치법」제9조 제1항은 "지방자치단체는 그 관할 구역의 자치사무와 법령에 의하여 지방자치단체에 속하는 사무를 처리한다"라고 하고 있으며, 제9조 제2항은 그러한 지방자치단체 자치 사무의 예시를 규정하고 있다. 예시된 자치 사무 중에서 자가전속보험업에 관련되는 사무로서 검토할 수 있는 것은 제2항 제3호에 규정되어 있는 "농림·상공업 등 산업 진흥에 관한 사무" 중 파목인 "지역특화산업의 개발과 육성·지원" 또는 차목인 "지역산업의 육성·지원"이다. 즉 제주도에 자가전속보험업 제도를 도입하는 것은 곧 제주도 지역에 금융산업을 육성하여 지역 경제의 활성화를 도모하려는 목적이 있으므로 "상공업 등 산업 진흥에 관한 사무"에 해당한다고 볼 수 있고, 더 나아가서 제주도 지역에 한하는 금융산업 육성에 관한 것이어서 "지역특화산업의 육성" 내지는 "지역산업의 육성"으로 볼 여지가 있다. 또한「지방자치법」

---

20) 이에 관한 논의는 고동원, "제주국제금융센터 설립을 위한 법적 기반 구축 방안,"「국제자유도시연구」제1권 제1호(사단법인 국제자유도시센터, 2010. 6), 7~9면을 주로 참고하였다.

제9조 제2항 제4호의 "지역개발과 주민의 생활환경시설의 설치·관리에 관한 사무" 중 가목인 "지역개발사업" 내지는 거목의 "지역경제의 육성 및 지원"에 해당한다고 볼 수 있다.

한편 「지방자치법」 제9조 제2항 단서는 "다만 법률에 이와 다른 규정이 있으면 그러하지 아니하다"라고 하고 있어, 관련 법률이 위에 예시된 사무가 지방자치단체의 사무가 아니라고 규정하게 되면 이 경우는 지방자치단체의 사무에 해당하지 않게 된다. 그러나 제주 지역에서 자가전속보험업을 영위하는 것이 지방자치단체의 사무에 해당하지 않는다는 규정이 관련 법률에 없으므로 이 단서 조항이 적용될 여지도 없다.

또한 「지방자치법」 제11조는 "물가정책, 금융정책, 수출입정책 등 전국적으로 통일적 처리를 요하는 사무"(제2호)에 해당하는 국가 사무는 지방자치단체가 처리할 수 없도록 규정하고 있는데, 제주도 지역에서 자가전속보험업 영위에 관련되는 사항은 "금융정책"에 관련되는 사무여서 지방자치단체가 수행할 수 없는 국가사무라고 주장할 수도 있다. 그러나 제11조는 명시적으로 "전국적으로 통일적 처리를 요하는 사무"라고 되어 있기 때문에, 제주도 지역에만 도입하는 자가전속보험업 제도가 "전국적으로 통일적 처리를 요하는 사무"로 보기에는 어렵다고 판단된다. 따라서 조례로 제정하더라도 「지방자치법」 제11조에 위반되지는 않는다고 본다.

정리하면, 제주도 조례 제정으로 자가전속보험업 제도를 도입할 수 있느냐 하는 문제는 법적인 논란이 제기될 수 있는 사항이기는 하지만, 위에서 논의한 바와 같이 조례 제정으로 가능하다고 볼 여지가 있다. 특히 "특정 사무가 지방자치단체의 사무인지 또는 국가사무인지의 구분이 명확하지 아니한 경우에는, 헌법과 자방자치법의 합목적적인 해석을 전제로 하여, 지방자치단체의 사무의 포괄성의 원칙이 적용되어 지방자치단체의 사무로 추정되어야 한다고 본다"라는 견해[21]를 고려할 때 자치사무로 볼 가능성이 충분히 있다.

다만 법적인 측면을 떠나서 현실적인 면에서 본다면 조례 제정 방안의 경우에는 결국은 제주도가 주도적일 수밖에 없고, 중앙정부의 협조와 지원을 받는 데 다소 한계가 있을 수 있다는 문제점은 있다. 또한 조례 제정 방법은 대외적·국제적 신뢰도 면에서도 법률 제정이나 개정보다는 떨어진다는 문제점이 있을 수 있다. 물론 보다

---

21) 홍정선, 「행정법원론(하)」 제12판, 박영사, 2004, 175면.

확실한 방법은 별도의 법률을 제정하거나 관련된 법률을 개정하는 방안일 것이다. 따라서 가능하면 이 방안을 추진하는 것이 바람직하다고 보며, 그렇지 않을 때 조례 제정 방안을 검토하는 것이 좋다.

5. 법률 제정 또는 개정의 경우 조례에 포괄적인 위임 가능 여부

별도의 법률 제정이나 관련 법률 개정의 경우에 관련 법률에 자세한 규정(規定)을 둘 것인지, 아니면 관련 법률에는 자가전속보험업에 관한 근거 조항 등 중요한 규정만 두고 자세한 사항은 바로 제주도 조례에 위임하는 것이 가능한지, 즉 포괄적(개괄적) 위임이 가능한지에 관한 법적 쟁점도 검토해볼 필요가 있다.[22] 그 이유는 포괄적 위임이 가능하다고 보면 제주도에 자가전속보험 제도를 도입할 때 제주도에 보다 많은 자율권을 주어 제주도가 주도를 할 수 있기 때문이다.

이 쟁점과 관련하여 학설, 헌법재판소 결정과 대법원 판례, 그리고 실제 사례에 비추어 볼 때 그 가능성이 높다고 본다. 즉 헌법재판소는 조례에 대한 법률의 위임 정도에 대해서 "조례의 제정권자인 지방의회는 선거를 통해서 그 지역적인 민주적 정당성을 지니고 있는 주민의 대표기관이고 헌법이 지방자치단체에 포괄적인 자치권을 보장하고 있는 취지로 볼 때, 조례에 대한 법률의 위임은 법규명령에 대한 법률의 위임과 같이 반드시 구체적으로 범위를 정하여 할 필요가 없으며 포괄적인 것으로 족하다"[23]라고 하고 있다. 대법원도 "법률이 주민의 권리의무에 관한 사항에 관하여 구체적으로 아무런 범위도 정하지 아니한 채 조례로 정하도록 포괄적으로 위임하였다고 하더라도, 행정관청의 명령과는 달라 조례도 주민의 대표기관인 지방의회의 의결로 제정되는 지방자치단체의 자주법인 만큼 지방자치단체가 법령에 위반되지 않는 범위 내에서 주민의 권리의무에 관한 사항을 조례로 제정할 수 있으므로, . . ."[24]라고 하고 있다. 이런 헌법재판소나 대법원의 입장을 검토할 때 조례에 포괄적으로 위임하는 것은 가능하다고 판단된다.

학설도 같은 입장임을 확인할 수 있다. 즉 "조례는 일반적인 수권(포괄적인 수권)으

---

22) 이에 관한 논의는 고동원, 앞의 논문, 10~11면을 주로 참고하였다.
23) 헌법재판소 1995. 4. 20. 92헌마264·279(병합).
24) 대법원 2006. 9. 8. 선고 2004두947 판결. 같은 취지의 판결로는 대법원 1997. 4. 25. 선고 96추251 판결.

로도 이루어진다. 그리고 법률로 조례에 위임하는 경우에도 구체적으로 범위를 정하여야 하는 것은 아니다. 이것은 조례 제정기관인 지방의회가 민주적으로 선출·구성되는 기관인 까닭이다"라고 하고 있다.[25] 또한 이에 관한 사례는 「경제자유구역의 지정 및 운영에 관한 법률」에서 찾아볼 수 있다. 같은 법 제28조 제2항은 "시·도지사는 제1항의 규정에 의한 사무를 처리하기 위하여 이를 전담하는 행정기구를 설치한다"라고만 하고 있는데, 이에 근거하여 지방자치단체인 인천광역시는 「인천광역시 경제자유구역청 설치 조례」를 제정하여 사무소, 업무 범위, 조직 등에 관한 구체적인 사항을 두고 있다.

이런 점을 고려할 때 별도의 법률을 제정하거나 관련 법률을 개정하는 경우에는 자가전속보험업에 관한 중요한 근거 조항만을 두고 자세한 사항은 제주도 조례에 포괄적으로 위임하는 입법 방식을 검토할 수 있다.

IV. 입법 내용

위의 입법 추진 방식에 따라 새로운 법률을 제정하거나 관련 법률을 개정하는 경우, 또는 제주도 조례를 제정하는 경우에 구체적으로 어떤 내용을 담아야 하는지에 대해서 검토해볼 필요가 있다. 이하에서는 자가전속보험업이 잘 발달되어 있는 미국 버몬트(Vermont) 주(州)의 입법례를 주로 참고하여 주요 사항을 중심으로 살펴본다.[26]

1. 자가전속보험회사 설립 허가제

우선 자가전속보험회사의 설립에 관하여 허가제(license)를 채택할지 아니면 등록제(registration)를 채택할지 여부에 관한 검토가 있어야 한다. 등록제를 취하게 되면

---

25) 홍정선, 앞의 책, 119면; 같은 견해는 김남진, 「행정법(II)」, 법문사, 2001, 109면.
26) 구체적인 입법 작업을 할 때에는 주요 국가나 지역의 관련 법령을 참조하여 구체적으로 분석할 필요가 있을 것이다.

일정한 설립 요건을 충족하는 경우에는 자동적으로 설립이 허용되는 반면에 허가제를 채택하게 되면 허가권자의 재량적인(discretionary) 판단이 개재되어 설립에 관한 통제권을 갖게 된다. 물론 재량권의 남용이 있어서는 안 되겠지만, 자가전속보험회사 설립의 악용과 폐해를 막기 위해서는 허가권자가 설립 요건을 심사할 수 있는 권한을 갖는 것이 필요하다. 이런 점에서 허가제를 채택하는 것이 바람직하다. 미국 버몬트주(8 V.S.A. § 6002)[27])의 경우도 허가제(license)를 채택하고 있다.[28])

    그리고 허가권자를 누구로 할 것인가에 관해서도 검토할 필요가 있다. 관련 부처인 금융위원회나 금융감독기관인 금융감독원을 고려할 수도 있지만, 제주도 지역에만 자가전속보험회사의 설립을 허용한다는 점을 고려하면 제주도 당국이나 또는 제주도가 별도로 설립하는 산하 감독기구에게 허가권을 주는 것이 바람직하다.

2. 설립 허가 요건과 절차

    자가전속보험회사의 설립 허가 요건과 절차를 규정하는 것이 필요하다. 설립 허가 요건에는 회사 형태로서 주식회사일 것, 최저 자본금 요건, 이사회나 경영진(management) 구성원의 자격 요건, 출자자(즉 모기업이나 단체)의 자격 요건 등이 들어가야 하는데, 외국 기업이나 단체가 제주도에 자회사 형태로 자가전속보험회사를 설립한다는 점을 고려하여 반드시 제주도 거주인을 소송 대리인(service agent)으로 임명하도록 하고, 이사회나 경영진 회의를 매년 1회 이상 제주도에서 개최하도록 하는 요건을 둘 필요가 있다. 또한 이사회 구성원 중 적어도 1인은 제주도 거주인으로 임명하도록 할 필요가 있다. 미국 버몬트 주의 경우도 이러한 설립 요건(8 V.S.A. § 6002(b), 6006(f)(1))을 두고 있는 점을 참고할 필요가 있다.

    회사 설립을 위하여 허가권자에게 제출해야 하는 서류로는 신청인인 모회사나 단체의 설립 증명서와 정관, 영위하려고 하는 보험업의 종류, 보험료·보험금 등에 관한 사항, 보험료 수입 자금의 운용 전문 인력에 관한 사항, 영업 계획(business plan), 자본금 증명 서류 등을 고려할 수 있다.[29]) 미국 버몬트 주의 경우도 이와 유사한 규

---

27) The Vermont Statutes, Title 8: Banking and Insurance, *Chapter 141: CAPTIVE INSURANCE COMPANIES*를 말한다.
28) 반면에 버뮤다(Bermuda)의 경우에는 등록제(registration)를 채택하고 있다. Bermuda Insurance Act 1978, Sec. 3.

정을 두고 있다(8 V.S.A. § 6002(c)).

3. 최저 자본금 요건

자가전속보험회사의 최저 자본금 요건은 중요하다. 이 요건은 자가전속보험회사의 재무 건전성 유지 여부에 영향을 미치기 때문이다. 다만 너무 과도한 자본금 요건을 요구해도 문제이다. 실제 자가전속보험회사를 설립하려는 회사나 단체가 많지 않을 수도 있기 때문이다. 또한 영위하려고 하는 보험업의 종류에 따라 최저 자본금 요건을 차별화할 필요가 있다.

최저 자본금의 적정 수준에 대해서는 외국의 입법례를 참고할 수 있는데, 미국 버몬트 주의 경우, 최저 자본금(잉여금 포함)은 순수(pure) 자가전속보험회사[30]의 경우 25만 달러, 단체(association) 자가전속보험회사[31]의 경우 50만 달러, 산업체보험가입그룹(industrial insured group) 자가전속보험회사[32]의 경우 50만 달러이다(8 V.S.A. § 6004(a)). 이 수준을 고려하면, 각각 2억 7천 5백만 원, 5억 5천만 원이 된다.

4. 수수료와 세금

자가전속보험회사가 설립되고 영업을 하면서 납부해야 하는 수수료(fee)와 세금에 관한 내용도 규정되어야 한다. 수수료로서는 설립 허가 신청 시와 매년 허가서 갱신 시 징구하는 수수료를 생각할 수 있는데, 미국 버몬트 주의 경우 설립 신청 시 500 달러를 징구하고 있으며, 매년 허가 갱신 신청 수수료로 500달러를 징구하고 있다(8 V.S.A. § 6002(d)).

---

29) 미국 버몬트 주의 8 V.S.A. § 6002(c) 참조.
30) '순수 자가전속보험회사'란 모회사와 계열회사의 위험을 인수하는 자가전속보험회사를 말한다(8 V.S.A. § 6001 (14).
31) '단체 자가전속보험회사'란 단체나 그 단체의 회원의 위험을 인수하는 자가전속보험회사를 말한다(8 V.S.A. § 6001 (3)).
32) '산업체보험가입그룹 자가전속보험회사'란 해당 자가전속보험회사를 집합적으로 소유하거나 통제하고 있는 회사 그룹(25인 이상의 종업원이 있으면서 1년 보험료가 2만 5천 달러 이상인 회사의 그룹)의 위험을 인수하는 자가전속보험회사를 말한다(8 V.S.A. § 6001 (8), (9), (10)).

세금에 관한 내용도 규정할 필요가 있다. 미국 버몬트 주의 경우 고객(즉 모회사 등)이 납부하는 보험료에 일정 세율을 적용한 보험료세를 부과하고 있는데, 매년 최소 납부 금액으로 7,500달러와 최대 납부 금액을 20만 달러로 규정하고 있다(8 V.S.A. § 6014(c)). 이외에 납부하는 보험료세의 11%를 감독기금(즉 감독 비용에 충당하기 위한 기금)으로 징구하고 있는 점을 고려할 때(8 V.S.A. § 6014(h), 6017(a)), 감독기금에 관한 내용도 포함할 필요가 있다.

5. 자산 운용 규제

자가전속보험회사의 자산 운용에 관한 규제 내용도 들어갈 필요가 있다. 이런 규제가 없다면 과도하거나 위험성이 있는 자산 운용으로 인해서 손실을 초래할 수 있으며, 모회사나 계열회사 등 이해관계자에 대한 대출 등으로 인해서 자가전속보험회사의 재무 건전성에 영향을 미칠 수 있기 때문이다. 미국 버몬트 주의 경우, 감독당국이 자가전속보험회사의 유동성이나 재무 건전성에 영향을 미칠 수 있는 투자를 제한할 수 있는 권한이 있으며(8 V.S.A. § 6010(b)), 감독당국의 승인이 있는 경우를 제외하고는 자가전속보험회사가 모회사나 계열회사에 대출을 하거나 투자를 하는 거래를 금지하고 있다(8 V.S.A. § 6010(c)).

또한 자가전속보험회사의 배당 제한 규정도 둘 필요가 있다. 미국 버몬트 주의 경우도 감독당국의 승인이 있어야 배당을 할 수 있도록 규정하고 있다(8 V.S.A. § 6005). 이는 자가전속보험회사의 과도한 배당이 재무 건전성을 해칠 수 있으므로 이를 막기 위한 규정으로 이해할 수 있다.

6. 재보험

자가전속보험회사가 갖고 있는 위험을 제3자에게 이전하기 위한 재보험도 허용될 필요가 있으므로 이에 관한 내용도 들어가야 한다. 또한 자가전속보험회사는 모회사의 위험이나 기타 위험을 인수한 보험회사(즉 원보험자)를 통해 그러한 위험을 재인수하는 재보험 영업도 할 수 있으므로 이에 관한 사항도 포함되어야 한다. 미국 버몬트 주의 경우도 자가전속보험회사가 인수한 위험을 다른 재보험회사에게 이전할 수 있는 규정을 두고 있으며(8 V.S.A. § 6011(b)), 다른 보험회사가 인수한 위험을 재인수하는 재보험 영업에 관한 규정도 두고 있다(8 V.S.A. § 6011(a)).

7. 감독당국

자가전속보험회사에 대한 감독권자가 누구이어야 하는 문제도 중요하다. 자가전속보험회사의 건전성과 영업 활동을 감시하기 위해서는 감독자가 있어야 하기 때문이다. 금융 관련 부처인 금융위원회나 금융감독기관인 금융감독원을 고려할 수도 있으나, 제주도 지역에서만 영업 활동을 하는 자가전속보험회사가 중앙 정부나 감독기관으로부터 굳이 감독을 받을 필요는 없다고 본다. 제주도가 직접 감독을 하는 방안이 바람직하다고 보는데, 이 경우 제주도 당국이 직접 관련 부서를 신설하여 감독을 하거나 산하에 별도 공적 민간기구를 설립하여 감독을 하는 방안이 있을 수 있다. 제도 도입 초기에는 굳이 별도의 기구를 설립할 실익이 크지 않다고 보기 때문에 일단 제주도 당국 자체에서 직접 감독을 하는 방안을 추진하고, 추후 자가전속보험회사의 수가 증가하고 규모가 커지는 시점에 별도의 공적 민간기구를 설립하는 방향을 검토하는 것이 바람직하다. 특히 제주도 당국이 직접 감독을 하는 경우에는 전문 인력이 필요하므로 관련 전문가를 특별 채용하는 방안을 적극 검토해야 한다.

8. 감독당국에 의한 검사(examination)와 보고서 제출 의무

자가전속보험회사가 제대로 영업 활동을 하는지 감시·감독하는 것이 필요하다. 이를 위해서는 감독당국이 직접 자가전속보험회사를 검사하는 것이 필요하다. 정기적인 임점(on-site) 검사는 물론이고, 필요할 때 검사할 수 있는 수시 검사에 관한 내용도 들어가야 한다. 미국 버몬트 주의 경우도 적어도 3년에 1회 정기 임점 검사에 관한 내용과 감독관의 판단에 의한 수시 검사에 관한 규정을 두고 있다(8 V.S.A. § 6008(a)). 또한 검사보고서 등 관련 서류의 내용은 원칙적으로 비밀이 보장되도록 하고 비공개로 하고 있는데(8 V.S.A. § 6008(c)), 참고할 필요가 있다.

그리고 감독당국에 대해서 정기적 또는 수시로 보고하는 체계도 만들어야 한다. 연차보고서나 분기보고서를 감독당국에 제출하도록 하고, 감독당국이 판단하여 확인해야 할 사항이 있는 경우에 관련 서류를 제출할 수 있도록 하는 근거 규정을 둘 필요가 있다. 그렇게 해야 자가전속보험회사의 영업 현황을 파악해 감독의 수준과 방향을 잡을 수 있기 때문이다. 미국 버몬트 주의 경우도, '일반적으로 인정된 회계 준칙'(generally accepted accounting principle: GAAP)에 의해 작성되고 2인의 경영진이 서명한 재무보고서를 매년 3월 1일 이전에 제출하도록 하고 있다(8 V.S.A. § 6007(b)).

9. 허가 취소 또는 영업 정지 사유

설립 허가를 받은 자가전속보험회사가 항상 영업을 잘할 수는 없을 것이다. 문제가 있는 경우에는 영업 허가를 취소하거나 영업을 정지시킬 수 있는 근거 조항이 필요하다. 또한 법규에 위반하는 행위를 한 경우에도 일정한 제재 조치가 있어야 자가전속보험회사의 건전한 영업 행위를 기대할 수 있다. 허가 취소나 영업 정지 사유로서 고려할 수 있는 것은, 중대한 법규 위반 행위가 있는 경우, 파산 사유가 발생한 경우, 납입 자본금이나 잉여금의 결손이 발생한 경우, 연차보고서 등 관련 서류 제출 의무를 이행하지 않는 경우 등을 생각할 수 있다. 물론 이러한 조치를 취하고자 하는 경우에는 청문(hearing) 절차 등을 통해 공정하고 투명하게 이루어지도록 하는 장치를 마련할 필요가 있다.

미국 버몬트 주의 경우도 납입자본금이나 잉여금의 결손이 발생할 때, 연차보고서 등 관련 서류를 제출하지 않을 때, 파산 사유가 발생할 때 등을 영업 정지 또는 허가 취소 사유로 규정하고 있으며(8 V.S.A. § 6009(a)), 이러한 조치를 취하고자 할 때는 청문 절차를 거치도록 하고 있다(8 V.S.A. § 6009(b)).

V. 맺음말

외국 기업이나 단체를 대상으로 하는 자가전속보험회사의 제주 유치는 성공 가능성이 있다. 세계적으로 자가전속보험 시장이 크게 발달하고 있으며, 그 수요도 늘어나고 있다. 특히 중국의 경제 성장, 일본 기업의 해외 자가전속보험회사 설립의 증가 추세, 자연 재해 증가 등으로 인근 국가인 중국이나 일본 기업들의 자가전속보험 수요가 크게 늘어나고 있는 점[33]을 주목할 필요가 있다. 그리고 제주도가 이들 국가들과 지리적으로 가깝다는 점, 같은 시간대라서 업무의 편의성이 있다는 점, 환경적·문화적으로 친근하다는 점[34] 등을 고려하면 자가전속보험회사의 제주 유치는 추진할 가치가 있다. 이는 제주의 국제금융센터 설립 방향과도 일치하는 것이어서 점진적인 추진 전략 면에서도 부합한다. 자가전속보험 제도의 도입 필요성이 인정된다면 어떻게 관련 법제를 마련하느냐 하는 것이 중요하다. 결론적으로 제주도 지역 산업 육성에 관련된 사항이므로 이와 관련된 법인 제주특별자치도법을 개정하는 방향이 바람직하다. 입법 기술 면에서는 제주특별자치도법에 도입 근거 조항을 두고 자세한 시행 사항은 제주도 조례에 포괄적으로 위임하는 방식도 고려할 수 있다. 물론 시행령이나 시행규칙에 담으면서 제주도 조례에 위임하는 방식을 취할 수도 있다. 자가전속보험회사의 설립 인가 요건이나 감독에 관한 자세한 사항은 결국 제주도 조례나 규칙에 담을 수밖에 없기 때문에 이에 관한 업무를 담당할 전문 인력이 필요하다. 따라서 제주도 당국은 관련 전문가를 채용하는 인사 체계를 만들 필요가 있다. 자가전속보험업 제도의 제주 도입을 기회로 해서 제주의 국제금융센터 설립 추진 원동력이 더욱 탄력을 받을 수 있기를 기대해본다.

---

33) 고동원, 앞의 시론 담론, 14면.
34) 위의 시론 담론, 14면.

참고문헌

고동원, "제주국제금융센터 설립을 위한 법적 기반 구축 방안," 「국제자유도시연구」 제1권
　　　제1호(사단법인 제주IFC포럼, 2010. 6).

_____, "제주도에 자가전속보험회사를 유치하자," 제민일보 시론 담론, 2012. 12. 29.

김남진, 「행정법(II)」, 법문사, 2001.

김준호, "Captive Insurance를 통한 제주도 경제적 기대 효과," 「역외금융연구」 제4권(사단
　　　법인 제주금융포럼·제주연구원, 2011. 12).

박상수, "제주역외금융센터의 필요성과 추진전략," 「역외금융연구」 제1권 창간호(사단법인
　　　제주금융포럼, 2008. 12).

제주특별자치도, "제주특별법 제도 개선 본격 추진," 보도자료, 2013. 2. 8.

홍정선, 「행정법원론(하)」 제12판, 박영사, 2004.

제10절

자가전속보험(Captive Insurance)을 통한 제주도 경제적 기대 효과*

김준호**

Ⅰ. 머리말

보험산업은 금융산업의 한 분야로 중요성과 규모가 날로 증가하고 있다. 비록 보험산업이 금융산업의 한 분야이기는 하나 성격이 다른 분야라고 할 수 있다. 이런 보험산업은 크게 생명보험과 손해보험으로 나누어지는데, 2016년 세계보험시장 보험료 규모[1]는 4조 7,322억 달러(약 6,152조 원)로 이 중 생명보험 2조 6,170억 달러(약 3,402조 원), 손해보험 2조 1,152억 달러(약 2,749조 원)이었다. 그리고 한국의 전체 보험 시장 규모는 총 1,708억 달러(약 222조 원)로 생명보험시장은 1,042억 달러(약 135조 원)로 세계 8위이고, 손해보험시장은 667억 달러(약 87조 원)로 세계 9위이다. 이에 반해 Premium Per Capita(보험 밀도)는 3,362달러(약 437만 원)로 세계 18위에 불과하나, 보험 침투도는 12.1%로 세계 5위를 기록하고 있다. 이는 한국의 경제성장과 더불어 보험산업도 양적인 면에서는 비약적으로 발전한 것을 의미하는 것이나 질적인 면에서는 발전이 필요하다는 것을 의미한다. 특히 손해보험시장을 외국

---

 * 「역외금융연구」 제4권(제주금융포럼 · 제주연구원 발간, 2011. 12)에 실린 글을 수정 · 보완한 것이다.
** 제주모터스 대표이사, 뉴제주일보 논설위원.
 1) 보험연구원(2017).

과 비교해 보면 외국은 자동차보험과 일반보험 중심으로 시장이 형성되는 데 반해 한국은 일반보험과 자동차보험 외에 장기성 상해보험이 포함되어 있다. 또한 장기성 보험이 전체 손해보험 시장의 60% 이상을 점유할 정도로 규모가 매우 크다. 이는 손해보험의 본질인 일반보험과 자동차보험 영역이 상대적으로 낙후되어 있다는 것을 의미하는 것이다.

보험의 시초는 통상 17세기 런던의 로이즈(Lloyd's)에서 시작되었다고 한다. 이는 선박보험과 운송(적하)보험의 효시가 되었고, 이후 런던 대화재를 계기로 재물보험이 탄생하게 되었다. 이렇듯 보험은 손해보험을 통해 발달하게 되었고, 위험이 있는 곳에 보험이 있게 되었다. 20세기 들어서면서 경제가 발달하고 기업 활동이 왕성해짐에 따라 기업의 규모는 급격히 커졌다. 이와 더불어 기업들은 다양하고 새로운 위험에 노출되고 이런 위험들은 기업의 존폐에 영향을 미치게 되었다. 기업들은 이러한 위험을 해결하기 위해 다양한 위험 관리 활동을 실시하고 위험을 회피(hedge) 내지 전가할 방법을 모색하게 되었다. 이러한 기업들의 요구에 의해 나타난 보험 형태가 Captive Insurance이다. 이렇듯 Captive Insurance는 보험회사의 필요에 의해 나타난 것이 아니고, 위험을 가진 기업이나 단체의 요구에 의해 나타난 하나의 대체적 위험 전가(alternative risk transfer) 수단이다. 현재 이런 Captive Insurance는 많은 기업 또는 단체들이 설립하여 운영하고 있다. 하지만 우리나라인 경우는 Captive Insurance 운영 사례가 전무하다고 할 수 있다. 이런 Captive Insurance가 금융의 중심이라고 하는 뉴욕이나 런던이 아닌 버뮤다(Bermuda), 케이만 아일랜드(Cayman Islands) 등에서 발달하게 된 이유를 살펴보고 Captive Insurance를 제주도에 도입할 경우 경제적 기대 효과를 검증하도록 한다.

II. 캡티브보험(Captive Insurance)

여기서는 캡티브보험의 개념과 수익구조를 살펴보고 이를 통해 캡티브보험의 시장 현황과 발전 과정을 살펴본다. 그리고 해외 캡티브보험 운영 사례를 분석하여 제주에 도입이 가능한 방법에 대해 논의한다.

1. 일반보험과 캡티브보험

(1) 보험료 구조

보험요율(premium rate)은 보험가격을 보험단위(unit of insurance)에 대하여 나타
낸 것으로 보험가격의 상대적 수준을 말하는 데 반하여, 보험료(premium)는 특정 계
약에 대하여 보험단위가격과 가입하는 보험금액(sum insured)을 함께 고려하여 보험
계약자가 지급하는 금액을 말하며, 보험계약에 의거 보험회사가 보험금 지급 책임을
지는 대가로 계약자가 납입하는 금액을 말한다. 흔히 보험료라고 말하는 총보험료
(gross premium)는 순보험료(net premium)와 부가보험료(loading premium)로 구분된
다. 순보험료는 보험계약에서 지급해야 할 보험금과 손실처리비용(loss adjustment
expense)에 해당하는 것을 말하며, 부가보험료는 보험사업을 영위하는 데 소요되는
각종 사업비와 이윤 등을 충당하기 위한 보험료를 말한다.

순보험료율의 수준을 결정하는 중요한 요인은 근본적으로 해당 보험 가입 대상의
손실 형태로 위험의 심도(loss frequency)와 빈도(loss severity)에 따라 결정된다. 과
거의 통계가 충분한 경우에는 보험료 산정이 용이하나 거대 위험이 예상되거나 과거
의 통계가 부족한 경우에는 보험료 산정이 어려울 수 있고 보험료의 왜곡이 나올 수
있다. 보험가격은 미래의 위험을 현재의 경제적 가치로 담보하고자 하는 것으로 미
래의 손실 및 사업비용의 예측에 근거하여 이루어진다.

손해보험에서 요율 산정 방식인 순보험료식은 아래와 같다.

순보험료(net premium) = 심도(loss frequency) × 빈도(loss severity)

= 총사고건수/총부보건수 × 총손실액/총사고건수

= 총 손실금액/총 부보건수

총보험료(gross premium) = 순보험료/(1 − 사업비율)

※ 심도(loss frequency)는 한 사고가 발생할 경우 얼마의 손실이 발생하느냐를 의미함
※ 빈도(loss severity)는 같은 위험이 일정기간에 얼마나 일어나는가를 의미함
※ 사업비율은 각 보험회사가 지출되는 비용을 고려하여 결정하게 됨

▌ 그림 1 보험료 구조

통상 20~40%	부가율: 사업비, 예정이윤 등 Loading premium
통상 60~80%	순보험료: 보험금, 손실처리비용 등(adjustment expense) Net premium

(2) 캡티브보험(Captive Insurance) 개념

캡티브보험이란 기업 또는 단체가 경제활동을 하면서 발생하는 위험에 대해 자신이 가지고 있는 위험을 보유하는 형태이며 일반적으로 기업인 경우 모기업의 위험을 인수하기 위해 자회사 형태로 설립된 보험회사라고 할 수 있고, 단체인 경우는 그 단체에 포함된 개인 또는 집단의 위험을 보유하는 보험회사 형태라 할 수 있다. 따라서 불특정 다수를 대상으로 하고 불특정 다수의 위험 인수를 업으로 하는 전통적 보험회사와는 기능과 형태가 명백히 구별된다고 할 수 있다. 보험이라고 하면 불특정 다수가 위험에 대해 대수의 법칙에 근거하여 불특정 다수가 위험에 대한 일정금액을 갹출하여 적립하고 그중 사고가 발생한 사람에게 경제적 지원을 하는 것이다. 그러나 캡티브보험은 한 기업(계열회사 포함), 유사기업(동일업종회사 등)들의 집합이나 특정인들의 단체 등의 위험을 보유하는 것으로 보험과는 기능과 형태가 다른 모습을 지닌다. 이러한 캡티브보험은 전통보험과 구별됨으로 적절한 용어 번역이 필요하나 아직까지 국내에서 캡티브보험에 대해서 "자가종속보험", "자가보험", "종속보험", "전속보험", "자체보험" 등으로 번역하여 사용하고 있다. 이에 이 연구에서는 캡티브보험을 번역하지 않고 캡티브로 사용하도록 한다.

먼저 일반보험과 캡티브의 계약 절차를 보면 캡티브는 일반보험 계약의 절차와 동일한 절차를 갖는다. 캡티브의 계약 체결 절차는 모기업 또는 단체가 캡티브에게 보험청약을 하고 보험료를 납입하면 계약이 성립되고 캡티브는 사고 발생 시 모기업 또는 단체에게 보험금을 지급할 의무가 발생한다. 캡티브는 캡티브의 위험을 전가하기 위해 (재)재보험을 가입하고 만약 보험사고 발생 시 보험자(캡티브)는 피보험자(모기업 또는 단체)에게 보험금을 지급하게 된다. 반면 보험과 캡티브의 차이점은 수익에 대한 운영 방법에 있는데, 그 차이는 자산 운영에 따른 손익을 누가 가지느냐에 있다.

<그림 2>에서 보험회사의 수익구조를 보면, 보험료의 일부(보험료)는 해당 위험을 담보하고 나머지를 가지고 영업이익과 투자수익을 얻는 반면, 캡티브는 <그림 3>과 같이 회사가 얻는 영업이익과 투자수익을 직접 가지고 이를 모기업(단체)에게 연결하게 된다. 이는 <그림 3> 캡티브 수익구조에서 보는 것처럼 보험회사가 얻게 되는 이익을 캡티브가 얻게 됨으로 결국 위험의 당사자인 모기업(단체)이 이익을 갖게 되는 것이다. <그림 3>에서 캡티브는 일반보험에 대해 원보험자와 동일한 역할을 함으로 보험회사와 동일한 이익을 가질 수 있다. <그림 4> 캡티브(일부 보유) 수익 구조에서 캡티브는 원보험자(보험회사)를 통해 재보험 물량을 인수하게 됨에 따라 원보험자의 보유 물량을 제외한 재보험 물량에 대한 영업이익과 투자수익을 가질 수 있다.

▌ **그림 2 보험회사 수익 흐름 구조**

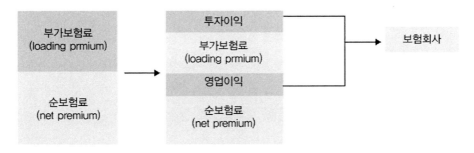

■ 그림 3 캡티브보험(100% 보유) 수익 흐름 구조

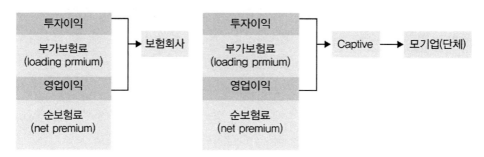

예를 들어, A기업이 우수한 위험관리 기법을 통해 여러 가지 사고 방지 및 사고 발생을 관리하여 수년간 보험료율 수준 이하의 손해율이 지속되었다고 가정하자. 실제로 많은 기업들이 다양하고 발전하는 위험관리 기법으로 상당히 손해율이 안정화되고 있다. 이런 가정 아래에서 A기업은 <그림 3>과 같이 순보험료에서 보유물량에서 손해율에 해당하는 만큼 이익을 얻고 추가로 보험료가 인하되는 효과도 볼 수 있다. 그리고 부가보험료에서 계약 비용의 감소 등 사업비 절감을 통해 이익을 얻을 수 있다. 여기서 문제가 발생할 수 있는데 아무리 모기업이 관리를 잘한다고 하더라도 사고가 발생할 경우 거대 손실이 발생할 수 있으므로 캡티브가 굳이 위험을 100% 보유하지 않고 위험의 일부를 재보험으로 출재하여 위험을 전가하는 방법이 보편화되어 있다. 이 경우 <그림 4>와 같이 보험회사는 캡티브가 일부 위험을 보유하고 보유한 위험을 제외한 물량을 재보험으로 출재하는 것이다.

<그림 5>와 같이 캡티브의 수익 구조는 보험료 구성에서 순보험료는 과거의 손해율, 보험 가입 담보조건 등에 의해 결정되고 부가보험료는 사업비(인건비, 수수료 등)에 의해 결정되는데, 통상적으로 순보험료보다 부가보험료 절감을 통해 수익 구조를 가지게 된다. 캡티브가 순보험료를 절감시키는 방법으로는 위험에 대해 보유를 더 많이 하여 보험회사가 가지는 위험을 캡티브가 가지게 됨에 따라 순보험료를 줄이게 된다. 하지만 반대로 그에 따른 위험을 캡티브가 가지게 되는 것으로 보유하는 위험에 대해 충분한 위험 관리가 선결되어야 한다. 그중 한 방법은 다양한 위험관리 기법을 통해 우량한 손해율을 유지하는 것이다. 부가보험료에서 보험료 절감 방법은 보험회사가 가지는 사업비 중 보험계약에 소요되는 계약수수료 등 계약비용의 절감,

자기 보유물량에 대한 (재)재보험수수료(reinsurance commission) 취득, 보유자산의
투자를 통한 직접적인 투자수익 등을 얻을 수 있다.

▌ 그림 4 캡티브보험(일부 보유) 수익 흐름 구조

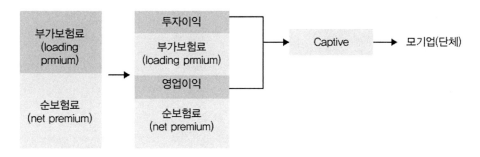

▌ 그림 5 캡티브보험 수익 구조

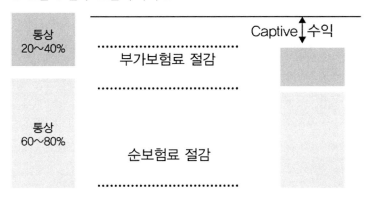

2. 캡티브보험(Captive Insurance) 현황

(1) 캡티브보험 시장 현황

세계 캡티브 시장 규모는 2008년 5,218개[2]의 캡티브가 설립되어 있었고 2010년
연간 보험료 수입규모는 약 500억 달러[3](약 65조 원)이었는데, 2022년 캡티브 시장
규모는 6,191개[4]가 설립되어 있고, 연간 보험료 수입 규모는 약 608억 달러(약 55조

---

2) <http://www.wikipedia.org/> 참고.
3) 한국금융연구원(2010).
4) Business Insurance, March 2023.

원)5)에 이르는 것으로 추정된다.

상기 수치를 기준으로 캡티브 시장을 분석해 보면, 2008년 상위 5개 지역(Bermuda, Cayman Islands, Vermont, Guernsey, Luxembourg)의 비중이 55%를 차지했지만 2022년의 상위 5개 지역(Bermuda, Cayman Islands, Vermont, Utah, Delaware)의 비중은 44%이다. 그리고 5개 지역 중 3개 지역만이 상위 지역을 유지하고 있다. 이는 아직도 5개 지역의 비중이 높은 것은 사실이나 다른 지역의 캡티브 설립이 활발하게 진행되고 있다는 것을 반증하는 것이고, 캡티브를 도입하려는 지역이 꾸준히 늘어 전통적으로 캡티브가 발달한 5개 지역 이외에도 상당히 많은 지역이 캡티브를 도입하고 있다는 것을 의미한다.

그럼에도 아시아의 캡티브 도입은 상당히 낙후되어 있고 싱가포르에 82개가 있으나, 세계에서 차지하는 비율이 3.2%6)에 지나지 않는다. 이는 아시아의 보험시장과 경제력을 고려할 경우 매우 낮은 수준이고 반대로 캡티브를 도입하여 발전시킬 여지가 크다는 것을 의미한다. 세계 보험시장에서 상당한 비중을 차지하는 한국, 일본, 중국이 위치한 동북아시아 지역에는 캡티브 도입이 전무한 상태이다. 미국기업인 경우 미국 내 지역(onshore)인 Vermont, Hawaii 등에 설립하기도 하지만 역외금융 지역인 Bermuda 등에도 많이 설립하고 있다. 로이즈(Lloyd's)도 1999년부터 캡티브 설립이 가능하게 되었는데, 로이즈는 원보험 면허를 가지고 있다는 것이 장점이다.

---

5) Captive International <https://www.captiveinternational.com/news/pandemic-sees-record-growth-in-captives-4476>.

6) Business Insurance, March 2023.

■ 표 1 지역별 캡티브 보유 수

Rank	Domicile	2022	2021
1	Bermuda	660	670
2	Cayman Island	650	661
3	Vermont	639	620
4	Utah	419	368
5	Delaware	330	313
6	Barbados	315	308
7	North Carolina	294	257
8	Hawaii	255	250
9	South Carolina	205	183
10	Guernsey	201	192
11	Luxembourg	195	192
12	Arizona	162	149
13	Nevada	155	161
14	Tennessee	150	148
15	District of Columbia	113	112
16	Nevis	102	122
17	Montana	101	102
18	Isle of Man	98	99
19	Singapore	82	84
20	Texas	73	54
21	Turks & Caicos Islands	71	71
22	Labuan	67	63
23	Dublin	66	68
24	Anguilla	62	78
25	Connecticut	57	44
26	Georgia	56	57
27	Missouri	54	52
28	Alabama	51	57
29	Oklahoma	47	45
30	British Virgin Islands	46	49
31	New York	38	40
32	Kentucky	23	34
33	Sweden	29	31
34	Federated States of Micronesia	25	23
35	Switzerland	24	25
35	Michigan	24	24
37	St. Lucia	20	23
37	New Jersey	20	20
39	British Columbia	18	19
39	Puerto Rico	18	18
41	Arkansas	15	14
42	South Dakota	14	16
44	Malta	11	10
45	Gibraltar	10	10
46	New Zealand	9	9
46	Germany	9	9
48	Liechtenstein	8	8
49	Denmark	7	8
49	Egypt	7	7
49	Ohio	7	6
52	Colorado	6	6
52	Panama	6	6
52	Norway	6	6
55	Curaçao	5	7
55	Vanuatu	5	5
57	Hong Kong	4	4
57	Nebraska	4	4
57	Dubai	4	4
60	Maiao	3	3
60	Guam	3	3
62	U.S. Virgin Island	2	3
62	Illinois	2	2
62	Mauritius	2	2
62	Jersey	2	2
66	Kansas	1	1
66	West Virginia	1	1
	Total	6,191	6,074

2022년

Domicile	Captive Number
Bermuda	958
Cayman Island	738
Vermont	567
Guernsey	368
Luxembourg	262
Barbados	256
Anguilla	224
Ireland	224
British Virgin Islands	195
Hawaii	163
South Carolina	158
Isle of Man	130
Nevada	115
Arizona	108
Utah	100
Turks & Caicos	71
Singapore	57
Sweden	41
Switzerland	41
District of Colombia	40
Labuan	32
New York	27
Netherlands	26
Vanuatu	25
Bahamas	23
Total	5,218

2008년

(2) 국내 운영 사례

국내 캡티브 운영 사례는 극히 미미하다. 국내 최초로 1995년 SK Corp.가 자체 Non-Marine Package 보험 및 SK 그룹의 World-wide Master Insurance Program의 해외 재보험을 위해 설립한 Single Parent Captive를 설립하였다. 이후 ㈜호남석유화학이 Guernsey에 Rent-a-Captive를 운영한 사례가 있다. 이는 손해율이 양호한 우량기업 보험물건의 해외 재보험 방식으로 Single Parent Captive와 동일한 효과를 가진다. 그리고 여러 기업들이 캡티브 설립의 전 단계로서 사업성 검토(feasibility study)를 하였으나, 캡티브 설립에 따른 사회적 부담 등으로 캡티브 설립으로는 이어지지 않았다. 국내 기업의 캡티브 운영사례가 미비한 이유는 첫째, 국내 대기업그룹들이 보험회사를 계열회사로 가지고 있는 경우가 많이 있다. 한화그룹, 삼성그룹, 동부그룹 등이 있고, 그룹 계열 분리 이전 현대그룹, LG그룹, 한진그룹 등이 손해보험회사를 가지고 있었다. 이런 계열 보험회사가 실질적인 캡티브 보험회사의 역할을 수행하고 있다. 대기업그룹 중 SK가 계열 손해보험회사를 가지고 있지 않고 있고, 버뮤다에 캡티브를 설립하였다. 둘째, 기업들의 보험에 대한 인식이다. 기업은 보험료를 비용의 개념으로만 인식하고 이에 대한 관리에 소홀하였다. 하지만 최근 들어 보험료 규모가 커짐에 따라 보험에 대한 인식이 많이 변화하고 있다. 셋째, 제도적 한계를 가지고 있다. 금융업은 감독당국의 규제 감독을 받는다. 보험업도 역시 보험업법에 따른 감독을 받게 되어 있다. 하지만 보험업법상 캡티브에 대한 규정이 없어 캡티브 도입이 불가능한 상태이다. 넷째, 사회적 인식이다. 캡티브 운영이 가능한 기업 또는 단체인 경우 대부분 대기업이거나 규모가 큰 정부투자기관이 많다. 이런 기관들이 역외에 캡티브를 설립한다고 할 경우 세금 탈세 가능성 등 부정적인 사회적 시각이 있기 때문이다.

(3) 미국 캡티브보험 운영 사례

미국 경제는 세계에서 상대적 우위에 있고 규모에 있어서도 대기업이 많이 있다. 특히 금융분야가 발달되어 있고 보험산업도 잘 발달되어 있다. 미국 보험시장에 있어서 보험회사의 진출과 퇴출이 용이하고 보험에 대한 규제가 적은 편이다. 이러한 상황에서 보험회사들의 변동성이 크고 그로 인해 담보력이 부족하거나 보험시장의

hard market과 soft market의 반복 등의 영향으로 미국의 많은 기업들이 캡티브를 설립하게 되었다.

1980년대 들어 multi-parent captive 또는 group captive의 형태로 발전하게 되었는데 California Dental Association Captive는 multi-parent captive로 1980년 캘리포니아치과의사협회에서 설립한 캡티브이다. California Dental Association Captive는 미국 캘리포니아주에서 개업하고 있는 치과의사들이 전문직 배상책임보험(professional liability insurance)을 공동으로 이용하기 위해 설립하였다. 그리고 대표적인 group captive는 OIL(Oil Insurance Ltd.)이다. American Contractors Insurance Group(ACIG)은 1981년 3개의 건설회사가 공동으로 설립한 캡티브로 2010년 49개 주에서 보험업 면허를 취득하고 있고 Bermuda를 기반으로 39개의 기업이 참여하고 있으며 보험계약을 유지하고 있다. ACIG는 일반배상책임(general liability), 자동차배상책임(automobile liability), 근로자재해보상 (workers compensation) 등의 분야를 담보하고 있는데, 2010년 기준으로 연간 수입보험료는 1.2억 달러에 이르고 있다. ACIG는 회원사(member)에 대해 꾸준한 위험관리를 통해 손해율 안정에 기여하고 있는는데 이런 노력의 결과 Average Workers Compensation Cost Per Man-hour(1인 시간당 평균보상금액)가 2009년 US$ 0.44이고 Frequency of Workers Compensation Indemnity Claims Per 200,000 Man-hours(200,000인 시간당 보험금청구빈도)가 2009년 0.82년으로 양호한 실적이다. 이는 캡티브(Group captive)가 회원사들(members)에 대한 철저한 위험관리를 통해 양호한 경영성과를 낼 수 있게 지원하는 것을 의미한다.

미국에서 캡티브가 가장 발달된 지역은 Vermont 주이다. 1981년 Special Insurers Act 제정 이래 캡티브가 비약적으로 발전하여, 2022년 캡티브 수 기준 3위의 캡티브 소재지(domicile)로 성장했고 639개의 캡티브를 운영하고 있다.[7]

Vermont 주의 2021년 보험료 규모는 300억 달러[8](약 39조 원)이다. Vermont 주에는 캡티브 관련한 비용은 신청료, 면허료, 심사료 그 외에 추가적인 법인 설립비가 있다. Vermont 주가 부과하는 보험료세금(premium tax)은 직접보험의 경우 보험료의 0.38%, 재보험의 경우 보험료의 0.21%로 시작하여 점차적으로 감소하며, 최고 한도액은 200,000달러이다.[9] Pure 캡티브의 경우 투자 제한이 없으며, 단체

---

7) Business Insurance, March 2023.
8) 버몬트 주 정부 사이트 <https://www.vermontcaptive.com/>.

(association group) 캡티브의 경우 투자 제한이 있고 RRG(일종의 공제조합)의 경우 다른 보험회사에 준한 규제를 받는다. 캡티브는 주 감독당국에 감사된 재무제표 및 유보금에 대한 보험계리사의 의견을 제출해야 한다.

1987년부터 캡티브 유치를 시작한 하와이는 대부분 미태평양 연안 및 환태평양지역의 고객들을 주요 시장으로 삼는다. 무엇보다도 하와이가 미 서부 및 극동 아시아 지역과 같은 시간대 업무 시간이라는 편이성이 뛰어나다는 장점이 있다. 최소 자본금 요구액은 250,000달러이다. 순보험료(net premium)의 상한이 자본금액보다 3배 이상 될 수 없다는 규정이 있어, 최소 자본금 250,000달러로 시작한 캡티브는 순보험료를 750,000달러 이상 수취할 수 없다. 첫 2천 5백만 달러에 0.25%의 보험료세금(premium tax)이 부과되며, 점차 감소하다 5천만 달러가 넘는 보험료에 대해서는 0.05%의 세금이 부과된다.[10] 감사된 재무제표를 제출할 의무가 있으며, 교육이나 의료 복지 등과 같은 비영리기관을 위한 캡티브 설정이 가능하다는 특징이 있다.

사우스캐롤라이나 주는 2000년부터 캡티브를 유치하기 시작했다. 초기에 느슨하던 규제는 점차적으로 강화된 바 있다. 대체적 비용은 초기 2천만 달러에 대해서 0.4%의 보험료세금이 부과되며 점차적으로 감소하다 6천만 달러에 대해서 0.075%의 세금이 부과되며(재보험의 경우 첫 2천만 달러에 대해서 0.225%의 세금이 부과된다) 점차적으로 감소하다 6천만 달러에 대해서 0.025%의 세금이 부과된다. 상대적으로 관대한 Permitted Assets 규정을 갖고 있으며 초기 자본금 요구액도 250,000달러로 적다. 그리고 감사된 재무제표를 제출할 의무가 있다.[11]

(4) Bermuda 운영 사례

세계적으로 최소한 15개 이상의 역외금융센터 지역(offshore domicile)에 캡티브가 설립되어 있고, 포춘지 500대 기업 중 90% 이상[12]이 캡티브를 보유하고 있다. 특히 미국 대기업 캡티브가 역외금융센터 지역에 많이 설립되어 있는데, 그 이유는 다음과 같다. 첫째, 미국 세법에 의해서 보험회사로 간주되지 않은 경우, 특히 가치가 상승한 재무자산을 근간으로 해서 초기 자본금이 구성되는 캡티브를 구성할 경우 역외

---

9) 김준호(2012).
10) 김준호(2012).
11) 김준호(2012).
12) KPMG Captive Insurance Guide (2020).

에서 설립하는 것이 세제상 유리할 수 있기 때문이다. 또는 해외에서 생성된 과세소득에 대해 미국 세법상 세금 납부를 연기할 목적으로 설립되기도 한다. 그러나 미국 세법 제953(d)조를 적용하면 세제상 목적으로 미국 자국 내 설립 보험회사와 동등한 대우를 받게 되므로 세제상 이점이 없어질 수 있다. 둘째, 몇몇 역외금융센터 지역의 경우 관료적 비효율성이 미국과 비교해서 상대적으로 양호한 지역이다. 또한 대다수의 역외금융센터 지역이 직접 심사보다 자격을 갖춘 회계사의 감사를 인정하는 경우가 많아 규제 준수 절차가 덜 까다로울 수 있다. 셋째, 채무자에게서 자산을 보호할 수 있는 이점이 있다. 넷째, 역외 캡티브를 통해서 미국에서 접근이 어려운 해외투자의 기회(예를 들어, European Mutual Funds 등)를 얻을 수 있다. 다섯째, 역외 캡티브 지역은 훌륭한 휴양시설을 갖춘 곳이 많아 여가나 관광 등 사업 이외의 방문 목적을 충족시킬 수도 있다.

캡티브가 가장 잘 발달되어 있는 Bermuda는 가장 캡티브를 많이 운영하고 있는 지역이다. 1992년 허리케인 앤드류(Hurricane Andrew) 이후 Property 재보험을 유치하기 시작해서, 유치된 자본금 총액이 45억 달러(약 5.8조 원)에 이르게 된다. 이후 Bermuda의 캡티브 시장은 주로 다국적 거대기업들의 활동 영역이 되고 있다.

Bermuda의 캡티브 시장은 매년 꾸준한 증가세를 보여 왔는데, 2020년 240억 달러[13](약 31조 원)의 보험료 실적을 거두었다. 또한 2007년 합산 비율 84.9%를 기록하여 양호한 실적을 나타내고 있다. 수익성을 보면 <표 2>와 같이 2007년 당기순이익 비중이 24.4%로 높은 수익성을 나타내고 있다. 이는 165억 달러(약 21조 원)에 이른다. 또한 보유보험료의 3.2%를 세금으로 납부하고 있는데, 이는 22억 달러(약 2.8조 원)에 해당한다.

버뮤다에는 허가 분류에 따라 Class 1, 2, 3과 Class A, B가 있다. 이는 캡티브를 구분하여 허가하는 기준이며, 요구하는 최소 자본금이 다르다. Class 1은 최소자본금이 120,000달러이며, Class 2는 250,000달러이다. Class 3은 1,000,000달러이며 Class A 는 120,000달러, Class B는 250,000달러[14]이다.

버뮤다는 'Segregated Account Company'("SAC")를 허용한다. SAC는 회사 내에 각각 분리된 소규모 보험회사를 갖고 있는 캡티브라고 볼 수 있는데, 각 계정

---

13) BMA Captive Report (2021).
14) KPMG Captive Insurance Guide (2020).

(Account)에 해당하는 소규모 보험회사의 보험 채무는 해당 계정이 보유한 자산에 제한되며, 다른 계정 또는 SAC 전체의 일반 자산을 침범할 수 없다. 버뮤다의 SAC 는 일반적으로 Rent−A−Captive에 주로 이용된다. 버뮤다의 보험 관련 사항 중 특이한 점은 특정 캡티브의 총보험료 수입 중 30% 이상이 전문인배상책임보험 (Professional Liability Insurance)(예를 들어, 의료법인의 의료분쟁 등과 관련해서 설립된 보험)에서 파생되는 경우 'Loss Reserve Specialist'란 담당자를 두어서 매년 유보금의 적정성 여부를 판단하게 한다는 것이다.

▌ 표 2 버뮤다 보험산업 수익성[15)

	2003	2004	2005	2006	2007
언더라이팅수익	8.4	4.1	(16.2)	14.2	15.1
투자수익	8.7	8.9	11.6	15.6	18.0
영업외수익(손실)	0.9	1.7	1.4	1.2	(2.1)
세금	1.9	1.5	0.7	2.9	3.2
당기순이익	16.6	13.8	(4.5)	26.3	24.4

(보유보험료 대비 비중, %)

---

15) Korean Re, 해외보험시장, 2008. 7월호.

Ⅲ. 제주도 캡티브보험(Captive Insurance) 도입 시 경제적 기대 효과

제주도가 캡티브를 도입해야 하는 이유와 캡티브 도입을 통해 얻어질 수 있는 경제적 기대 효과에 대해 논의한다.

1. 제주도 경쟁력

(1) 국가 지역 균형 발전

우리나라는 국가 균형 발전을 촉진하기 위해 「국가균형발전 특별법」을 가지고 있다. 이 법의 목적은 지역의 특성에 맞는 발전과 지역 간 연계 및 협력 증진을 통하여 지역 경쟁력을 높이고 삶의 질을 향상시킴으로써 지역 간 균형 있는 발전에 이바지하기 위한 것이다(법 제1조). 이런 관점에서 보면, 제주도는 매우 열악한 경제력과 산업구조를 가지고 있다. 먼저 2022년 전국 시도별 임금 수준을 보면 제주도는 3,036천 원으로 서울 4,082천 원 대비(서울=100) 74.3에 불과하다. 이는 17개 시도 중 최하위이다.[16] 또한 제주도의 GDP와 1인당 GDP를 보면 GDP는 16위로 세종시를 제외하면 최하위, 1인당 GDP는 14위로 하위에 있다.[17] 제주도는 상대적으로 제조업 기반이 취약한 구조를 가지고 있는데, 천혜의 자연경관을 가진 제주도는 제조업 기반의 산업을 가질 수 없는 경제적 한계를 가지고 있다. 또한 제조업 도입을 위한 기반 시설이 부족하고 환경과 공존하는 제조업을 찾기가 매우 어렵다. 제주도의 주력 산업은 1차 산업과 관광 산업인데, 1차 산업 중 감귤인 경우 해외 과일수입으로 인한 경쟁력이 상실된 상황이고, 관광산업도 해외 저가상품의 공세로 성장의 한계를 가지고 있기 때문이다.

이러한 이유로 캡티브가 국내에 도입된다면 국가 지역균형 발전의 차원에서 대도

---

16) 국가 통계 포털 KOSIS <https://kosis.kr/statHtml/statHtml.do?orgId=101&tblId=DT_1YL15006>.

17) 국가통계 포털 KOSIS <https://kosis.kr/statHtml/statHtml.do?orgId=101&tblId=DT_1C81&conn_path=I2>.

시이며 경제력 기반이 뒷받침되는 서울이나 부산보다 제주도가 훨씬 필요하다. 또한 캡티브가 제주도를 포함한 국내 전체에 도입될 경우 효용성이 떨어지는데, 그 이유는 캡티브를 도입할 경우 캡티브 설립의 용이성, 세금 혜택, 제도적 지원 등 제공되어야 하는 사회적 인프라가 필요하다. 예를 들어, 캡티브가 가장 발달한 해외 사례를 보면 세금 혜택을 통한 인센티브 제공이 있는데 미국이나 영국의 사례에서 본 바과 같이 서울시에서 캡티브에 세금 혜택을 준다면 이와 유사한 보험회사, 더 나아가 은행 등 금융기관들이 세금 혜택을 요구하게 될 것이다. 그렇게 되면 국가 전체적으로 세금의 감소를 초래하게 될 것이다. 또 다른 사례로 서울시가 아닌 다른 시·도에서 캡티브를 유치한다고 했을 경우 세금 혜택을 주려고 하면 법률적, 제도적 지원이 필요하다.

▌표 3 17개 시·도 월 급여액

(단위: 원)

행정구역별	2021	2022
	상용 월평균 임금(원)	상용 월평균 임금(원)
전국	3,581,564	3,717,328
서울특별시	3,904,436	4,082,853
경기도	3,611,344	3,751,651
울산광역시	3,515,389	3,725,372
세종특별자치시	3,530,820	3,685,371
충청남도	3,564,920	3,669,868
경상북도	3,452,111	3,563,537
경상남도	3,399,502	3,560,180
대전광역시	3,401,031	3,556,267
전라남도	3,352,080	3,445,263
충청북도	3,313,149	3,439,403
인천광역시	3,309,353	3,418,862
부산광역시	3,288,414	3,404,468
강원특별자치도	3,166,772	3,285,138
광주광역시	3,141,221	3,284,566
대구광역시	3,094,138	3,202,101
전라북도	3,082,279	3,192,759
제주특별자치도	2,906,566	3,036,703

▌ 표 4 시·도별 GDP 및 1인당 GDP(2021년)

(단위: 천 원)

시도별	2021	
	지역 내 총생산(백만 원)	1인당 지역 내 총생산
전국	2,076,254,437	40,125
경기도	527,046,766	38,720
서울특별시	471,730,788	49,648
충청남도	124,586,926	57,241
경상북도	112,784,772	42,706
경상남도	112,073,936	33,782
부산광역시	98,651,991	29,649
인천광역시	97,894,444	33,287
전라남도	88,266,312	49,506
울산광역시	77,683,017	69,133
충청북도	74,766,578	45,803
대구광역시	60,865,535	25,492
전라북도	55,461,662	30,912
강원도	50,659,583	33,319
대전광역시	46,379,776	31,362
광주광역시	43,454,904	29,583
제주특별자치도	20,048,530	29,781
세종특별자치시	13,898,917	37,958

(2) 캡티브 설립 제주도 입지 조건

캡티브 설립 입지 선택은 매우 중요하며, 입지 선정 시 고려해야 하는 요인은 여러 가지가 있다. 첫째, 모기업과 근접한 곳에 소재하여야 한다. 즉, 지리적인 위치와 이에 따라 캡티브의 관리에 미치는 영향 등을 고려할 필요가 있다. 예를 들어, 캡티브가 위치한 장소로의 이동에 따른 비용과 통신비용, 즉 전화, 인터넷(internet), 기타 서비스로 인한 비용 등을 고려할 필요가 있다. 둘째, 보험회사 설립이 상대적으로 쉬운 장소를 모색해야 한다. 대부분의 기업들은 자국의 복잡한 보험 법규 때문에 캡티브 설립의 규제가 완화되어 설립이 용이한 역외금융센터 지역으로 이동하고 있다. 셋째, 캡티브에 적용되는 세제를 고려하여야 한다. 모기업은 캡티브에 지급할 보험료에 대하여 세금 공제가 허용되는지의 여부를 검토할 필요가 있으며, 캡티브가 소재한 국가에서 세금의 종류 및 세율 수준 등을 고려하여야 한다. 하지만 최근 들어 세제 혜택에 대한 요구는 많이 줄어들고 있는 상황이다. 이유는 현지에서 세금 혜택을 받거나 비과세인 경우 해당 국가에서 간주 세금 등의 형태로 부과하는 방향으로 강화되고 있기 때문이다. 넷째, 캡티브 관리회사의 선정 시 비용과 관리서비스를 고려하여야 한다. 다섯째, 선정된 지역의 정치적인 안정성을 들 수 있다. 외국에서는 모기업이 소재한 국가보다 항상 어느 정도 정치적인 위험이 존재하고 있으므로 정치적 안정성 여부에 유념할 필요가 있다.

캡티브 설립 지역이 결정되면 캡티브 설립을 위해 고려되어야 하는 사항이 있는데, 먼저 캡티브를 설립할 수 있는 기업의 형태가 고려되어야 한다. 캡티브의 영업소가 해당 지역에 반드시 있어야 하는지 여부나 원보험사 또는 재보험사로 설립해야 하는지가 고려 사항이 된다. 또한 캡티브 설립 허가 절차의 용이성이다. 규제당국으로부터 허가에 소요되는 기간 또는 세부 절차의 용이성도 고려 대상이 된다. 캡티브 설립에 미치는 요소는 정치적 안정성이 있는데, 이는 정치적 민감도가 큰 정부의 역할에 관심이 높다는 것이다. 가장 중요한 요소는 법제도이다. 자본금과 지급여력의 최저금액의 설정, 캡티브 소유권에 대한 주주 구성원 판단, 캡티브 취급 업무에 대한 규정, 캡티브 관리회사의 유무 및 수준, 관리회사의 전문성과 지역 내 영향력 등이 있고, 감독 기준 등 제도적 규제 사항도 있다. 그리고 고려되는 사항은 캡티브가 어떠한 모델로 설립이 가능한지이다. 캡티브를 설립하려는 모델이 해당 지역에서 가능한지는 매우 중요한 내용이다. 또한 캡티브 설립과 운영에 대한 감독 기준이다. 캡티브도 일종의 보험회사이므로 반드시 감독이 필요하다. 이런 점에서 감독 기준은 설립에 있어 고려 사항이 된다. 그리고 이런 감독 기준에 보고 사항도 고려가 되는데, 의무 보고 내용의 복잡성 또는 보고 횟수도 고려된다.

캡티브도 기업이다. 기업은 지속가능성을 염두에 두고 설립되고 성장 여부가 기업의 존폐를 가르기도 한다. 이에 기업은 위험의 인수에 대한 규제 여부를 검토하게 되고, 인수 대상 국가에 대해서도 제약이 있는지 고려된다. 이는 캡티브 설립회사들 대부분은 전 세계에 공장 또는 시설을 소유한 기업들이기 때문이다. 보험 업무적인 측면에서 보험약관에 대한 제한과 물건의 규모 또는 위험의 형태에 따른 인수 제한 여부가 고려되고 프론팅 보험회사나 재보험회사의 제공 여부도 고려된다. 세제의 내용은 캡티브 설립에 가장 중요한 요소이다. 세율이 고려되는 것은 기본이고 세금이 해당 지역에만 국한되는지 또는 자국에도 납부를 해야 하는지 여부, 투자수익과 보험인수 수익을 분리해서 과세하는지 여부나 적립해야 할 준비금에 대한 세금 과세 여부도 고려 사항이다. 하지만 미국 등 주요 국가들이 역외에서 발생한 수익에 대해서도 과세를 강화하는 경향이 있어 세금 혜택에 대한 중요도는 예전에 비해 많이 떨어질 것으로 예상된다. 캡티브 소유 국적에 따른 과세 방법의 차별 여부, 법인세 이외의 다른 세금 여부도 고려 대상이다. 자국 환 이외의 외환 거래 여부, 외환 관리 통제 여부 또는 수준, 캡티브를 통한 기금조성 및 사용 제한 여부, 모기업에서 출자 제한 여부 등이 있다. 서비스 측면에서 법률서비스, 회계 서비스 수준, 관리 서비스의 여건과 인력에 대한 수준들도 고려 대상이 된다.

캡티브 설립 소재지의 결정에는 입지 조건과 환경이 매우 중요한 요인으로 작용한다. 캡티브가 발달한 지역의 특징을 보면 Bermuda, Cayman Islands, Hawaii와 같이 천혜의 자연환경을 구비한 섬들이 많이 있고 Vermont, Luxembourg와 같이 천연자원이나 제조시설들이 부족한, 상대적으로 경제력이 부족한 곳에서 발전한 것을 알 수 있다. 이는 부족한 제조 기반을 대신하여 캡티브를 해당 지역경제의 발전 요소로 삼은 것이다. 캡티브가 가장 발전한 Bermuda를 보면 미국과 유럽 중간에 위치하고 있고, 관광을 위한 인프라가 잘 구비되어 있다.

이런 입지 조건을 고려할 때 국내에서는 제주도가 가장 유리하다고 할 수 있다. 제주도는 도쿄, 오사카, 베이징, 상하이, 타이페이 등 한국, 일본, 중국 등 인구 500만 명 이상의 17개 도시로부터 비행거리 2시간 내에 위치하여 접근성이 매우 좋다. 또한 2021년 기준 세계 경제의 2, 3위를 하는 중국과 일본, 10위인 한국 등 매우 크고 발전하는 경제력을 지닌 지역의 중심에 있다.[18] 세계자연유산으로 등재되어 있는 제주도의 자연 환경의 우수성도 입지 조건의 가장 중요한 요인 중 하나이다. 그리고 금융시장은 정보기술(IT) 인프라가 매우 중요한 요인이다. 이런 점에서 제주도의 IT 인프라는 국내 최고의 IT 기업인 다음(카카오)의 본사가 위치할 정도로 검증되어 있다고 하겠다.

---

18) 국가통계 포털 KOSIS <https://kosis.kr/statHtml/statHtml.do?orgId=101&conn_path=I2&tblId=DT_2KAA903>.

(3) 「제주특별자치도 설치 및 국제자유도시 조성을 위한 특별법」

제주도는 「제주특별자치도 설치 및 국제자유도시 조성을 위한 특별법」(이하 "제주특별자치도법")을 가지고 있다. 이 법의 목적 조항은 "종전의 제주도의 지역적·역사적·인문적 특성을 살리고 자율과 책임, 창의성과 다양성을 바탕으로 고도의 자치권이 보장되는 제주특별자치도를 설치하여 실질적인 지방분권을 보장하고, 행정규제의 폭넓은 완화와 국제적 기준의 적용 및 환경자원의 관리 등을 통하여 경제와 환경이 조화를 이루는 환경 친화적인 국제자유도시를 조성함으로써 도민의 복리증진과 국가발전에 이바지함을 목적으로 한다"고 명시되어 있다(제1조). 이 법의 입법 취지는 제주도를 국제자유도시로 육성하여 제주 지역의 경쟁력을 높이고자 한 것이다. 이러한 제주지역의 경쟁력 제고에 있어 캡티브는 하나의 대안이 될 수 있다.

캡티브가 발달한 지역을 보면 회사 설립에 소요되는 시간, 영업 기금 수준, 세금, 관련 인력의 공급, 정치적·경제적 영업 환경, 지리적 요인들이 중요하다. 여기에서 지리적 요인은 제주도가 우수하고 나머지 요소들에 대해서도 인프라 구축이 필요하다. 이러한 인프라를 구축하기 위해 일부 법제도를 정비해야 할 필요가 있다.

2. 경제적 기대 효과

캡티브가 제주도에 미치는 잠재적 효과들에 대해 알아보자. 캡티브는 일자리 창출만이 아니라 지역 경제 활성화에도 기여하고 제주도의 신규 성장 동력을 만들어낼 수 있다. 캡티브는 금융보험업으로 국내 최고의 평균 임금을 가지고 있고 고학력의 인력을 필요로 한다. 이러한 전문 인력을 육성하기 위한 교육 투자와 다양한 서비스 분야까지 경제적 효과가 미치게 된다. 또한 국내외 우수한 접근성 확보를 위해 공항과 항만시설 등의 사회기반시설이 발달하게 되고, 사람들의 방문에 필요한 숙박시설과 관광시설의 고급화가 이루어진다.

먼저 관광산업을 활성화시키는 데 캡티브의 중요성이 부각된다. 그 이유는 캡티브 종사자들은 높은 임금을 받는 고급 인력이라고 할 수 있다. 이러한 캡티브 관련 종사자들이 제주도 방문 시 고급 숙박시설과 관광을 필요로 하게 된다. 이러한 관광 수요를 충족하기 위해서 제주도의 관광 수준도 향상되는 효과를 얻게 될 것이다. 캡티브가 100개 설립된다고 가정하면 1개의 캡티브당 최소 3명의 이사가 존재하고 관련 직원이 필요할 것이다. 1년에 2번의 이사회와 1회의 정기 보고회를 개최한다고 하면 1개의 캡티브에서 최소 연간 9명이 제주도를 방문하게 되고 100개의 캡티브에 적용하면 연 인원 900명이 제주도를 방문하게 된다. 이들이 평균 200만 원의 관광 비용을 지출한다면 최소 18억 원의 관광수익을 얻게 될 것이다. 또한 캡티브의 모기업에 대한 홍보와 이들 기업의 관광 수요를 고려한다면 관광산업에 기대되는 경제 효과는 매우 클 것이다.

제주도에 캡티브 설립에 따른 경제적 파급 효과를 계량 분석한다. 객관적 예측을 위해 몇 가지 가정들을 근거로 시뮬레이션을 실행한다. <표 5>는 가정된 조건들이다. 먼저 10년 동안 제주도에 100개의 캡티브가 설립되는데, 연간 10개씩 증가한다고 가정한다. 또한 손해율은 50%로 가정하고 사업 비율은 50%, 투자수익률은 5%로 가정한다. 캡티브당 보험료는 캡티브 운영 및 효율성을 고려하여 최소 30억 원으로 하고, 자산은 보유 보험료의 200%로 한다. 그 이유는 사고 발생 시 캡티브 가입 기업에 대한 보상이 충분히 가능하도록 하기 위해 지급준비금을 보유보험료의 200%로 규정하는 것으로 가정한다. 그리고 세율은 5년간 평균 20%, 10%, 5% 세 가지로 가정한다. 세율을 세 가지 변수로 가정하는 이유는 캡티브 도입의 인센티브를 세금 혜택으로 제공하는 사례가 있어서 이를 근거로 하였다. 연간 보험료 성장을 0%로 가정하는데, 그 이유는 손해율 안정으로 가액 인상과 보험료 인하 요인과 상쇄하도록 한다. 고용 효과의 기준이 되는 인건비는 1인당 평균 임금 6,732만 원(2019년 금융보험업 월 평균 561만 원[19])으로 가정한다.

제주도의 경제적 기대 효과에 대한 시뮬레이션을 10년에 걸쳐 수행한다. 경제효과는 추가 세금 소득과 캡티브가 지역 서비스 제공자에게 지출된 비용의 혼합으로 한다. 즉 캡티브가 이윤을 얻게 되는 경우 모기업에 연계하여 수익을 가지게 되고 실제 제주도에 발생하는 것은 세금이며 캡티브를 운영함으로써 발생하는 운영자금을 합한 것으로 한다. 상기 가정을 전제로 시뮬레이션 결과 제주도의 경제적 기대 효과는 세율이 5%~20%인 경우 10년간 약 4,000억 원의 경제 기대 효과가 나타나고 최대 308명의 고용 효과가 나타난다.

---

19) KOSIS 국가통계포털 <https://kosis.kr/statHtml/statHtml.do?orgId=118&tblId=DT_118N_LCE205>.

〈제주도 경제적 기대 효과 가정 및 근거〉

□ 보유보험료＝평균보험료×보유율×캡티브 수
  - 보유보험료는 캡티브가 위험을 보유하는 비율임
□ 운용자산＝보유보험료×200%
  - 단, 운용자산은 전년도 수익이 이월되어 합산됨
□ 자산모형에서 익년자산(＝해당년도의 종료(시점))은 다음과 같이 나타낼 수 있다.
  - 익년자산(＝해당년도의 종료(시점))＝해당년도 초기자산＋세후 수익
□ 운영자금＝사업비＋투자소득
  - 운영자금은 캡티브를 운영하면서 발생하는 사업비에 투자소득을 더한 것임
□ 영업이익(EBIT)＝(보유보험료＋투자소득)－(보유 지급 보험금＋사업비)
  - 영업이익은 비용을 제외한 이익임
□ 투자소득＝해당년도의 자산×투자수익률
□ 사업비＝보유보험료×사업비율
□ 지급보험금＝보유보험료×손해율
□ 세후 수익＝운영수익최대치{0,세금}
  - 세후 수익은 제주도 지역에서 발생하는 영업이익에서 세금을 제외한 것을 말함
□ 세금＝적용세율×영업이익
  - 세금은 5%, 10%, 20% 등 세 가지 변수를 적용함
□ 관광 수익＝9명×캡티브 수×200만 원

  경제효과[20] ＝ Σ 해당년도 실질 세금＋Σ 해당년도 운영 자금

□ 고용효과＝(보유보험료×사업비율×임금비율)/금융보험업 평균 임금
  - 2010년 3분기 자동차보험 사업비 중 인건비 비율 27.5% 적용(전체 사업비 2조 6천 645억 원, 인건비 7천 329억 원)[21]
  - 금융보험업 평균 임금[22] 월 5,612천 원, 연 67,344천 원

---

20) 경제모델은 Yuji Maeda & Yasuhiro Sakai (2010) 참조.
21) 보험뉴스 2011. 3. 4. 기사 참조.
22) 2021 산업별 임금 및 근로시간 (표준산업분류 9차) (kosis.kr).

■ **표 5** 전제 조건

(단위: 백만원)

	1차년	2차년	3차년	4차년	5차년	6차년	7차년	8차년	9차년	10차년
캡티브 수	10	20	30	40	50	60	70	80	90	100
평균보험료	3,000	3,000	3,000	3,000	3,000	3,000	3,000	3,000	3,000	3,000
보유율	10%	15%	20%	25%	30%	35%	40%	45%	50%	50%
보유보험료	3,000	9,000	1,800	30,000	45,000	63,000	84,000	108,000	135,000	150,000
운용 자산(익년자산)	6,000	18,285	36,914	61,846	93,092	130,655	174,533	224,727	281,236	314,062
투자수익율	5%	5%	5%	5%	5%	5%	5%	5%	5%	5%
손해율	50%	50%	50%	50%	50%	50%	50%	50%	50%	50%
지급보험금	1,500	4,500	9,000	15,000	22,500	31,500	42,000	54,000	67,500	75,000
사업비율	50%	50%	50%	50%	50%	50%	50%	50%	50%	50%
사업비	1,500	4,500	9,000	15,000	22,500	31,500	42,000	54,000	67,500	75,000

■ 표 6 제주 지역 경제적 기대 효과

■ 표 6-1 세율 20%인 경우

	1차년	2차년	3차년	4차년	5차년	6차년	7차년	8차년	9차년	10차년	합계
보유보험료	3,000	9,000	18,000	30,000	45,000	63,000	84,000	108,000	135,000	150,000	
운용자산(익년자산)	6,000	18,240	36,912	61,846	93,092	130,655	174,533	224,727	281,236	314,062	
운영자금	1,500	5,412	10,846	18,092	27,155	38,033	50,727	65,236	81,562	90,703	
사업비	1,500	4,500	9,000	15,000	22,500	31,500	42,000	54,000	67,500	75,000	
지급보험금	1,500	4,500	9,000	15,000	22,500	31,500	42,000	54,000	67,500	75,000	
투자수익	300	912	1,846	3,092	4,655	6,533	8,727	11,236	14,062	15,703	
영업이익	300	912	1,846	3,092	4,655	6,533	8,727	11,236	14,062	15,703	
세금	60	182	369	618	931	1,307	1,745	2,247	2,812	3,141	
세후 수익	240	730	1,476	2,474	3,724	5,226	6,981	8,989	11,249	12,562	
관광수익	180	360	540	720	900	1,080	1,260	1,440	1,620	1,800	
경제효과	1,560	5,594	11,215	18,711	28,086	39,339	52,472	67,484	84,374	93,844	402,678
고용효과	6	18	37	62	92	129	172	222	277	308	

■ 표 6-2 세율 10%인 경우

	1차년	2차년	3차년	4차년	5차년	6차년	7차년	8차년	9차년	10차년	합계
보유보험료	3,000	9,000	18,000	30,000	45,000	63,000	84,000	108,000	135,000	150,000	
운용자산(익년자산)	6,000	18,270	36,914	61,846	93,092	130,655	174,533	224,727	281,236	314,062	
운영자금	1,500	5,414	10,846	18,092	27,155	38,033	50,727	65,236	81,562	90,703	
사업비	1,500	4,500	9,000	15,000	22,500	31,500	42,000	54,000	67,500	75,000	
지급보험금	1,500	4,500	9,000	15,000	22,500	31,500	42,000	54,000	67,500	75,000	
투자수익	300	914	1,846	3,092	4,655	6,533	8,727	11,236	14,062	15,703	
영업이익	300	914	1,846	3,092	4,655	6,533	8,727	11,236	14,062	15,703	
세금	30	91	185	309	465	653	873	1,124	1,406	1,570	
세후 수익	270	822	1,661	2,783	4,189	5,879	7,854	10,113	12,656	14,133	
관광수익	180	360	540	720	900	1,080	1,260	1,440	1,620	1,800	
경제효과	1,530	5,505	11,030	18,402	27,620	38,686	51,599	66,360	82,968	92,273	395,973
고용효과	6	18	37	62	92	129	172	222	277	308	

■ 표 6-3 세율 5%인 경우

	1차년	2차년	3차년	4차년	5차년	6차년	7차년	8차년	9차년	10차년	합계
보유보험료	3,000	9,000	18,000	30,000	45,000	63,000	84,000	108,000	135,000	150,000	
운용자산(익년자산)	6,000	18,285	36,914	61,846	93,092	130,655	174,533	224,727	281,236	314,062	
운영자금	1,500	5,414	10,846	18,092	27,155	38,033	50,727	65,236	81,562	90,703	
사업비	1,500	4,500	9,000	15,000	22,500	31,500	42,000	54,000	67,500	75,000	
지급보험금	1,500	4,500	9,000	15,000	22,500	31,500	42,000	54,000	67,500	75,000	
투자수익	300	914	1,846	3,092	4,655	6,533	8,727	11,236	14,062	15,703	
영업이익	300	914	1,846	3,092	4,655	6,533	8,727	11,236	14,062	15,703	
세금	15	46	92	155	233	327	436	562	703	785	
세후 수익	285	869	1,753	2,938	4,422	6,206	8,290	10,675	13,359	14,918	
관광수익	180	360	540	720	900	1,080	1,260	1,440	1,620	1,800	
경제효과	1,515	5,460	10,938	18,247	27,387	38,359	51,163	65,798	82,265	91,488	392,621
고용효과	6	18	37	62	92	129	172	222	277	308	

262   제3장 자가전속보험(Captive Insurance)회사의 제주 유치 방안

IV. 맺음말

한국의 보험산업은 세계 8위의 규모를 가지고 있고 주변국인 일본과 중국도 상위권을 차지하고 있어 세계적으로도 차지하는 비중이 높다. 하지만 보험산업의 규모에 비해 보험산업의 선진국 진입은 아직은 미지수인 것 같다. 또한 보험산업 선진화의 목적을 고객을 위한 다양한 서비스의 제공과 다양한 선택권 보장 및 보험회사의 지속가능성에 둔다면 그에 맞는 제도 도입이 필요하고 그와 동시에 적절한 감독 기능이 이루어져야 보험산업 선진화가 이루어질 수 있다. 이러한 보험산업 선진화를 위해 다양한 형태의 보험 기법이 운영되고 있는데, 그중 하나가 캡티브이다.

캡티브란 기업 또는 단체가 경제활동을 하면서 발생하는 위험에 대해 자신이 해당 위험을 보유하는 형태이며, 일반적으로 기업인 경우 모기업의 위험을 인수하기 위해 자회사 형태로 설립된 보험회사라고 할 수 있고, 단체인 경우는 그 단체에 포함된 개인 또는 집단의 위험을 보유하는 보험회사 형태라 할 수 있다. 따라서 불특정 다수를 대상으로 하고 불특정 다수의 위험 인수를 업으로 하는 전통적인 보험회사와 비교해서 기능과 형태가 구별된다고 할 수 있다. 캡티브는 기업 또는 단체들의 자발적 필요에 의해 생기게 되었는데 이유로는 해당 기업 또는 단체의 위험보다 외적인 요소에 의해 형성되는 보험료에 대한 인식 차이와 새로운 위험에 대한 담보 부족이 있다. 또한 규모가 커지는 보험료에 대한 활용도를 요구하는 기업들로 인해 캡티브가 발전하게 되었다.

이런 캡티브는 여러 장단점을 가지고 있는데, 가장 큰 장점은 기업 또는 단체의 수익성 확보에 있다. 앞의 결과에서 연간 보험료가 100억 원, 해당 보험료의 사업비율이 20%, 손해율이 50%인 보험에 대해 초기 자본금 20억 원(보유금액의 200%), 보유를 10%(10억 원)로 하는 캡티브를 설립하면, 연간 9억 원의 수익이 발생하고 보유를 50%로 늘렸을 경우 연간 25억 원의 수익이 발생하게 된다. 이는 보험료의 9~25%에 해당한다. 그리고 보험회사가 담보할 수 없는 새로운 위험에 대한 담보가 가능하고, 기업 또는 단체의 금융업 진출을 용이하게 한다.

단점으로는 보험의 특징인 사고 발생 시 복구에 필요한 자금을 충분히 공급해야 하는데 적절한 준비금이 없거나 재보험에 가입되어 있지 않으면 사고에 대처하기 어렵고 그렇게 되면 모기업의 부실화를 초래할 수 있다. 또 하나 단점은 캡티브도 금융회사로서 정부의 관리 감독을 받게 된다는 것이다.

캡티브는 세계적으로 6,191여 개가 설립되어 있고, 버뮤다 지역에서만 수입되는 보험료만 연간 55조 원에 이르고 있다. 그리고 포춘지 선정 500대 기업 중 90% 이상이 캡티브를 설립하여 운영하고 있고, 캡티브 규모는 성장하고 있다. 국내 보험업계가 이러한 캡티브 시장을 도외시하는 것은 보험산업의 선진화에 역행하는 것이라고 할 수 있다. 국내에서 캡티브가 발달하지 못한 이유는 국내 대기업그룹들이 보험회사를 계열사로 가지고 있는 경우가 많이 있어 계열보험회사들이 실질적인 캡티브의 역할을 수행하고 있고, 기업들이 보험에 대해 보험료를 비용으로만 인식하는 문제가 있기 때문이다. 또한 캡티브에 대한 이해 부족으로 국내에 캡티브 설립이 되지 않아 해외에 캡티브를 설립할 경우 캡티브 관련 자금을 해외로 유출시키려는 것이 아닌가 하는 사회적 인식도 문제로 들 수 있다. 마지막으로 보험업법상 캡티브 설립이 명시화되어 있지 않아 도입이 현실적으로 불가하다. 이러한 문제들로 국내 캡티브 도입이 되지 않고 있지만 이제는 캡티브 도입을 그냥 도외시할 것이 아니라 적극적으로 도입을 추진해야 해야 한다. 세계 유수의 기업들이 캡티브를 설립하고 있고, 특히 아시아의 국제금융중심지를 표방하는 싱가포르와 홍콩이 캡티브를 적극 유치하는 등 아시아 지역의 발전 가능성과 보험시장 규모를 고려할 때 캡티브 도입을 더 이상 지체해서는 안 될 것이다.

캡티브가 국내에 도입되면 소비자 보호와 보험산업의 지속가능성 측면에서도 국내 보험산업의 선진화에 기여할 것이다. 또한 캡티브는 국내 기업을 대상으로 한정하는 것이 아니라 외국 기업도 대상으로 한다. 이는 보험산업의 세계화라 할 수 있다. 세계화라고 하면 국내 기업이 해외 시장에 진출하여 해당 국가 시장에 참여하는 것이지만 반대로 외국 기업들이 국내로 들어오게 하는 것도 세계화이다.

우리나라는 지역 간 불균형으로 인해 지역 간 갈등이 존재하고 이를 해소하기 위해 「국가균형발전 특별법」을 제정하였다. 특히 경제력에 있어서 수도권으로 집중되고 있고, 상대적으로 지방 경제는 침체가 지속되고 있는 상황이다. 지방 경제력 중에서도 제주도의 지역 경제력은 더더욱 낙후되고 있다. 국내에 캡티브가 도입된다면 지역별 형평성 문제가 발생할 것이다. 특히 금융보험업이 발달한 서울시나 다른 시·도도 도입을 추진하려 할 것이다. 하지만 캡티브 도입을 하고자 하는 모든 지역에 캡티브 설립을 허가할 경우 국가적 효율성과 다른 산업 간의 형평성 문제가 발생하게 된다. 먼저 국가적 효율성인 경우 캡티브산업은 장치 산업과 같이 많은 인력과 시설을 필요로 하지 않기 때문에 일정 규모의 공간만 있어도 사업을 영위하는 데 문제가 없다. 또한 세금 혜택 등 사회적 인프라가 제공되어야 하는데, 그러한 사회적 공감대를 형성하기에는 작은 규모의 지방정부가 적절하다. 또한 다른 산업 간의 형평성 문제인데, 만약 서울시에서 세제 혜택을 제공한다고 하면 제조업과 금융업 등 다른 산업에도 어떤 인센티브를 제공해야 할 것이고 이러한 인센티브는 국가 전체적으로 실익이 없게 되는 것이다.

국가균형 발전 측면과 효율성 및 형평성 측면을 고려할 경우 제주도의 입지 조건은 최적이라 하겠다. 제주도는 매우 뛰어난 지리적 위치에 있다. 세계 경제의 한 축인 한국, 중국, 일본의 중앙에 있고, 천혜의 자연 경관을 가지고 있다. 이런 천혜의 자연 경관을 보존하고 지역 경제를 발전시키기 위해서는 기본적으로 제조업 중심의 공해 유발시설이 들어와서는 아니 된다. 이런 제약 조건을 극복하고 지역 경제를 활성화시키기에는 금융산업이 적합한데, 금융산업 중 은행은 지역에 경제적 기반이 필요한 데 비해 제주도는 경제적 기반이 취약하여 은행이 진입하기에는 한계가 있다. 대안으로 캡티브(보험산업)가 있는데, 제주도가 가지고 있는 정보기술(IT) 기반과 제주특별자치법을 활용한 제도적 기반을 조금만 개선한다면 최적의 입지 조건으로 조기에 성공 궤도에 올라갈 것이다. 제주도의 경제적 기대효과 시뮬레이션 결과 세율 (5%, 10%, 20%)에 따라 10년간 제주도의 경제적 기대 효과는 3,926억~4,027억 원 수준이며, 최대 308명의 양질의 일자리 창출이 기대된다.

참고문헌

김현수, 2023, "글로벌 캡티브 허브 비교를 통한 제주의 성장 가능성 탐색," 제주국제자유도시 포럼 발표 자료.

김준호, 2012, "캡티브 도입을 통한 경제적 기대효과: 제주도를 중심으로," 연세대학교 석사학위논문.

김준동 외, 2010, "국내 외국인 직접 투자의 경제적 효과 및 투자환경 개선 방향," 대외경제정책연구원.

김종국 외, 2008, "생명 보험산업의 국민 경제 효과에 관한 연구," 한국보험학회.

김종빈, 2002, "지역금융이 지역경제성장에 미치는 파급 효과에 관한 연구," 전남대학교 석사학위논문.

김진선 외, 2002, "국내 유사보험 감독 및 사업 현황."

김평원, 1996. "캡티브 보험사 설립에 관한 연구," 보험개발원.

류성경, 2002, "선진국의 ART 현황과 규제 환경," 삼성금융연구소.

박상수·강철준, 2008, "역외금융센터의 금융시장 발전 효과," 한국경제발전학회.

박철규, 1996, "캡티브 보험회사에 대한 이론적 접근방안," 연세대학교 석사학위논문.

보험개발원, 2010, "일반 손해 보험의 국내 보유 확대 방안."

보험연구원, 2017, "글로벌 이슈 2016년 세계 보험산업 현황과 전망," KIRI Report (2017. 7. 24).

삼성금융연구소, 1999, "대체위험이전(ART)에 관한 연구."

신동호, 2000. "ART를 활용한 손해보험회사의 위험 관리 방안 연구: Cat Bond를 중심으로," 보험개발원.

염준용, 2008, "금융산업의 경제 기여도 분석," 금융감독원.

윤덕룡 외 5인, "금융 개방의 경제적 효과와 과제," 대외경제정책연구원.

윤형호, 2004, "여의도 국제금융센터의 경제적 의의 및 파급 효과," 서울시정개발연구원.

이경룡, 2009, "현대인을 위한 리스크 관리와 보험."

이영석, 1996, "국내 대기업의 캡티브 보험사 설립 추진에 대한 손보업계의 대응 방안에 관한 연구," 연세대학교 석사학위논문.

조정기, 2009, "지식 관련 서비스 산업의 경제적 파급 효과," 한국산업경제학회.

최미수, 1996, "캡티브 설립 동기와 거점에 관한 연구," 성균관대학교 경영대학원 석사학위논문.

최석규, 2006, "지역 경제성장과 생명보험 역할의 인과관계에 관한 실증 분석," 한국산업경제학회.

한국금융연구원, 2010, 금융포커스, 주간 금융브리프 19권 26호(2010. 6. 19. ~ 6. 25).

Adkisson, Joy D., 2006, "Adkisson's Captive Insurance Companies : An Introduction to Captive, Closely—Held Insurance Companies, and Risk Retention Groups," iUniverse, Inc.

Bill Coffin, 2005, "Beyond Bermuda: Captive Domiciles Near And Far," *Risk Management* (Vol. 52 No. 8).

Cassandra R. Cole & Kathleen A. McCullough, "Captive Domiciles: Trends and Recent Changes," *Journal of Insurance Regulation* (Vol. 26 No. 4).

Donald Riggin, 2010, "10 Reasons to Review a Mature Captive," *Contingencies* (Vol. 22 No. 5).

Dowding, Tony, 1997, "Global developments in captive insurance," Financial Times

James Bulkowski, 2010, "15 Things to DO Before Forming a Captive," *Risk Management* (Vol. 57 No. 6).

Kempler, Cecelia, 2010, *Global Perspectives on Insurance Today: A Look at National Interest versus Globalization*, Palgrave Macmillan.

Lorrine Gorski, 2002, "A Captive Solution," Best's Review: Insurance Issues and Analysis (Vol. 103 No. 5).

P. A. Bawcutt, 1991, *Captive Insurance Companies: Establishment Operation and Management*, Woodhead—Faulkner.

Yuji Maeda & Yasuhiro Sakai, 2010, "자체 보험사 운영을 통한 리스크 재무: 기업에 미치는 영향과 일본 내 첫 적용지," 일본 시가대학교 경제경영학대학원.

Westover, Kathryn A, 2002, "Captive and the Management Risk," IRMI.

부록

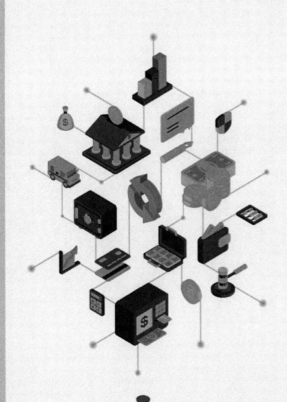

국제금융센터의 해외 사례와 시사점

박태형*

제주도를 국제금융센터로 발전시키기 위해서는 독립국가 Offshore Financial Center(예, Singapore, Dubai 등)들과 비교하는 것보다, 경제규모가 큰 국가에 속해 있으면서 지리와 문화적으로 본토와 근접하지만 독립적인 제도 개선으로 금융중심 지로 전환한 OFC가 적절한 비교 대상으로 판단된다. British Channel Islands의 Jersey("Jersey Island")와 The State of Delaware in the U.S.의 지리와 역사, 그리고 중요한 금융중심지로 전환 과정, 현재의 법제와 금융 규제를 조사하면서 제주도가 적용할 수 있는 부분들에 대한 논의가 필요하다.

1. Jersey Island

(1) 제주도와 유사점

- 주요 국가들 사이에 있는 위치: 영국의 영토이며 영국과 프랑스 사이에 위치
- 오래전부터 영국인들의 관광지로 인식
- 부유한 영국인들이 머물면서 자연스럽게 그들을 위한 은행들이 생겨났고 영국과 동일한 은행법을 따르지만 낮은 세금으로 금융산업이 발전

(2) 제주도와 차이점

- 영국의 영토이지만 자치권으로 별도의 법적 체계와 행정 구조를 가지고 있음

---

* 아미쿠스자산운용사 투자부문 대표

- 영국과 세제협정이 있고 영국정부의 서비스에 대한 지불의무가 있지만 독립적인 세금제도가 있음
- Jersey Island는 주변의 국가들(EU)뿐만 아니라 주요 글로벌 국가들과 세금정보교환협정과 무역조약을 체결

(3) 글로벌 은행들이 Jersey Island에 등록을 하는 이유

① 세금혜택과 금융규제
- Tax Benefits: 낮은 기업법인세, 양도세와 상속세 면제
- Political Stability: 오랜 기간 동안 유지해 온 안정된 정치제도와 법률시스템으로 투자자들과 기업들에게 신뢰를 제공
- Regulation and Reputation: 글로벌 수준의 규제 틀과 규제 기준으로 투자자들과 금융사들에게 신뢰를 제공
- Proximity to Major Financial Centers: 영국과 파리에서 1시간 거리, 글로벌 시장 접근 가능
② 금융산업의 전문성
- Fund Administration: 리테일뿐만 아니라 기관투자자, 특히 대체자산투자자들이 신뢰하는 펀드 운용과 관리가 가능
- Trust Business: 글로벌 신탁 비즈니스 중심지의 한 곳으로 부상

2. The State of Delaware in the U.S.

(1) 제주도와 유사점

- 미국의 한 주(州)로서 Delaware에 등록된 기업들은 그 기업들이 사업을 하는 주(州)의 규제에 종속되고 연방정부의 세제 제도와 법규가 적용
- 은행업과 금융거래는 연방정부의 Federal Reserve Board(FRB)와 Securities and Exchange Commission(SEC)의 감독을 받음

(2) 제주도와 차이점

- 법원: 미국연방정부에서 독립된 법원 The Delaware Court of Chancery가 있어서 Delaware에서 진행되는 기업 관련된 소송을 독자적으로 처리 가능
- 기후와 생활환경: Delaware는 기후와 생활환경 면에서 제주도보다 부족한 부분이 많음. Delaware에는 관광명소도 없고 휴양지로 알려져 있지 않음. 지리적으로 매력적인 부분은 없음

(3) 미국기업들이 Delaware 주에 등록을 하는 이유

① 세금혜택과 편리함
- Tax Benefits: Delaware에 등록된 기업들이 Delaware에서 사업을 하지 않으면 State Corporate Tax에서 면제
- Expediency: 기업등록(Incorporation)은 하루에 가능
② 경영진에게 유리한 기업지배구조
- Privacy: Delaware에 등록된 기업들은 임원과 이사회 멤버들의 신원을 공개할 의무 없음
- Simple and Management Friendly Structure: 기업에 속한 한 조직원이 그 기업의 임원, 이사회 멤버, 주주 등의 다양한 포지션 겸직 가능. 의결권이 다른 주식 발행 가능. 경영권 방어수단을 위한 조항 가능

"Project Report – Development of JIFC", PriceWaterhouseCoopers, October 11, 2010.
"Jersey: a home for hedge fund managers," Jersey Finance, March 7, 2022.
"Why Do So Many Companies Incorporate in Delaware?", Harvard Business Services, October 10, 2022.

찾아보기

편집자 및 저자 약력(가나다 순)

고동원
서울대학교 법과대학 졸업
미국 보스톤대학교 · 튤레인대학교 법학석사(LL.M.)
미국 듀크대학교 법학박사(SJD, 금융법)
한국은행 전문연구역, 건국대학교 법과대학 조교수
은행법학회 · 한국상사판례학회 회장 역임
(현) 성균관대학교 법학전문대학원 교수

김성훈
서울대학교 졸업
미국 텍사스대학교 통계학석사
뉴욕주립대학교 경영학박사
한국금융연구원 연구위원
경희대학교 국제대학원 교수
(현) 제주한라대학교 총장

김신효
한국외국어대학교 통역대학원 석사(한노과)
한국외국어대학교 대학원 문학박사(노어학)
제민일보사 논설위원
(현) 제주한라대학교 국제자유도시센터 소장
(현) 제주한라대학교 관광경영학과 교수

김준호
한양대학교 도시공학과 졸업
연세대학교 경제대학원(석사) 졸업
삼성화재, 동부화재, 한화손보, 솜포컨설팅 코리아
(현) 제주모터스 대표이사, 뉴제주일보 논설위원

김헌수
부산대학교 경영학과 졸업
미국 조지아주립대학교 이학석사(리스크관리전공)
미국 조지아주립대학교 경영학박사(보험전공)
보험연구원(보험개발원 보험연구소) 연구위원 역임
한국보험학회, 리스크관리학회, APRIA 회장 역임
(현) 순천향대학교 IT금융경영학과 교수

류지민

이화여자대학교 법과대학 졸업
미국 노스웨스턴대학교 법학전문석사(JD)
이화여자대학교 법학박사(상법·세법 전공)
우리투자증권 변호사, 헌법재판연구원 교수, 한국지방세연구원 부연구위원
(현) 변호사(서울회, 미국 뉴욕주)

박태형

미국 콜럼비아대학교 응용수학과 졸업
미국 미시간대학교 경영학박사(Ph.D.)
캐나다 콘코디아대학교 경영대학 교수
시카고 선물거래소 선임연구원
JP모건, 베어스턴스, 브래번 하워드, 소시에테 제네랄 임원
한국투자공사 전략실장, 신한자산운용 부사장
(현) 아미쿠스자산운용사 파트너(CIO)

윤석헌

서울대학교 상과대학 경영학과 졸업
미국 산타클라라대학교 경영학석사(MBA)
미국 노스웨스턴대학교 경영학박사
캐나다 맥길대학교, 한림대학교, 숭실대학교 교수
한국금융연구원 선임연구위원
한국금융학회, 한국재무학회 회장 역임
제13대 금융감독원장 역임

전승철

서울대학교 경제학과 졸업
미국 캘리포니아대학교(Davis) 경제학석사
미국 캘리포니아대학교(Davis) 경제학박사
한국은행 부총재보 역임
서울외국환중개(주) 대표이사 역임
서울시립대학교 겸임교수 역임

제주국제금융센터 -도전과 과제-

초판발행	2023년 9월 14일
지은이	고동원 외 7인
엮은이	고동원·김신효
	제주한라대학교 국제자유도시센터·사단법인 국제자유도시센터
펴낸이	안종만·안상준
편 집	김민조
기획/마케팅	정연환
표지디자인	BEN STORY
제 작	고철민·조영환
펴낸곳	(주) **박영사**
	서울특별시 금천구 가산디지털2로 53, 210호(가산동, 한라시그마밸리)
	등록 1959. 3. 11. 제300-1959-1호(倫)
전 화	02)733-6771
f a x	02)736-4818
e-mail	pys@pybook.co.kr
homepage	www.pybook.co.kr
ISBN	979-11-303-1870-7 93320

copyright©고동원 외, 2023, Printed in Korea

정 가 17,000원